HEIMANN · FRITZSCHE

Gewaltprävention und Eigensicherung im Öffentlichen Dienst

Gewaltprävention und Eigensicherung im Öffentlichen Dienst

Rudi Heimann
Polizeivizepräsident des Polizeipräsidiums Südhessen,
zuvor Leiter einer zentralen Ausländerbehörde

Dr. Jürgen Fritzsche
Techn. Direktor des Luxemburger Karateverbandes,
Ehem. Bundeslehrwart im Deutschen Karateverband

BOORBERG

Bibliografische Information der Deutschen Nationalbibliothek |
Die Deutsche Nationalbibliothek verzeichnet diese Publikation in der Deutschen Nationalbibliografie; detaillierte bibliografische Daten sind im Internet über www.dnb.de abrufbar.

ISBN 978-3-415-07440-8

Titelfoto: © spyrakot – stock.adobe.com | Satz: abavo GmbH, Nebelhornstraße 8, 86807 Buchloe | Druck und Bindung: Laupp & Göbel GmbH, Robert-Bosch-Straße 42, 72810 Gomaringen

Richard Boorberg Verlag GmbH & Co KG | Scharrstraße 2 | 70563 Stuttgart
Stuttgart | München | Hannover | Berlin | Weimar | Dresden
www.boorberg.de

Inhaltsverzeichnis

Einleitung

Wenn Sie in dieses Vorwort blicken, wissen Sie bereits, dass Provokation, Eskalation und Gewalt Themen sind, die für die öffentliche Verwaltung relevant sind. Die Situation hat sich in den letzten Jahren und Jahrzehnten grundlegend geändert. Viele Berufsgruppen, die für die Gesellschaft und den Bürger eintreten, geraten immer mehr in den Fokus von Gewalt. Ob Rettungskräfte der Feuerwehr, medizinische Ersthelfer, Einsatzkräfte der Polizei oder Mitarbeiter in öffentlichen Verwaltungen, die Bürger mit ihrem Wissen und Handeln unterstützen, allen widerfährt ein stetig wachsendes Ausmaß an Aggression.

1989 haben wir uns das erste Mal außerhalb von unseren beruflichen Tätigkeiten oder einer professionellen Kampfsportkarriere mit dem Thema Konfliktbewältigung beschäftigt. In den mittlerweile weit über dreißig Jahren hat sich in unserer Gesellschaft dankenswerterweise vieles verbessert, was diese Themen angeht. Das Bewusstsein für unzulässige Aggression und Gewalt ist gewachsen. Erziehung findet bewusster statt und es wird immer weniger geduldet, dass Konflikte über Aggression und Gewalt ausgelebt werden. Gleichwohl zeigt ein Blick in die Studien- oder Ausbildungscurricula vieler Berufszweige, dass in den Bildungseinrichtungen das Thema noch lange nicht den Stellenwert erreicht hat, der ihm zusteht. Junge Menschen treffen zu Beginn ihres Berufslebens weitgehend unvorbereitet im beruflichen Alltag auf Aggression und Gewalt durch ihr Gegenüber. Die Empfehlungen, die Sie in diesem Buch finden, basieren auf wissenschaftlichen Studien, Erfahrungswerten und langjähriger geübter Praxis in den unterschiedlichen Tätigkeitsbereichen der Autoren.

Wir möchten mit diesem Werk einen Beitrag zu mehr Sicherheit im beruflichen Kontext leisten und Bediensteten der öffentlichen Verwaltung Aufklärung bieten und Entscheidungshilfen in sicherheitskritischen Situationen an die Hand geben. Innerbetriebliche Gewaltformen wie Mobbing, sexuelle Belästigung oder Delikte wie Einbruchs- oder Bürodiebstahl finden keine Berücksichtigung. Eine tiefgehende Betrachtung der Arbeitsschutzorganisation mit den gesetzlichen Bestimmungen aus dem Arbeitsschutzgesetz, dem Arbeitssicherheitsgesetz oder dem Sozialgesetzbuch VII und ihren Akteuren Arbeitgeber, Betriebsärzte, Fachkräfte für Arbeitssicherheit, Sicherheitsbeauftragten, Betriebs- oder Personalräten oder Arbeitsschutzausschuss findet gleichfalls nicht statt; Gleiches gilt für Brandschutz oder medizinische Erstversorgung.

Insofern in diesem Buch Aussagen zur Strafbarkeit, Strafanzeigen oder -anträgen und dem Verhalten in rechtlicher Hinsicht getroffen werden, stellen die Ausführungen keinen Ersatz für eine eingehende und persönliche Rechtsberatung durch eine autorisierte Stelle dar. Jeder Fall weist spezifische Merkmale auf und muss daher individuell bewertet werden.

Unsere Erfahrung zeigt, dass die meisten Mitarbeiter in der öffentlichen Verwaltung, die stetigen Kundenkontakt haben, mit der Zeit ein sehr gutes Gefühl für den richtigen Umgang mit jeder Art von Kunden entwickeln. Gespräche mit diesen geübten und erfahrenen Personen ergeben allerdings auch, dass für deren Gesprächstechniken und Handlungsmuster nicht die Ausbildung, das Studium oder die bisherigen Seminarangebote verantwortlich sind. Vielmehr sind es die gesammelten Erfahrungswerte vieler Jahre und fundierte Überlegungen, die auch zu den in diesem Buch niedergelegten empfohlenen sicherheitserhöhenden Verhaltensweisen führen.

An zahlreichen Stellen in diesem Werk erfolgt eine wertfreie Sichtweise auf die Interaktion zwischen dem Bürger und dem Mitarbeiter in der öffentlichen Verwaltung, dic jc nach Verlauf eine Opfer- und Täterrolle einnehmen. Keineswegs bedeutet die Mitbeteiligung des Opfers eine Schuldzuweisung in dessen Richtung oder eine Entschuldigung der Tat im moralischen oder strafrechtlichen Sinne für den Täter.

Wir sprechen in diesem Buch entweder von dem Bürger oder der Kundin. Andere Begriffe werden bewusst nicht genutzt; der Diskussion hierüber ist ein kurzer Abschnitt gewidmet.

Die Begriffe Konflikt, abweichendes Verhalten, delinquente Handlungen und Kriminalität nutzen wir weitgehend synonym, auch wenn zwischen diesen Bezeichnungen in den z.B. strafrechtlichen Folgen Unterschiede bestehen.

Um die Lesbarkeit durch konsequente Doppelung nicht zu stören, wurde angestrebt, geschlechtsneutrale Formulierungen zu nutzen, und wir hoffen, dass uns dies im erforderlichen Maß gelungen ist – bei weiblichen wie auch den männlichen Formen sind selbstverständlich immer alle Geschlechter gemeint.

Überblick

Dieses Buch ist in drei wesentliche Abschnitte gegliedert: vor, während und nach einem Konflikt. Diese Bereiche beschreiben gleichzeitig eine sinnvolle Reihenfolge, in der Sie sich mit den Themen beschäftigen sollten, die jedoch leider wenig mit der Realität zu tun hat. Die Lebensrealität in öffentlichen Verwaltungen beginnt häufig mit dem Konflikt. Wenn dieser Konflikt in seiner akuten Phase bewältigt ist, findet eine – wie auch immer geartete – Nachsorge statt, um dann nach einem Aufschrei der Entrüstung darüber, dass wenig bis überhaupt nichts vorbereitet war, in umfangreiche Planungen für einen nächsten Zwischenfall einzusteigen. Die Gliederung ermöglicht es Ihnen, im Idealfall und wenn Sie sich auch für Hintergründe und Grundlagen interessieren, im Teil 1 einzusteigen, sich im Teil 2 über Handlungsmöglichkeiten innerhalb eines Konfliktes zu informieren oder im ungünstigsten Fall nach einem erlebten Zwischenfall im Teil 3 etwas über Unterstützungs- und Handlungsmöglichkeiten zu erfahren. Diesen drei Hauptabschnitten ist der Abschnitt „Öffentliche Verwaltung und Bevölkerung" vorangestellt. Darin wird kurz das Verhältnis zwischen Verwaltung und Bürger beleuchtet, zur Frage des Vertrauens des Bürgers in den Staat ausgeführt und eine Bewertung des Sprachgebrauchs in der Verwaltung vorgenommen.

Im ersten Abschnitt wird die Situation im öffentlichen Dienst hinsichtlich sicherheitsrelevanter Ereignisse skizziert. Neben der Prävalenz wird auf geänderte gesellschaftliche Rahmenbedingungen wie auch die Ursachen untersucht, die in der Situation, dem Bürger und jedoch auch aufseiten von Beschäftigten liegen können; zumindest anteilsmäßig. Daran schließen sich grundsätzliche Betrachtungen des Verlaufs von Konflikten und deren Einflussfaktoren an. Alle Ebenen der menschlichen Kommunikation werden beschrieben und prinzipielle Elemente einer funktionierenden Sicherheitsorganisation in Behörden, wie Sicherheitskonzepte und das Krisenmanagement, aufgeschlüsselt. Einen breiten Raum am Ende des ersten Abschnitts nehmen die baulich-technischen, organisatorischen und persönlichen Aspekte ein, die gemeinsam die präventiven Handlungsfelder am Arbeitsplatz bilden.

Der zweite Abschnitt befasst sich mit dem konkreten menschlichen Handeln innerhalb einer sicherheitskritischen Situation und stellt vermutlich für viele Leserinnen und Leser das eigentliche gedankliche Neuland dar. Die Gelingensbedingungen für eine erfolgreiche kollegiale Unterstützung im Notfall, die Kontrolle von Gesprächssituationen wie auch die Bewältigung sicherheitskritischer Ereignisse aller Schwerestufen inklusive wichtiger rechtlicher Aspekte bilden den Hauptteil des Buches. Dabei werden die unterschiedlichen Formen der empathischen und konfrontativen Gesprächsführung genauso betrachtet wie die psychologische Deeskalation und die körperliche Notintervention.

Wenn die Situation bewältigt wurde, schließen sich Maßnahmen gegenüber den Kunden, Unterstützungsaktivitäten gegenüber den betroffenen Beschäftigten und erforderlichenfalls weitere rechtliche Schritte an. Im dritten Abschnitt „Nach der sicherheitskritischen Situation" wird auf diese Elemente ausführlich eingegangen und mit Verhaltenshinweisen zum Umgang mit Medien aus behördlicher Sicht ergänzt.

Im Serviceteil finden sich Entwürfe für Merkblätter, Checklisten und Muster für Handlungsanweisungen, die alle gängigen Droh- und Ereignisszenarien abdecken.

Wir versprechen Ihnen mit der Lektüre dieses Buches viele neue und spannende Eindrücke und Anregungen. Wir wünschen Ihnen von ganzem Herzen, dass es während Ihrer gesamten beruflichen Tätigkeit lediglich bei der theoretischen Anwendung der Inhalte bleiben möge.

Selters und Usingen im Oktober 2023 *Rudi Heimann &*
Dr. Jürgen Fritzsche

Autoren

Rudi Heimann (Dipl.-Verw.), Polizeivizepräsident des Polizeipräsidiums Südhessen, zuvor Leiter einer zentralen Ausländerbehörde, lehrt an der Hessischen Hochschule für Polizei und Verwaltung die Fächer Kriminologie, Führungslehre und polizeiliches Einsatzmanagement. Er ist Gastdozent an der Deutschen Hochschule der Polizei und dem BKA; einer seiner Forschungsschwerpunkte ist sexualisierte Gewalt. Er beschäftigt sich mit menschlichem Verhalten in sicherheitskritischen Situationen und führt Gewaltschutzseminare für unterschiedliche Zielgruppen durch.

Selters, Deutschland, rudi.heimann@t-online.de

Dr. Jürgen Fritzsche (Dr. phil. nat., MA sportwiss.) war bis Ende 2018 als Chefausbilder im Deutschen Karateverband tätig. Unter anderem war er ressortleitend für Gewaltschutz und Selbstverteidigung zuständig. Bis Ende 2022 brachte er sein Wissen als technischer Direktor für den Luxemburger Karateverband ein. Als international tätiger Dozent (EXperts for TRAining) unterrichtet der Buchautor nicht nur Trainer, Physiotherapeuten und Mediziner, sondern gibt sein Wissen auch an der Hochschule Wismar, Behörden, Institutionen und Unternehmen weiter.

Usingen, Deutschland, info@experts-training.de

Beide gemeinsam entwickelten das erste Ausbildungsprogramm zur bundesweit einzigen Lizensierung des Deutschen Olympischen Sportbundes zum Gewaltschutztrainer und waren im Wechsel von 2012 bis 2023 als zuständige Gewaltschutzreferenten ehrenamtlich tätig. Pädagogen, Vereinstrainer und andere interessierte Menschen konnten in diesem Zeitraum von dem Wissen profitieren.

A. Öffentliche Verwaltung und Bevölkerung

1. Verwaltung und Bürger

Die öffentliche Verwaltung ist vielfältig. Es gibt nicht nur erhebliche Unterschiede in den Rechtsformen (Anstalten, Körperschaften und Stiftungen öffentlichen Rechts), Ebenen (Kommunalverwaltungen, Ministerien) und Aufgabenstellungen (Bundesagentur für Arbeit und Krankenkassen), sondern auch die Begrifflichkeiten unterscheiden sich innerhalb Deutschlands. So wird eine Familie, die von Nordrhein-Westfalen nach Bayern umzieht, in ihrer neuen Heimat vergeblich eine *Bezirksregierung* suchen, die für die nachträgliche Ausstellung von Schulzeugnissen zuständig ist, sondern sie findet vielmehr *Landratsämter* in den Landkreisen. Angesichts des föderalen Aufbaus von Deutschland und der Zuweisung der Verwaltungsaufgabe an die Länder und Gemeinden (Art. 30, 83 GG) verwundern diese Unterschiede nur bedingt. Selbst Fachleute sind der Auffassung, dass sich die öffentliche Verwaltung nicht klar definieren lässt, sondern allenfalls beschreiben. In einem Punkt besteht jedoch Einigkeit: Ein wesentlicher Unterschied im Vergleich zu anderen Organisationen liegt darin, dass sie einer demokratisch legitimierten politischen Steuerung und Kontrolle unterliegt. Dieser Umstand hat unmittelbare Auswirkungen auf den Umgang mit sicherheitskritischen Situationen und wird daher erwähnt.

Es gibt also einen heterogenen Verwaltungsaufbau in den Ländern und abgegrenzte Aufgabenbereiche in jeder Verwaltungsebene. Es gibt einerseits Aufgabenbündelung in Organisationen, andererseits eine Fülle von speziellen Organisationen für bestimmte Aufgaben. Und es gibt dort überall eine alles andere als leicht begreifbare Rechtsmaterie. Gesetze, Rechtsverordnungen, Satzungen und interne Verwaltungsvorschriften regeln die Grenzen und Möglichkeiten der Verwaltung. Es ist allein angesichts dieser Strukturen und Bedingungen gut nachvollziehbar, dass es Menschen gibt, die in Kontakt mit der öffentlichen Verwaltung treten, sich nicht auskennen und dadurch bereits verunsichert sind.

Im öffentlichen Gesamthaushalt sind rund 6,33 Millionen Menschen beschäftigt. Davon rund fünf Millionen in den Ländern und im kommunalen Bereich. Was nach viel Personal klingt, muss relativiert werden. Während Menschen, die nicht im öffentlichen Dienst beschäftigt sind, zu 35 % angeben, dass sie wegen fehlendem Personal eine höhere Arbeitsmenge bewältigen oder länger arbeiten müssen, sind dies im öffentlichen Dienst

45 %. Und auch die sonstigen Rahmenbedingungen der Arbeit (Pausengestaltung, Störungen, Zeitdruck) ergeben innerhalb von Befragungen keine guten Belastungswerte für die Beschäftigten im öffentlichen Dienst im Vergleich zur Privatwirtschaft. Reformprozesse im öffentlichen Dienst sollen die Kosteneffizienz steigern und erfordern Anpassungsflexibilität, Übernahme von mehr Verantwortung, Multitasking und die Bereitschaft zum ständigen Lernen. Demgegenüber fehlt in vielen Bereichen eine gesellschaftliche oder finanzielle Anerkennung, die Beschäftigen verrichten ihre Tätigkeit in sanierungsbedürftigen Räumlichkeiten, Mobilitätsanforderungen steigen und der Fachkräftemangel besteht auch in diesem Bereich. Auch wenn es positive Aspekte wie Arbeitsplatzsicherheit, hohe Rücksichtnahme auf familiäre Bedürfnisse, Weiterbildungsmöglichkeiten und hervorragende Sozialleistungen gibt, werden diese subjektiv schnell als selbstverständlich wahrgenommen, weshalb die vorgenannten Belastungswerte entstehen.

Verwaltung teilt sich in unterschiedliche Verwaltungszweige wie Bildung, Finanzen, Soziales, Gesundheit, Bau, Justiz oder Verkehr und nur die wenigsten davon gewähren im positiven Sinn ungeprüft und bedingungslos Leistungen für die Menschen in diesem Staat. Vielmehr sind auch in der Leistungsverwaltung zunächst die Anspruchsgrundlagen zu prüfen und die Leistungen nur dann zu gewähren, wenn die Voraussetzungen vorliegen. Andere Verwaltungszweige treiben Einnahmen ein, vollziehen und kontrollieren Gesetze oder Rechtsvorschriften und bieten daher allein bereits durch die Aufgabenstellung Konfliktpotenzial.

Zusammengefasst ist also die Wahrscheinlichkeit groß, dass Personen, die bereits unter einer gewissen Grundspannung stehen, auf gestresste Beschäftigte im öffentlichen Dienst stoßen und das anlässlich einer Situation, in der möglicherweise eine gewünschte Leistung nicht gewährt oder eine gewährte Leistung eingeschränkt werden soll. Damit besteht gleichzeitig eine gewisse Wahrscheinlichkeit für einen konfliktträchtigen Verlauf dieser Begegnung.

> Die Ausgangssituation und Rahmenbedingungen der Begegnung von Personen, die auf Beschäftigte im öffentlichen Dienst stoßen, begünstigen grundsätzlich einen konfliktträchtigen Verlauf.

2. Vertrauen in den Staat

Veränderungen in der Gesellschaft führen zu einem Phänomen, dass sich als Staatsverdrossenheit bezeichnen lässt. Die Erklärungsansätze liegen darin, dass das Vertrauen in den Staat an sich sinke, immer weniger Bürger sich verpflichtet sähen, bestimmte Bürgerpflichten zu erfüllen, und den Staat zunächst als Leistungserbringer betrachteten. Bedenkliche Entwicklungen, wie die steigende Anzahl von Menschen, die als Selbstverwalter mit dem Abgeben einer Erklärung aus der Bundesrepublik austreten oder sich als Reichsbürger auf die Grenzen des historischen Deutschen Reichs berufen, kommen hinzu.

Die öffentliche Verwaltung trägt durch bestimmte Komponenten der Verwaltungsführung dazu bei, dass das Vertrauen in den Staat gestärkt werden kann und diese unterschiedlichen Formen der Staatsverdrossenheit nicht noch weiter zunehmen (Abb. 1):

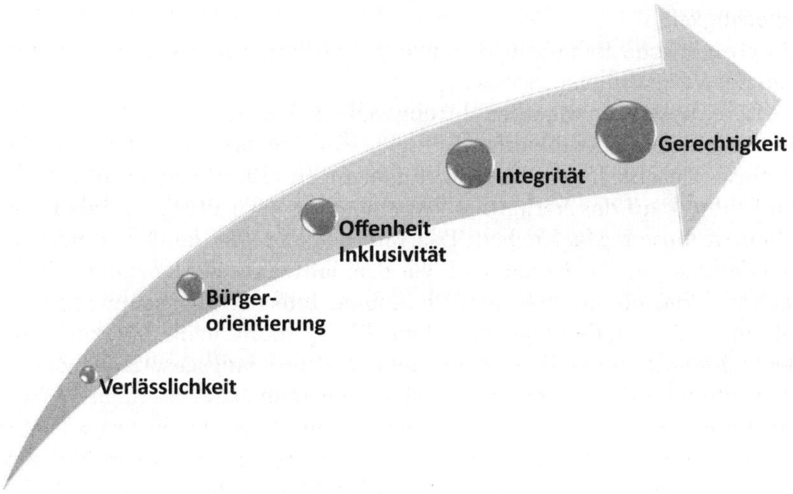

Abb. 1 Vertrauenssteigerung in die Verwaltung

Verlässlichkeit

Die Fähigkeit der öffentlichen Verwaltung, die Unsicherheit des wirtschaftlichen, sozialen und politischen Umfelds für ihre Bürger auf ein Mindestmaß zu begrenzen und konsequent und vorhersehbar zu agieren.

Bürgerorientierung

Die Verwaltung stellt gut zugängliche, effiziente und bürgerorientierte Dienstleistungen bereit, die dem Bedarf und den Erwartungen der Öffentlichkeit effektiv Rechnung tragen.

Offenheit und Inklusivität

Mit einem systematischen und umfassenden Ansatz zur Institutionalisierung einer beidseitigen Kommunikation aller beteiligten Parteien, in deren Rahmen relevante sowie verwertbare Informationen geliefert und Interaktionen gefördert werden, um Transparenz, Rechenschaftspflicht und Engagement zu verbessern.

Integrität

Die Ausrichtung der Verwaltung an allgemeineren Prinzipien und Verhaltensmaßstäben, die zur Wahrung des öffentlichen Interesses beitragen und zugleich Korruption verhindern. Das Richtige tun, auch wenn keiner hinschaut.

Gerechtigkeit

Die einheitliche Behandlung von Bürgern (und Unternehmen) im Rahmen der Verwaltungsprozesse.

Allein diese Komponenten durchgängig zu beachten, würde eine große Herausforderung für die öffentliche Verwaltung darstellen. Dabei wirken in dieser Gesellschaft weitere Veränderungen mit, die einen unmittelbaren Einfluss auf das Verhältnis zwischen der Verwaltung und den Menschen in diesem Staat haben: Das Internet und die damit verbundenen sozialen Medien. Während noch vor drei Jahrzehnten Menschen darüber nachdachten, ob sie sich dem Phänomen Internet überhaupt annähern sollten, ist es heutzutage aus dem Alltag nicht mehr wegzudenken. Deutschland hatte sich 2017 mit dem Onlinezugangsgesetz das Ziel gesetzt, die wichtigsten Verwaltungsleistungen ab 2022 in einem Verbund von Verwaltungsportalen digital anzubieten. Auch wenn dieses Ziel etwas zu ehrgeizig gewählt war, schreiten die Bemühungen voran. Die damit technisch eng verbundenen sozialen Medien haben jedoch bereits definitiv die klassischen Medien abgelöst. Nur die wenigsten Menschen kommen heute noch auf die Idee, für eine Beschwerde einen Leserbrief an ein klassisches Printmedium zu senden oder einen physischen Beschwerdebrief an eine Behörde zu senden. In der Regel erfolgt dies mittlerweile über Kurznachrichten, Posts in den sozialen Netzwerken, Messenger-Dienste oder E-Mail. Die damit verbundene Geschwindigkeitssteigerung, Erwartungshaltung der Bürger, die Möglichkeit der unmittelbaren Ansprache von Beschäftigten und z. T. sofortige Öffentlichkeit erhöhen nicht nur den Druck im jeweiligen Thema, sondern auch die Belastung der davon betroffenen Beschäftigten.

Verändern sich die äußeren geopolitischen und individuellen wirtschaftlichen Bedingungen der Menschen in einem Staat, hat dies zusätzliche Auswirkungen. Es gibt Hinweise, dass immer weniger Menschen ihren staatlichen Institutionen zutrauen, die Probleme unserer Zeit zu lösen. Sorgen um die wirtschaftliche Zukunft, wahrgenommene Ungleichheiten bei der Verteilung von Vermögen oder abweichende Aufstiegschancen durch Bildung und Arbeit sind die individuellen Gesichtspunkte. Soziale Polarisierung, Klimawandel, rapider technologischer Wandel bis hin zu Kriegsängsten können übergreifende Gesichtspunkte darstellen, die Menschen durch den Staat gelöst haben möchten. Fehlentwicklungen oder gefühlter Stillstand werden dann letztlich auf die öffentliche Verwaltung als Repräsentant des Staates transferiert.

3. Der Kundengedanke

Menschen, die auf die öffentliche Verwaltung treffen, tun dies aus unterschiedlichen Motivationen und Situationen heraus. Sie sind Teil der Gesellschaft, Adressat belastenden Verwaltungshandelns, Empfänger von Leistungen und Produkten, Nutzer öffentlicher Einrichtungen im Gemeingebrauch oder gegen Entgelt, Zuwendungsgeber, Investor oder selbst Mitarbeiter der Verwaltung.

Mit der Verwaltungsmodernisierung seit Mitte der 1990er-Jahre ging auch eine Diskussion einher, wie denn eigentlich derjenige genannt werden sollte, der zur öffentlichen Verwaltung kommt. In der Regel waren es bis dahin Bürger, die ein Anliegen hatten. Neben anderen Defiziten, die einem Modernisierungsbedarf unterlagen, gab es auch eine Legitimitätslücke, die auf die Unzufriedenheit der Leistungsempfänger – der Kunden – zurückzuführen war. In der Philosophie des Neuen Steuerungsmodells standen sich Kunden und Serviceempfänger auf der einen Seite und der Staat bzw. die Kommune als Produzentin von Produkten und Serviceleistungen auf der anderen Seite gegenüber. Ziel war es, das Dienstleistungsverständnis der Verwaltung so zu entwickeln, dass der Leistungserstellungsprozess auf die Kunden ausgerichtet und optimiert wird. Im Bereich der Sozialarbeit war und ist häufig die Rede vom Klienten – wobei diesem Begriff schon länger eine Subjekt-Objekt-Beziehung anhaftet. Die Verwaltung stellt den professionellen Experten als Helfer dem hilfebedürftigen Bürger als defizitärem Laien zur Verfügung. Und es mag seltsam klingen, wenn ein drogenabhängiger Mensch, eine in Bewährung befindliche Person oder ein Elternteil, dem das Jugendamt ein Kind entzieht, als Kunde bezeichnet wird; doch bezieht sich der Kundenbegriff auch auf den gesamten Vorgang und das Selbstverständnis, mit dem die Person behandelt wird. Selbstverständlich besteht auch ein Unterschied, ob ein Bürger ein Wunschkennzeichen bei der Straßenverkehrsbehörde beantragt und dafür bezahlt, weil die Verwaltung hier eine rentable Einnahmequelle entdeckt hat, oder ob die gleiche Straßenverkehrsbehörde ihn zu einer medizinisch-psychologischen Untersuchung vorlädt, um seine Fahreignung zu überprüfen.

Es wird nicht verkannt, dass die öffentliche Verwaltung häufig hoheitlich handelt und damit auch belastend in die Rechte des Bürgers eingreift. In solchen Momenten unterscheidet sich das Handeln der Verwaltung massiv von dem großzügigen Servicehandeln eines Internetkaufhauses. Das heißt jedoch nicht, dass Wartezeiten nicht erklärt werden sollten, Wartezonen keinesfalls freundlich gestaltet sein dürfen oder ein Dienstleistungsabend nicht eingeführt wird. Es ist schwer zu verstehen, warum in Deutschland gleiche Verwaltungsleistungen je nach Ausführungsort dreimal so lange dauern und viermal so viel kosten; an der einen Stelle werden 60 % der Verwaltungskosten wieder eingenommen, an der anderen Stelle über 300 %.

Den Bürger als Bittsteller, Untertan oder Lakaien zu betrachten, dürfte in jedem Fall der Vergangenheit angehören. Wir plädieren dafür, im unmittelbaren Kundenkontakt formalisierte Begriffe wie Leistungsempfänger, Steuerpflichtiger, Baugesuchsteller oder Bewilligungspflichtiger grundsätzlich nicht zu benutzen. Selbstredend verbieten sich Wortspiele wie „Bürgi“ als Nachfolger von „Hartzi“, „Aufstocker“, „Nummer“ und Abkürzungen (LE, „Spichi“, BGS, BWS, Krawix, Ü 50, o. ä.) wirken auf den Zuhörer nicht weniger despektierlich oder zumindest unverständlich.

Auch wenn es für eine öffentliche Verwaltung aufgrund ihrer Monopolstellung weniger um den ökonomischen Erfolg geht, so wird nur durch eine Orientierung hin zum Kunden dessen Zufriedenheit (im Rahmen des Möglichen) steigen, was letztlich zu einem ausgewogenen Kundenverhalten gegenüber den Beschäftigten in der Verwaltung führen kann.

B. Vor der sicherheitskritischen Situation

1. Die Situation im öffentlichen Dienst

1.1 Zur Häufigkeit von Gewalt

Es ist eine bedrückende Realität, dass knapp ein Viertel der Beschäftigten im öffentlichen Dienst Gewalterfahrungen innerhalb eines Jahres machen muss; 12 Prozent berichten sogar von mehreren Vorfällen innerhalb eines Jahres. Diese Zahlen würden noch höher ausfallen, wenn in die Betrachtung die Polizei mit einbezogen worden wäre. Die Coronapandemie hat für eine zusätzliche Steigerung gesorgt. Die Gewalterfahrung, die dieser Studie aus 2022 zugrunde liegt, umfasst Beleidigung, verbale und körperliche Bedrohung sowie körperliche Angriffe. Ob dabei und mit welchem Ergebnis eine Strafverfolgung stattgefunden hat, war unerheblich. Das Ausmaß der Gewalt fällt zwischen verschiedenen Beschäftigungsbereichen unterschiedlich aus. Feuerwehr und Rettungsdienste, Veterinärämter, Ordnungsämter und Justizvollzug weisen eine Häufigkeit von einem Drittel oder mehr innerhalb eines Jahres auf. In Hochschulen, der Sozial- und Arbeitsverwaltung von Bund und Ländern und in der Justiz liegt die Häufigkeit von Gewalterfahrungen unter zehn Prozent der Beschäftigten. Demgegenüber waren Beschäftigte, die technische Hilfe in Notlagen leisten, in der Gefahrenabwehr im Außendienst oder in der medizinischen Versorgung außerhalb von und in Einrichtungen eingesetzt sind, mit mehr als 40 Prozent des Personals mit Gewalt konfrontiert.

1.2 Eine Frage des Respekts

Der öffentliche Dienst existiert nicht zum Selbstzweck. Er dient den Bürgern dieses Staates und unterliegt dabei je nach Beschäftigungsverhältnis bestimmten Einschränkungen. Das Dienst- und Treueverhältnis von Beamten ist mit zahlreichen Pflichten und Einschränkungen verbunden. Auch die Tarifbeschäftigten unterliegen bestimmten Pflichten und Einschränkungen. Der Beschäftigte des öffentlichen Dienstes ist dem Gemeinwohl verpflichtet. Er hat seine Aufgaben unparteiisch und gerecht zu erfüllen und er hat bei seiner Dienstführung auf das Wohl der Allgemeinheit Rücksicht zu nehmen. Er ist verpflichtet, sich im dienstlichen Bereich im Verkehr mit Staatsbürgern höflich und achtungsvoll zu verhalten und durch sein gesamtes Auftreten das Ansehen der Verwaltung zu wahren. Je nach dienstlicher Stellung und Aufgabenbereich des Arbeitgebers hat der Beschäftigte auch sein außerdienstliches Verhalten so einzurichten, dass das Ansehen des öffentlichen Arbeitgebers nicht deutlich fühlbar beeinträchtigt wird. Wenn dies geschieht, könnte es selbstverständlich sein, dass diesen Beschäftigten ein gewisses Maß an Respekt entgegengebracht wird. Bei der Betrachtung, welchen Berufsfeldern in der Gesellschaft wie viel Respekt entgegengebracht wird, fallen die Antworten für bestimmte Berufe im öffentlichen Dienst ernüchternd und nachdenklich machend aus. Keine einzige Berufsgruppe, die im unmittelbaren Bürgerkontakt steht, kann von sich behaupten, dass ihre Werte der Anerkennung und Wertschätzung im Vergleich zu früheren Zeiten gestiegen sind.

1.3 Die Ursachen

Nachfolgend werden die unterschiedlichen möglichen Ursachen von Konflikten zwischen den Beschäftigten im öffentlichen Dienst und Bürgern betrachtet. Keiner der aufgeführten Erklärungsansätze stellt eine alleinig gültige Begründung dar, trägt jedoch insgesamt zum besseren Verständnis bei. Auch wenn den Beteiligten in einer aktuell sich ereignenden Situation diese Aufschlüsselung nicht weiterhilft, bietet sie die Grundlage für Vorbeugemaßnahmen und erhöht das Verständnis für bauliche, organisatorische oder personelle Präventionsaktivitäten. In einem Konflikt treffen die drei Elemente Situation, Bürger und Beschäftigte (Abb. 2) unmittelbar aufeinander und daher lassen sich hieraus konkrete Ansatzpunkte für exakt diese Situation genau an diesem Ort zum Handeln ableiten.

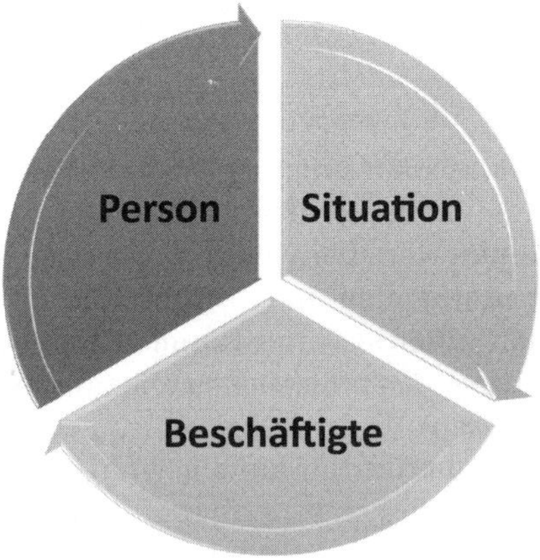

Abb. 2 Ausgangssituation

1.3.1 Situation

Hat sich eine Person zu einem Konflikt entschlossen, nimmt sie ihre Umwelt im Hinblick auf die bevorstehende Auseinandersetzung selektiv wahr. Der Konflikt entsteht dann, wenn sich die Gelegenheit ergibt und das Opfer angreifbar ist. Diese Angreifbarkeit erhöht sich durch eine leichte Tatausführung, Sorglosigkeit oder Anonymität des Opfers. Zu den soziologischen, wirtschaftlichen und gesellschaftlichen Umgebungsbedingungen wurde bereits ausgeführt (Öffentliche Verwaltung und Bevölkerung). Der damit verbundene gesellschaftliche Wertewandel (▶ B. 1.2 Eine Frage des Respekts), Anonymität im Wohnumfeld, fehlende Vorbildfunktionen, Medieneinfluss, Arbeitslosigkeit, Langeweile und Perspektivlosigkeit sind weitere situative auslösende Aspekte. Die konkrete Situation wird auch durch formelle (Polizei, Sicherheitsdienste) oder informelle (Vorgesetzte, Kollegen, Sprachmittler) Instanzen der Sozialkontrolle mit beeinflusst. Gehen Sie davon aus, dass alle Beteiligten an einem Konflikt sehr genau registrieren, ob diese Kontrollinstanzen vorhanden sind und die Kontrolle regelmäßig ausüben oder ob hiervon ungestört gehandelt werden kann. Je anonymer sich ein Konflikt gestaltet, desto mehr begünstigt diese Situation einen normabweichenden Verlauf. Fehlende Regularien, Passivität, Gleichgültigkeit, Verharmlosen, Infragestellen von Regeln oder eingeschränkte tatsächliche Möglichkeiten des Handelns fördern abweichendes Verhalten.

> Je mehr Kontrollinstanzen durch die Konfliktbeteiligten bewusst wahrgenommen werden und je weniger anonym die Situation ist, desto ruhiger verläuft ein Konflikt.

1.3.2 Bürger

Menschen zeigen aus unterschiedlichen Gründen sozial abweichendes Verhalten. Im Kern lassen sich zwei große Ursachenfelder – biologische und psychologische Ansätze – unterscheiden. Die Wirkung der Medien erlangt eine immer größere Bedeutung und auch wenn sie letztlich psychische Auswirkungen haben, ist diesem Bereich ein separates Kapitel gewidmet.

1.3.2.1 Biologische Ansätze

Auch wenn moderne biologische Erklärungsansätze die Umweltbedingungen mit einbeziehen, grenzen sie sich von den Theorien ab, die auf äußere Faktoren Wert legen. Das Ausmaß von genetischen Einflüssen auf abweichendes Verhalten lässt sich unverändert nicht exakt festlegen, dennoch scheint es einen niedrigen Prozentsatz von Menschen zu geben – etwa fünf Prozent – die sich bedingt durch neurologische Dysfunktionalitäten während ihres gesamten Lebens aggressiv und impulsiv verhalten. Sie missachten soziale Normen, sind eher verantwortungslos und Schuldgefühle sind ihnen fremd. Eine Reihe von Hormonen und Neurotransmittern, die durch stoffwechselbedingte Veränderungen beeinflusst werden, haben Auswirkungen auf aggressives Verhalten. Zumindest steigt die handlungsspezifische Bereitschaft eines Menschen unbewusst, bevor er sich bewusst für eine Handlung entscheidet. Ein zu niedriger Blutzuckerspiegel, das prämenstruelle Syndrom bei Frauen oder Zusammenhänge mit dem Essverhalten sind geeignet, Auffälligkeiten in Verhaltensweisen zu erzeugen. Auch wird bei aggressivem Verhalten, das auf Rachegefühle zurückzuführen ist, das Belohnungszentrum im Gehirn angesprochen.

1.3.2.2 Psychologische Ansätze

Frustrations-Aggressionstheorie

Eine der bekanntesten Erklärungen für aggressives Verhalten ist das vorherige Erleben von Frustration und vielleicht ist dieser Gedanke – gerade in dem hier thematisierten Kontext – die wesentlichste Ursache für ein nicht angepasstes Verhalten von Bürgern. Die Frustration kann auf Depression und Resignation beruhen oder auf dem Umstand, dass ein Bedürfnis nicht befriedigt wird (▶ Das Taxi). Die daraus resultierende Aggression richtet sich dann gegen die als verantwortlich betrachtete Person oder einen Gegenstand. Der Mensch kann so sozialisiert werden, dass er auf Frustration konstruktiv reagiert. Ist die Aggressionsneigung erst einmal erzeugt, erweist sie sich über die Lebensspanne hinweg als relativ stabil. Negative Gefühle jeglicher Art und insbesondere die Emotion Ärger oder das Gefühl des Ausschlusses können die Frustration auslösen. Dabei ist es unbedeutend, ob eine Bemerkung tatsächlich als Beleidigung gemeint war; die subjektive Bewertung ist entscheidend. Situative Faktoren wie Hitze, Kälte oder Lärm können auch verstärkend wirken. Ärger und Aggression werden vor allem dann ausgelöst, wenn das Verhalten anderer Menschen absichtlich oder ungerecht erscheint oder sogar vermeidbar gewesen wäre. Die Wahrscheinlichkeit der Aggression steigt zudem, wenn die Frustration in der Öffentlichkeit erlebt wird.

> Empfindet ein Bürger das belastende Verhalten von Beschäftigten als absichtlich, ungerecht oder vermeidbar, entsteht Frustration, die zur Aggression führen kann.

Das Taxi

Ein 37-jähriger Mann erbittet in einer Asylunterkunft ein Taxi und einen Dolmetscher, um seine kranke Frau in der nahegelegenen Klinik besuchen zu können. Beide wurden verständigt; vor dem Eintreffen verschwand der Mann ohne Ankündigung. Nach einer halben Stunde Wartezeit wurden Dolmetscher und

> Taxi wieder weggeschickt. Nach zwei Stunden taucht der Mann erneut auf und wurde aggressiv laut. Ihm wurde ein neues Taxi zugesagt. Dennoch lief der Mann aus dem Büro, zerriss sein Hemd, bedrohte den Sicherheitsdienst mit Worten und entriss einem anderen Bewohner, der gerade aus einer Küche kam, ein Küchenmesser und bedrohte den Sicherheitsdienst.

Neutralisationstheorie

Die Auswirkungen dieses Erklärungsansatzes dürften nicht nur die meisten Menschen bereits erlebt haben, sondern sie dürften ihn auch bereits für sich selbst benutzt haben, um das eigene Handeln zu rechtfertigen. Auch wenn wir die Normen und Werte unserer Gesellschaft kennen, sind wir in der Lage, diese zu missachten. Diese Missachtung kann temporär auftreten, weil wir aktuell erregt sind, unter Alkohol- oder Drogeneinfluss stehen oder uns in Gegenwart einer Gruppe befinden (Familie, Sportveranstaltung, Demonstration), in bestimmten Lebensphasen vorherrschen (Trennung, Scheidung, Arbeitslosigkeit) oder bei Persönlichkeitsstörungen durchgehend als feststehendes Merkmal vorhanden sein. Der Mensch befindet sich dann häufig in der Illusion der Unangreifbarkeit und Überlegenheit. Die häufigsten Neutralisationstechniken sind hierbei:

Verlagerung der Verantwortung

Die Personen sehen sich als Opfer der Umstände an: Alkohol, Drogen, Kindheitserfahrungen, Wohnsituation, Arbeitgeber, Kollegen, Heimaufenthalt, Misshandlungen, Ungerechtigkeit, schlechte Erfahrungen.

Leugnung des Unrechts

Das Handeln wird zwar als illegal, jedoch nicht als unmoralisch angesehen; ein angerichteter Schaden wird verharmlost: „Der Staat hat es doch!" oder „Andere machen das doch auch!"

Abwertung der Opfer

Die Handelnden halten sich zu dem Opfer auf emotionaler Distanz, sehen sich als überlegen an und schieben ihm die Schuld zu: „Die Behörde hat keinerlei Verständnis für meine Situation!" oder „Wie kann man mich so lange warten lassen!"

Leugnung der Zulässigkeit des Vorwurfs

Das Problem ist nicht die Handlung der Person, sondern die übertriebene Bewertung durch Dritte: „Es ist doch nicht so schlimm wie dargestellt!" Rechtstreue werden als Heuchler dargestellt und die Regulationsinstanzen werden verurteilt: „Beamte sind alle Sadisten!"

Berufung auf höhere Werte oder Instanzen
Die Personen berufen sich auf moralische Werte wie Rassismus durch das Gegenüber, eigene Loyalität zur Gruppe, angegriffene Ehre oder fehlende Respektbezeugungen.

> Nutzt ein Bürger im Konflikt Neutralisationstechniken, sind Äußerungen wie „Beruhigen Sie sich" kontraproduktiv. Sie deklassieren den Bürger, obwohl dieser sich überlegen fühlt, und führen wahrscheinlicher zur Eskalation.

Lerntheorien

Verschiedene Ansätze betonen die Bedeutung des Lernens im Zusammenhang mit auffälligem Verhalten. So verfolgt eine Theorie den Einfluss der Interaktion mit anderen Personen, insbesondere innerhalb von persönlichen Gruppenstrukturen. Dieser Gedanke ist eng verknüpft mit dem Beobachtungslernen, bei dem Menschen in der Realität oder in den Medien das Verhalten anderer Personen betrachten und dann an diesem Modell lernen. An erster Stelle kommt die Familie mit dem größten Einflusspotenzial, dann die Gesellschaft und an dritter Stelle die Modelle, die durch die Medien angeboten werden. Ob dann eine Person eher aggressives Verhalten zeigt oder darauf verzichtet, hängt davon ab, welche Konsequenzen (Bestrafung/Belohnung) und wie wahrscheinlich diese erfolgen. Die Belohnung kann bereits darin liegen, das beabsichtigte Ziel zu erreichen. Beispielsweise drängelt sich ein Mensch in einer Warteschlange nach vorne und wird auch tatsächlich vorher bedient. Dabei setzt nicht jeder, der aggressives Verhalten beobachtet, diese Beobachtung in eigenes aggressives Verhalten um. Eine identische Situation wird durch Menschen nahezu immer unterschiedlich wahrgenommen und folglich werden daraus auch unterschiedliche Verhaltensweisen abgeleitet. Beachtenswert erscheint, dass wenn erst einmal ein Schema für aggressives Verhalten aktiviert ist, mehrdeutige Situationen eher als feindselig interpretiert werden und auch vermehrt selbst aggressives Verhalten gezeigt wird.

Ergänzende Theorien

Anomietheorie
Es gibt keine Gesellschaft, in der sich alle an die Regeln halten. Abweichendes Verhalten ist unserer Gesellschaft immanent, weil es auch nicht für jeden möglich ist, die Ziele der Gesellschaft zu erreichen. Diese Diskrepanz verursacht Belastungen und soziale Konflikte.

Broken Windows
Nehmen Menschen Störungen in den üblichen sozialen Abläufen wahr, führt dies zur Nachahmung und die Regeln werden missachtet. So wird

auffälliges Verhalten imitiert, dort wo Müll liegt, weiterer Müll dazu geworfen; dort wo falsch geparkt wird, das eigene Auto dazugestellt. Soziale Unordnung wird so interpretiert, dass die Beachtung von Normen nicht so wichtig ist.

Niedrige Selbstkontrolle

Menschen können impulsiv, wenig sensibel und risikobereiter sein, wenn Mängel in der Erziehung dazu geführt haben, dass sie nur über eine geringe Selbstkontrolle verfügen. Sie sind sich den Folgen ihres Handelns nicht im vollen Umfang bewusst.

Rational Choice

Je größer der persönliche Nutzen einer Handlung ist und je geringer die persönlichen Kosten dieser Handlung sind, desto wahrscheinlicher wird ein Mensch seine Ziele, Wünsche und Bedürfnisse in einem höchstmöglichen Ausmaß zu verwirklichen versuchen.

1.3.2.3 Medien

Medien mit ihren Inhalten haben – basierend auf dem Gedanken der sozialkognitiven Lerntheorie – eine Wirkung im Zusammenhang mit aggressiven Verhaltensweisen. Militärische Einheiten werden gezielt mit computerbasierenden Simulationen trainiert, um eine Desensibilisierung gegenüber Gewalt zu erreichen und Aggression zu steigern. Dauerhafte Einflüsse, wie ein ständiger Konsum medialer Inhalte, sind in der Lage, die Persönlichkeit eines Menschen bleibend zu verändern. Aggression kann zur Normalität werden, wenn die Sensibilität durch ständigen Konsum herabgesetzt wurde. Es können auch Nachahmungseffekte auftreten und der einzelne Mensch kann stimuliert werden, wenn bestimmte persönliche und situative Faktoren hinzukommen.

Der andauernde Konsum von Gewaltdarstellungen beeinflusst ebenfalls die Vorstellung von der Realität; gleichzeitig wird die Häufigkeit von Verbrechen überschätzt und die Furcht vor solchen Taten steigt. Medien tragen damit nicht nur zu unzutreffenden Vorstellungen über Gewaltverläufe und -häufigkeiten bei. Das Betrachten von Gewalt kann, wenn bestimmte persönlichkeitsspezifische und situative Faktoren hinzutreten, wie durch Frustration bewirkte emotionale Erregung oder aggressionsauslösende Hinweisreize (z.B. Waffen), zu einer Zunahme aggressiven Verhaltens führen. Durch alle diese Forschungsergebnisse und daraus abgeleiteten Annahmen sollte jedoch verhaltensauffälligen Personen keinesfalls ein Argument zur Rationalisierung, Rechtfertigung oder gar Verantwortungsverschiebung geliefert werden. Bereits seit geraumer Zeit führen Straftäter Medienkonsum regelmäßig als Entschuldigungsgrund an. Nicht zuletzt dadurch, dass jeder täglich mit Massenmedien umgeht, jedoch nicht jeder gewalttätig wird, erscheint eine differenzierte Betrachtung erforderlich.

> Medial wahrgenommene fiktive Gewalt allein führt nicht zu gesteigerter Aggressivität. Sie wird dann kritisch, wenn gegensteuernde Einflüsse fehlen oder eine Problemgruppenzugehörigkeit besteht.

Beobachten Menschen wissentlich reale Gewalt, gehen die Wirkungen darüber hinaus und auch die Medien gehen anders mit realer Gewalt um. Zunächst besteht eine besonders große Aufmerksamkeit gegenüber Gewalttätigkeiten und Nachrichten über Gewalt und Verbrechen werden intensiv und vorzugsweise konsumiert. Das wissen auch viele Menschen, weshalb es dazu kommen kann, dass Ereignisse bewusst inszeniert werden, um die Medien auf Sachverhalte aufmerksam zu machen und zu einer Veröffentlichung zu bewegen. Alternativ besteht mittlerweile für jeden die Möglichkeit, die Kanäle der sozialen Medien zu bedienen, um z. B. eine aufgezeichnete provozierte aggressive Unterhaltung mit einem Behördenmitarbeiter dort zu publizieren. Solcherlei Veröffentlichungen, wie auch die Berichte über Gewaltvorfälle in Behörden, können dazu führen, dass der Berufsstand als grundsätzlich aggressiv oder die Behörde als gefährlicher Ort empfunden wird. Verschärfend kommt hinzu, dass die Berichterstattung über Gewalt zu weiteren gleich gelagerten Handlungen stimulieren kann.

> Die Veröffentlichung von realen Gewaltvorfällen sollte, soweit dies beeinflussbar ist, nur mit Bedacht erfolgen und zusätzlich mit klaren präventiven Botschaften versehen werden.

Mediale Veröffentlichungen können jedoch gleichfalls positive Effekte erzielen. So können sie Opfern helfen, das Erlebte zu verarbeiten, gesellschaftliches Problembewusstsein wird geschaffen und bei z. B. erfolgreichen Hilfeleistungen in Notsituationen werden andere Menschen sensibilisiert und selbst zu dem gleichen prosozialen Hilfeverhalten angeregt.

1.3.3 Beschäftigte

Sicherheitskritische Situationen werden auch durch das Handeln (oder Nichthandeln) von Beschäftigten bestimmt und gesteuert. Dies betrifft nicht nur den Verlauf der Situation, sondern auch die Frage nach den Ursachen, die auch in der Person des Beschäftigten liegen können. Grundsätzlich können alle Erklärungsansätze, die für ein abweichendes Verhalten von Bürgern gelten (▶ B. 1.3.2 Bürger), auch auf die Beschäftigten angewandt werden. Hierdurch bietet sich die Möglichkeit, tatfördernde Reize in einer Situation zu vermeiden oder in bestimmten eigenen Verhaltensweisen Risiken zu erkennen. Die Frage, ob ein Verhalten risikoerhöhend zu bewerten ist, kann im Einzelfall nur im Nachhinein verlässlich beantwortet werden. Gleichwohl beinhalten bestimmte Verhaltensweisen mit hoher Wahrscheinlichkeit ein überproportional hohes Risiko der Gefahrenerhöhung, da sie dem Gegenüber Schwäche und Angreifbarkeit zeigen, ihn provozieren oder frustrieren. Diese Verhaltensweisen können im beruflichen Umfeld sein:

- Zeigen von Ängsten oder Unsicherheit
- Herablassende oder arrogante Haltung
- Anschreien des Kunden
- Beleidigungen des Kunden
- Drohungen (insbesondere solche, die ohnehin nicht durchgesetzt werden können)
- Dauernder Augenkontakt durch ein versuchtes „Niederstarren“
- Dem Kunden den Rücken zudrehen
- Mit dem Kunden zugewandtem Rücken weggehen
- Provokation von Streit
- Den Kunden sprachlich oder körperlich in die Ecke drängen
- Körperkontakt herstellen
- Direktes Zugehen auf den Kunden oder Nähe zum Kunden suchen
- Versperren von Fluchtwegen

Es ist eine Herausforderung, das Zusammentreffen von Bürger und Mitarbeiter in einer öffentlichen Verwaltung so zu beschreiben, dass eine wertfreie Analyse der Verhaltensmuster möglich wird und keine Schuldzuweisung an das Opfer erfolgt. Es gibt zwischen Täter und Opfer eine Beziehung und die Beeinflussungsmöglichkeiten der Situation führen im Idealfall zu weniger dramatischen Ausgängen. Niemand wird ernsthaft Zweifel daran haben, dass die Urlaubsreise in ein umkämpftes Kriegsgebiet oder die Mitgliedschaft in einer kriminellen Gruppierung gewisse Lebensrisiken beinhaltet. Und so gibt es auch weniger offensichtliche Verhaltensweisen, die das Risiko einer Opferwerdung oder eines kritischen Verlaufs einer Situation erhöhen:

- Die Weigerung, die ausgestreckte Hand eines Kunden zum Gruß zu ergreifen – auch ohne gesundheitliche Bedenken
- Das für alle Kunden einsehbare Platzieren persönlicher Informationen (Kinder, Haustiere) im Büro oder in den sozialen Medien, z.B. in Form von Bildern
- Die offene Erörterung von Sicherheitsregeln, Zugangscodes oder Abläufen bei Fehlalarmen in der Gegenwart von Kunden

> Das Verhalten von Mitarbeitern hat Einfluss auf den Prozess, Opfer zu werden, und dennoch führt dies keinesfalls zu einer Mitschuld der betroffenen Person.

1.4 Zu den Folgen

Die Folgen von Konflikten im beruflichen Umfeld sind nicht minder facettenreich wie die Ursachen. Gewalterfahrungen können sich z. T. gravierend auf das psycho-physische Wohlergehen auswirken. Die Betroffenen haben ungute Gefühle auf der Arbeit und fühlen sich unsicher im Umgang mit Kunden. Dadurch benötigen Betroffene mehr Arbeitszeit oder es entstehen Ausfallzeiten. Stresssymptome wie Schlaf- und Angststörungen, depressive Verstimmungen, Traumata, Berufswechsel und Berufsunfähigkeit können die Folgen sein. Sie berichten von schweren körperlichen oder psychischen Nachwirkungen (z. B. Hypervigilanz, spezifische Phobien). Es scheint daher nicht verwunderlich, dass es in einigen Berufsgruppen ein erhöhtes Burn-out-Risiko gibt. Je direkter und unausweichlicher der Kontakt (nach dem Konflikt) zwischen den geschädigten und den verursachenden Personen ist, desto wirkungsreicher sind die Folgen. So treffen beispielsweise Lehrkräfte regelmäßig immer wieder auf die gleichen Konfliktgegner, während ein weiterer Kontakt bei der Feuerwehr eher unwahrscheinlich ist.

2. Konflikte

Immer dann, wenn mindestens zwei Menschen zusammentreffen und in irgendeine Art der sozialen Interaktion eintreten, besteht die Option, dass es zu einem Konflikt zwischen ihnen kommt. Diese soziale Interaktion kann sich auf das Denken, Fühlen oder Handeln beziehen. Es beginnt bereits damit, dass sich diese Individuen in körperlicher Nähe zueinander aufhalten, ohne bewusst direkt in Kontakt getreten zu sein; eine von außen wahrnehmbare sprachliche Kommunikation muss noch nicht stattgefunden haben (▶ Bushaltestelle).

Bushaltestelle

Sie stehen an einer Haltestelle, warten auf den Bus und sind allein. Um Sie herum ist eher wenig Straßenverkehr und auch nur wenige Passanten sind unterwegs. Jede Person, die an der Haltestelle auf Ihrer Straßenseite vorbeiläuft, wird von Ihnen wahrgenommen. Wenn eine Person stehen bleibt, achten Sie darauf, welchen Platz diese andere Person einnimmt und auch, ob es einen Kontaktversuch seitens der ankommenden Person gibt. Sie registrieren einen entbotenen Tagesgruß (und erwidern ihn vermutlich) und Sie registrieren (eine gewisse soziale Grundbildung vorausgesetzt) auch, wenn dieser nicht ausgesprochen wird.

Für die Lösung von Konflikten gibt es fünf vorherrschende Konfliktlösungsstile: Ausweichen, Dominanz, Kompromiss, Nachgeben oder Konsens (Abb. 3).

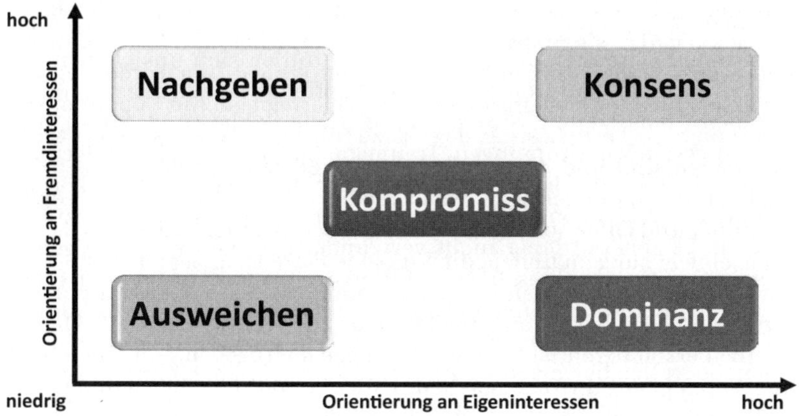

Abb. 3 Konfliktlösungsstile

Der Konfliktlösungsstil **Ausweichen** bezieht sich auf eine Methode zur Lösung von Konflikten, bei der eine oder beide Parteien beschließen, das Problem zu vermeiden oder aufzuschieben, anstatt es direkt anzugehen. Dies kann dazu führen, dass der Konflikt ungelöst bleibt oder sogar verschlimmert wird. Ausweichen kann in bestimmten Situationen sinnvoll sein, wenn die beteiligten Parteien nicht bereit oder in der Lage sind, den Konflikt aktuell zu lösen, oder wenn eine Lösung nicht sofort erreichbar ist. Es kann jedoch auch dazu führen, dass der Konflikt ungelöst bleibt und sich verschlimmert, und es kann dazu führen, dass die beteiligten Parteien unzufrieden sind. Es ist bedeutsam, dass die beteiligten Parteien einen Zeitpunkt vereinbaren, an dem sie das Problem erneut angehen und lösen können.

Mit **Dominanz** werden Konflikte gelöst, wenn eine Person versucht, ihren Willen und ihre Forderungen durchzusetzen, ohne Rücksicht auf die Bedürfnisse und Wünsche der anderen Partei. Dieser Ansatz kann dazu führen, dass die andere Partei sich unterlegen und unzufrieden fühlt und das Problem nicht vollständig gelöst wird. Dominanz kann in bestimmten Situationen schnelle und effektive Entscheidungen ermöglichen, jedoch kann es auch dazu führen, dass die andere Partei sich unterdrückt und unzufrieden fühlt, und es kann dazu führen, dass die Beziehungen beeinträchtigt werden. Es ist wichtig, dass die beteiligten Parteien ihre Bedürfnisse und Anliegen kommunizieren und darauf achten, dass die Entscheidungen ausgewogen und fair empfunden werden.

Der Konfliktlösungsstil **Kompromiss** bezieht sich auf eine Methode zur Lösung von Konflikten, bei der beide Parteien bereit sind, ihre Forderungen zu reduzieren, um eine gemeinsame Lösung zu finden. Dieser Ansatz kann dazu beitragen, dass beide Parteien ihre Ziele erreichen, jedoch nicht in dem Umfang, den sie ursprünglich angestrebt haben. Ein Kompromiss erfordert, dass beide Parteien bereit sind, auf einige ihrer Forderungen zu verzichten, um eine gemeinsame Lösung zu erreichen. Ein Kompromiss ist nicht immer die beste Lösung, da er dazu führen kann, dass beide Parteien unzufrieden sind und das Problem nicht vollständig gelöst wird. Dieser Weg kann nur dann gelingen, wenn die beteiligten Parteien eine gewisse Flexibilität und Offenheit für die Anliegen des anderen haben und das Ziel haben, eine Lösung zu finden, die für beide Parteien akzeptabel ist.

Die Methode **Nachgeben** ist quasi die andere Seite des Dominanzverfahrens und bezieht sich auf eine Methode zur Lösung von Konflikten, bei der eine Person bereit ist, ihre Forderungen aufzugeben, um eine Lösung unter Verzicht auf ihre eigenen Bedürfnisse und Wünsche zu finden. Dieser Ansatz kann gleichfalls dazu führen, dass das Problem nicht vollständig gelöst wird. Auch hier gilt, dass in bestimmten Situationen Konflikte schnell gelöst werden, sich jedoch eine Person unterdrückt und unzufrieden fühlt und Beziehungen beeinträchtigt werden.

Im **Konsens** wird eine gemeinsame Lösung gesucht, die für alle Parteien akzeptabel ist. Es setzt voraus, dass alle Beteiligten ihre Bedürfnisse und Anliegen kommunizieren und aufeinander eingehen. Dieser Ansatz erfordert Zeit und Geduld und kann notwendigerweise einen Moderator oder Mediator beinhalten, um die Kommunikation und die Suche nach einer Lösung zu unterstützen. Wenn erfolgreich umgesetzt, kann Konsens eine dauerhafte und zufriedenstellende Lösung hervorbringen, die von allen akzeptiert wird und die Beziehungen stärkt. Dieser Weg kann lange dauern und einen hohen Aufwand mit sich bringen.

Wenn Konflikte im beruflichen Umfeld im Verhältnis Bürger/Verwaltung auftreten, lassen sich aufgrund des gesetzlichen Auftrages und der Limitierungen nicht alle Lösungsstile praktizieren. Dennoch ist es wichtig, sich bewusst zu machen, dass all diese Wege existieren und auch kleine Zugeständnisse aus einem anderen Lösungsweg möglicherweise eine große Wirkung bei dem Gegenüber hervorrufen können. So könnten konsensuale Bemühungen seitens des Bürgers wohlwollend aufgenommen werden, auch wenn das Ergebnis aus Sicht der Verwaltung schon zu Beginn feststeht.

> Konfliktlösungsstrategien, die für kollegiale oder Alltagskonflikte sinnhaft sind, lassen sich in Konflikten mit dem Kunden nur bedingt anwenden.

2.1 Konflikte im Verhältnis

Für die meisten Menschen ist der Begriff des Konflikts negativ besetzt und ruft daher auch entsprechende Gefühle hervor. Daher wird er häufig auch mit Worten wie Aggression oder Gewalt gleichgesetzt. Es hilft, einen Konflikt zunächst als neutral, unvoreingenommen und eher positiv zu sehen. Er ist zunächst nichts anderes wie soziales Verhalten, bei dem mindestens zwei Personen in eine Kommunikationsbeziehung eintreten und mindestens eine Person zumindest das Gefühl hat, durch die andere Person beeinträchtigt zu werden – auch wenn diese Person die Beeinträchtigung tatsächlich weder durchführt noch beabsichtigt.

Exkurs Aggression und Gewalt

Aggression beschreibt ein Verhalten, dass von der davon betroffenen Person unerwünscht ist und darauf abzielt, der Person zu schaden (Drohung mit einer unerwünschten Begegnung nach Feierabend, Zerreißen eines Antrages oder verleumderische Aussagen über die sozialen Medien).
Gewalt soll in diesem Kontext die absichtliche Nutzung von angedrohtem oder tatsächlichem körperlichem Zwang gegen die eigene, eine andere Person oder eine Gruppe sein, die zu Schäden jedweder Art führen (Schlagen, Drohung mit Selbstverletzung oder Suizid, Anschreien, Beschimpfung).

Zunächst sind die Aggression und in einer weiteren Entwicklung Gewalt die möglichen Steigerungsformen eines Konflikts (Abb. 4). Dabei stellt die Anwendung von Aggression und Gewalt Formen der (versuchten) Konfliktlösung für diejenigen Menschen dar, die für sich keine andere Form der Konfliktlösung sehen. In diesem Gedanken steckt bereits ein wichtiger Lösungsansatz zur Vermeidung von Aggression und Gewalt: Stellen wir einem Menschen, der Aggression oder Gewalt verüben möchte, eine angemessenere Form der Konfliktlösung zur Verfügung, kann die Eskalation vermieden werden. Diese Vermeidung ist ein wichtiges Ziel, denn je weiter der Konflikt in Richtung Aggression oder Gewalt driftet, desto schwerer wird er beeinflussbar. Es geht dann irgendwann nur noch um Sieg oder Niederlage und eine Einigung wird nahezu unmöglich. Die jeweiligen Stufen dieser Entwicklung müssen weder in dieser Reihenfolge auftreten noch so deutlich voneinander abgegrenzt sein; dies ist im hohen Maß von den persönlichen Eigenschaften der handelnden Personen abhängig. Wenn es in einem Konflikt zu gewalttätigem Handeln kommt, dann hängt dies im Wesentlichen mit vier Ursachen zusammen:

1. Eskalation erscheint als Problemlösung effektiv und erfolgreich.
2. Wut, Hass oder Rache überlagern als Emotion das rationale Handeln.

3. Solidarität und Unterstützung anderer soll durch die Verstärkung erzielt werden.
4. Gewalt wird selbst als legitim akzeptiert und kann aufgrund der Gegebenheiten risikolos eingesetzt werden.

Hieraus ergibt sich, dass effiziente Gewaltprävention die Eskalation von Konflikten dadurch verhindern kann, dass eine Steigerung abgewendet wird oder dem Konflikt von Anfang an so konstruktiv begegnet wird, dass diese Stufe überhaupt nicht erreicht wird.

Gewaltprävention ist die Verhinderung einer Eskalation in einem Konflikt und beginnt damit, es von vorneherein nicht zu einem Konflikt kommen zu lassen.

Abb. 4 Konflikt – Aggression – Gewalt

2.2 Konflikte im Verlauf

Befinden Sie sich in einem Konflikt, besteht die Gefahr, dass das Denken und die Wahrnehmung je nach Entwicklungsstufe des Konflikts mehr und mehr eingeschränkt wird. Dies betrifft die Eigen- wie auch die Fremdwahrnehmung der anderen Person. Hieraus kann sich ein Spirale entwickeln, bei der die Dynamik dafür sorgt, dass der Konflikt in einer absolut zerstörerischen Konfrontation mündet. Diese Gefahr steigt, wenn Sie versuchen, eine Auseinandersetzung über Machtverhältnisse zu lösen; die immer intensivere Konfrontation, bis hin zur Gewaltanwendung, kann in einem solchen Fall für zumindest einen Beteiligten die einzig verbleibende Handlungsalternative sein.

Während zu Beginn noch die Überzeugung vorherrscht, dass der Konflikt durch das Gespräch und ein kooperatives Vorgehen beiseitegelegt werden kann, beginnt kurz darauf eine polarisierende Debatte mit Untertönen der gegenseitigen Abwertung. Im nächsten Schritt werden Drohungen eingesetzt, Gesprächsabbrüche finden statt und es beginnt eine Gruppenbildung, insofern weitere Menschen verfügbar sind. Bis zu dieser Stufe ist in den meisten Fällen noch eine gütliche Einigung möglich, die darin mündet, dass sich beide Seiten ohne Gesichtsverlust miteinander vertragen. Gelingt dies nicht, werden daraufhin Gerüchte verbreitet, konkret um Beistand, Bestätigung und Zustimmung in der Gruppe ersucht. Eine weitere Stufe der Eskalation sind offene Vorwürfe auf persönlicher Ebene, verbunden mit massiven Vertrauensverlusten. Drohungen mit Sanktionen folgen, um in der nächsten Stufe bereits kleine Schäden an dem anderen als großen eigenen Gewinn zu empfinden. Ab hier werden beide Seiten auf der Verliererseite des Konflikts stehen. Die Spirale endet in Angriffen auf das Netzwerk der anderen Person ohne Rücksicht auf die Umwelt und die eigene Person (Abb. 5).

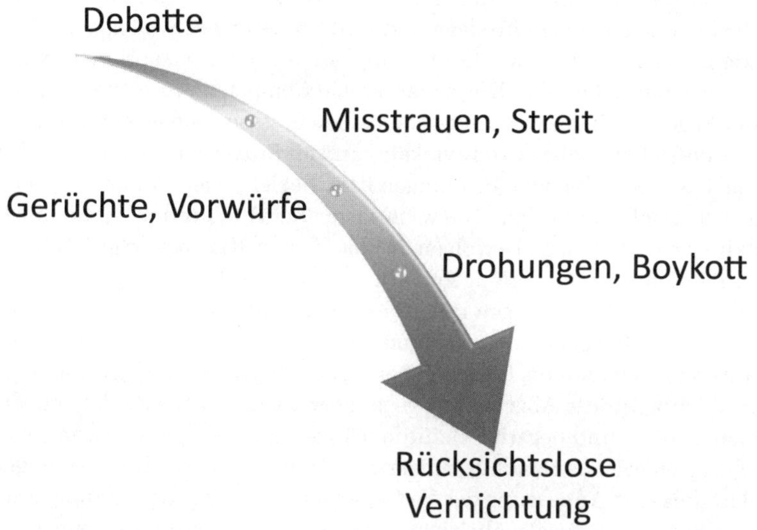

Abb. 5 Konfliktsteigerung

2.2.1 Früherkennung von Konflikten

Greift ein Kunde über den Schreibtisch an den Kragen einer Sachbearbeiterin oder wirft er den Bildschirm vom Tisch, gibt es kein Problem, den bestehenden Konflikt zu erkennen. Schwierig wird es jedoch zu einem früheren Zeitpunkt, wenn noch keine offensichtlich aggressiven Handlungen stattgefunden haben oder gar physische oder psychische Schäden verursacht wurden. Für eine verlässliche Früherkennung genügt es, wenn ein Verhalten gezeigt wird, mit dem bei Ihnen Gefühle außerhalb Ihrer sozial üblichen Gefühlswelt erzeugt werden. Nutzen Sie Ihre eigenen Gefühle, um kritische Situationen frühzeitig zu identifizieren und sich derer zu entziehen. Sie stärken und beschleunigen damit Ihre Entscheidungsfindung, um sich abgrenzen oder die Gefahrensituation selbstständig verlassen zu können.

Gefühle

Menschen entwickeln im Laufe ihrer Entwicklung die Fähigkeit, eigene Gefühle

- wahrzunehmen,
- zu verstehen und zu akzeptieren,
- vorzutäuschen oder zu verbergen,
- nach außen zu vertreten und deutlich zu machen.

Diese Fähigkeiten sind Grundbausteine, um sich in kritischen Situationen nach außen mit einer schlüssigen und funktionierenden Strategie behaupten zu können. Die Gesamtheit dieser Fähigkeiten stellt die emotionale Kompetenz eines Menschen dar. Diese emotionale Kompetenz führt bei Menschen in der Regel zu einem verstärkten Selbstbewusstsein. Sie lernen im Kindesalter, Konfliktstrategien zu entwickeln, um mit Frust und Niederlagen umzugehen sowie verschiedene Bindungen bzw. Beziehungen mit anderen Personen erfolgreich einzugehen. Die wichtigsten Schritte für die emotionale Entwicklung von Menschen erfolgen in der frühen Kindheit. Sie lernen ihre Gefühle nicht nur nonverbal, sondern auch paraverbal und sprachlich auszudrücken. Des Weiteren gewinnen sie Verständnis für Ursachen und Folgen von Gefühlen. Sie entstehen aufgrund von Erlebnissen, die ein Mensch selbst erfährt oder von anderen berichtet bekommt. Sie können positiv und negativ sein. Wichtig für die Abgrenzung gegenüber anderen ist, dass die betroffene Person positive und negative Gefühle frühzeitig identifizieren kann und daraufhin sein eigenes Handeln anpasst. Werden negative Gefühle erzeugt, erfordert dies eine Anpassung des Verhaltens in Richtung Abgrenzung, um die eigene Sicherheit zu gewährleisten. Herkömmliche Handlungsmuster aus der Erziehung können hier meist nicht den gewünschten Erfolg erzielen.

Soziale Programme – Das Gegenüber muss mitspielen

Der Mensch lernt durch sein soziales Umfeld und die elterliche Erziehung eine Vielzahl von Handlungsmustern, mit denen er in Interaktion mit anderen Personen treten kann. Diese Sozialkompetenzen sind die Grundlage für das Handeln eines jeden Menschen, wie er auf Emotionen, Wünsche sowie Konflikte von und mit anderen Personen reagiert. In diesem Zusammenhang lässt sich auch von sozialen Programmen sprechen, denn Handlungsmuster werden seit dem Kindesalter wie ein Softwareprogramm abgelegt und routiniert abgerufen. Ein Kind lernt, das jeweilige Programm in der dafür vorgesehenen Situation anzuwenden. Dies wird unter anderem durch Lernen am Erfolg oder durch das Beobachtungslernen intensiviert. Das Programm wird durch die Familie, Freunde, Schule, Verein und irgendwann das berufliche Umfeld vergrößert. Die Bedeutung dieser sozialen Programme wird bei einer Gegenüberstellung von Erwachsenen mit einer gesunden sozialen Kompetenz und Erwachsenen mit einem Mangel an sozialer Kompetenz deutlich (Tab. 1).

Tab. 1 Soziale Kompetenzen und das Verhalten Erwachsener

Erwachsene mit sozialen Kompetenzen	Erwachsene mit einem Mangel an sozialen Kompetenzen
Erfolgreiche Integration im sozialen Umfeld	Verhaltensstörungen, z. B. erhöhtes Aggressionsverhalten
Funktionierender Freundeskreis	Wenige bis keine Freunde
Positive Beziehungen zu Arbeitgeber, Kollegen, Kunden und Familie	Ablehnende Haltung gegenüber Dritten
Prosoziales Verhalten (soziale Interaktion, Teilen)	Extremes Verhalten (Schüchternheit oder Aufmerksamkeitsdefizit-Hyperaktivitätsstörung)

Prosoziales Verhalten beschreibt unter anderem Verhaltensweisen wie Verständnis, Hilfsbereitschaft, Höflichkeit, Rechtfertigungen, Entschuldigungen, Bereitschaft zum Teilen und die Zusammenarbeit zugunsten der Gruppe. Das gesellschaftlich tolerierte prosoziale Verhalten umfasst allerdings auch diffuse und verschleiernde Erläuterungen von eigenen Verhaltensweisen, die nicht immer der Realität entsprechen, wie die Aussage, dass für einen weiteren Dialog „keine Zeit mehr" bestehe und daher ein Gespräch abgebrochen werden müsse – obwohl der Zeitmangel bewusst konstruiert wurde. Dissoziales Handeln hingegen ist ein Mangel an den zuvor genannten Fertigkeiten. Dieser Mangel kann zu aggressivem Verhalten sowie zur Schädigung von anderen Personen führen. Mit einem solchen Handlungsmuster werden Opfer durch Täter konfrontiert. Die Herausforderung besteht darin, dass sich soziale Programme im Laufe der Jahre verfestigen, sodass sie somit auch für Problemlösungen innerhalb sicherheitskritischer Situationen herangezogen werden können. Diese Programme sind jedoch nur so lange erfolgreich, wie sich das Gegenüber auf eine soziale Verhaltensweise einlässt und freiwillig einlenkt. Lösungen im prosozialen Bereich setzen das Einvernehmen beider Parteien voraus oder das zunächst aggressiv handelnde Gegenüber hatte nie die ernsthafte Absicht, seinen Willen über alle Widerstände hinweg durchzusetzen. Da eine dieser beiden Konstellationen innerhalb von Konflikten zumeist vorherrscht, lernt der betroffene Mensch, dass er mit prosozialen Verhaltensweisen auch sicherheitskritische Situationen bewältigen kann. Ein Trugschluss, der sich dann offenbart, wenn der Betroffene auf ein Gegenüber trifft, das nicht einlenken will oder bereit ist, seinen Willen durchzusetzen.

> Prosoziale Lösungen innerhalb sicherheitskritischer Situationen sind nur wirksam, wenn sich das aggressiv handelnde Individuum darauf einlässt.

Diese sozialen Programme müssen in dem Moment drohender Eskalation durch eindeutige sprachliche, paraverbale und nonverbale Außendarstellung des Opfers ersetzt werden, ohne dissozial zu werden oder zu wirken.

2.2.2 Hinweise auf eine Eskalation

Neben dem inhaltlichen Dissens in einer streitigen fachlichen Angelegenheit zwischen dem Kunden und dem Beschäftigten können in der Person des Kunden Merkmale liegen, die die Wahrscheinlichkeit eines sicherheitskritischen Ereignisses erhöhen. Neben emotionalen Spannungszuständen aufgrund der Lebenssituation könnten diese sein:

- Händezittern
- Hemmungslosigkeit
- lautes Sprechen oder Lachen
- hohe Stimme
- übermäßige Freundlichkeit
- Streitlust
- vermehrter Gebrauch von Schimpfworten
- Hautrötung oder Blässe
- Zucken von Augenlidern oder Gesichtsmuskeln
- häufiges Schlucken
- Atembeschleunigung oder Gähnen
- weite Pupillen
- Schwitzen
- sonstige nervöse Bewegungsmuster

Bezogen auf die fachliche Ebene steigt die Wahrscheinlichkeit, wenn der Kunde:

- seine Forderung unbedingt durchsetzen will,
- seine gefühlte Hilflosigkeit deutlich kommuniziert,
- in seinen Erwartungen enttäuscht wird.

Risikofaktoren aus dem kommunikativen Bereich ergeben sich aus:

- Sprachbarrieren
- unterschiedlichen Bildungsgraden
- Verständnisproblemen inhaltlicher Art oder aufgrund kultureller bzw. religiöser Barrieren
- Verständnisprobleme durch Dialekt, undeutliche Sprechweise, Hörschwierigkeiten
- Vorurteile
- Verärgerung über die Situation in der Behörde (Wartezeiten, Überfüllung, kein Sitzplatz, kein Kinderspielzeug, Unmöglichkeit zu rauchen)

Hinweise auf Alkohol-, Medikamenten- oder Betäubungsmittelmissbrauch können sein:

- bewegt sich in Zeitlupe
- reagiert langsam auf Fragen
- hat gläserne Augen, geweitete Pupillen
- verliert den Gedankengang
- macht irrationale Aussagen
- verschüttet Getränke
- geht unbeholfen
- stolpert oder fällt hin
- ist unfähig, aufrecht zu sitzen

2.3 Faktor Macht

Erreicht ein Konflikt aggressive Grundzüge, besteht die hohe Wahrscheinlichkeit, dass dem Bedürfnis nachgegeben wird, Macht auszuüben. Derjenige, der durch eine Handlung das Gefühl der Macht erleben möchte, wählt sich für seine Aktivitäten keinen Gegner aus, von dem er glaubt, dass er diesem unterlegen ist oder bei dem nur die Gefahr besteht, den Konflikt mit einem Gesichtsverlust oder sogar als Unterlegener zu verlassen. Dieser Aspekt ist sehr wichtig, weil jeder von Aggression betroffene Mensch damit davon ausgehen kann, dass die aggressive Person ihm gegenüber das Gefühl der Überlegenheit empfindet. Entscheidend ist dabei nicht die Sichtweise des Opfers, sondern die subjektive Sicht der aggressiv handelnden Person. Betrachtet sie ihr Gegenüber als schwächer, hat sie keinen Grund, selbstständig ihre Handlungen einzustellen, und solange sich jemand aus ihrer Perspektive unterhalb ihrer eigenen Machtposition befindet, steigt das Risiko, Opfer zu werden. Sieht die aggressive Person die andere Person als gleichwertig oder subjektiv machtvoller an, sinkt das Risiko (Abb. 6). Bitte begeben Sie sich gedanklich in die Situation in einem Zug (▶ Spiele der Macht) und überlegen nach jedem Schritt, ob die jeweilige Variante 1 oder 2 dazu führt, dass ein potenzielles Opfer aus Sicht der aggressiv handelnden Person nach der Interaktion machtvoller oder schwächer wirkt. Welche Verhaltensweisen werden die aggressive Person jeweils darin bestärken und ermuntern, ihr Handeln weiterzuführen und das Risiko für Sie zu erhöhen? Und bei welcher Variante wird sie darüber grübeln, ob ihre Opferauswahl die richtige war?

Spiele der Macht

Sie befinden sich allein in einem ICE-Zugabteil für sechs Personen und sitzen in der Mitte von drei Sitzen (weil sie vermeiden wollen, dass sich weitere Personen in das Abteil setzen). Eine weitere Person kommt hinzu, setzt sich wortlos Ihnen gegenüber ebenfalls in die Mitte, streckt die Beine aus und berührt dabei Ihre Beine.

Variante 1

Sie bleiben sitzen, wenden sich stumm ab und schauen zur Seite.

Variante 2

Sie setzen sich einen Sitz weiter in Richtung Tür und blicken stumm zu der Person, die sich ihnen gegenüber hingesetzt hat.
In beiden Varianten spricht Sie die hinzugekommene Person in der Folge an: „Was machst denn du eigentlich in meinem Abteil, du Wurst?"

Variante 1

Sie antworten (überlegen Sie, ob Sie unter Umständen dabei sogar gequält lächeln würden): „Na, hören Sie mal! Wie reden Sie denn mit mir? Ich habe hier einen Platz (reserviert)."

Variante 2

Sie antworten: „Lassen Sie mich in Ruhe!" Dabei achten Sie darauf, dass es zu keiner weiteren Annäherung kommt, Sie blicken die Person ernst an und sind bereit, sofort aufzustehen, das Abteil zu verlassen und sich an die Zugbegleitung zu wenden.

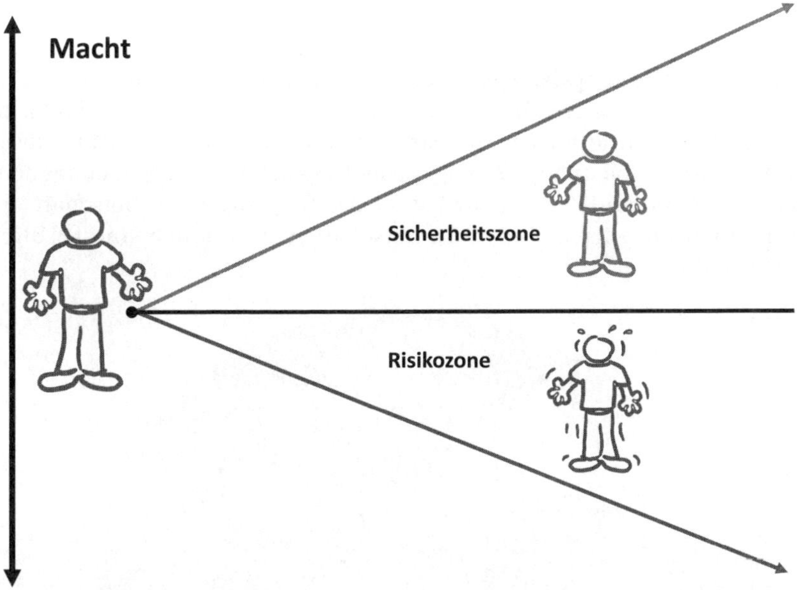

Abb. 6 Sicherheits- und Risikozone

Oft bleiben einer aggressiv handelnden Person nicht viele Möglichkeiten einer Einschätzung der vermeintlichen Machtposition gegenüber einem anderen Menschen, insbesondere wenn er ihn nicht schon länger kennt. Es beschränkt sich häufig auf Äußerlichkeiten, die Körpersprache oder wenige miteinander gewechselte Sätze.

> Jeder, der von Aggression betroffen ist, kann vor und während eines Übergriffs mit seinem Verhalten auf den Prozess der Opferwerdung zu seinen Gunsten Einfluss nehmen, indem er die Machtverhältnisse beeinflusst.

3. Kommunikation

3.1 Nonverbale Kommunikation

Ob es bereits deutliche Spiele der Macht sind oder zunächst nur bewusste oder unbewusste Kommunikationsbeziehungen (▶ Bushaltestelle), Kommunikation findet in nahezu allen Fällen auf verbaler, paraverbaler, extraverbaler und nonverbaler Ebene statt – zumindest solange wir den anderen

Menschen sehen können. Im nonverbalen Bereich lässt sich durch Körpersprache sehr deutlich signalisieren, wie sich ein Mensch fühlt und was er ausdrücken möchte. Verschiedene Experten kommen alle zu dem Ergebnis, dass, je konfliktgeladener eine Situation wird, der überwiegende Teil einer Botschaft durch die Körpersprache transportiert wird (Abb. 7). In dieser Grafik wurde bewusst auf das extraverbale Element verzichtet, da es im Verhältnis eine untergeordnete Bedeutung hat. Dabei gilt auch im nonverbalen Kommunikationskanal, dass der Empfänger die Botschaft bestimmt und möglichst eindeutige Botschaften erforderlich sind (▶ Blick aufs Handy).

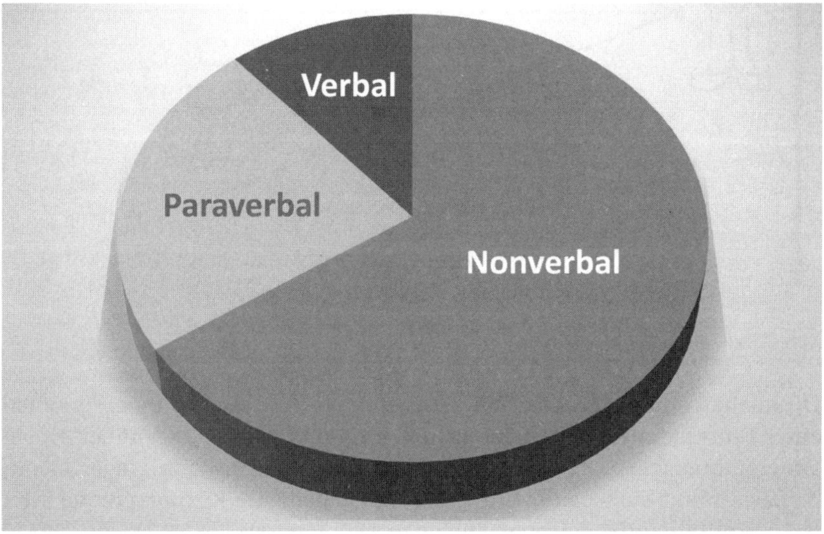

Abb. 7 Kommunikationsanteile im Konflikt

Blick aufs Handy

Eine Frau steht an einer Bushaltestelle und wartet auf den Bus. Unweit von ihr entfernt stehen zwei Männer, die sie prüfend beobachten. Die Frau versucht durch Anstarren ihres Smartphones den Männern zu signalisieren, dass sie mit ihnen nicht kommunizieren möchte und sie Abstand halten sollen. Es kommt zu einem sexuellen Übergriff. Einer der Männer gibt in der polizeilichen Vernehmung an: „Das war voll krass, wie die versucht hat, uns zu ignorieren, das hat mich voll angemacht."

Die Körpersprache der betroffenen Frau führt ohne verbale Kommunikation zu einer Botschaft. Sie signalisiert aus ihrer Sicht den Männern, dass sie keinen Kontakt möchte. Die eigentliche Absicht, den Abstand einzufordern und klare Botschaften zu übermitteln, wird nicht deutlich. Für ein klares Einfordern der eigenen Grenzen benötigen potenzielle Opfer eine starke und ausdrucksvolle Körpersprache. Sie müssen in der Lage sein, das Machtgefälle zwischen ihnen und dem Täter nicht ansteigen zu lassen und ein starkes, wehrhaftes Opfer auf Augenhöhe darzustellen. Es besteht stets die Option, eine eher schwache oder eine eher starke Körpersprache zu zeigen. Ein schwacher Ausdruck erhöht das Risiko, Opfer von physischer oder psychischer Gewalt zu werden, während der starke Ausdruck tendenziell Distanz zur Gefahr herbeiführt und damit eine Sicherheitserhöhung darstellt. Die nicht abschließend bezeichneten Handlungen in der Tabelle zu den Formen der Körpersprache (Tab. 2) zeigen die vielfältigen Möglichkeiten, wie mit starker und eindeutiger Körpersprache im Konflikt effektiv und schützend reagiert werden kann. Sie sind zudem nicht nur als Gegenreaktion auf eine Handlung anwendbar, sondern können auch vorbeugend wirken.

Eine besondere Rolle nimmt das Lächeln im Rahmen der kommunikativen Interaktion ein. Es erscheint nicht besonders erstrebenswert, in einer sicherheitskritischen Situation als potenzielles Opfer einem aggressiven Täter freundlich, höflich und besonders vertrauenswürdig gegenüber zu erscheinen. Genau diese Haltung offenbart jedoch ein Lächeln. Täter können genauso wie Opfer die Körpersprache des Gegenübers lesen und deuten, sodass die richtige Körpersprache aufgrund veränderter Machtverhältnisse mit einer höheren Wahrscheinlichkeit dazu führen kann, die Situation zu bestehen. Die Wirkung tritt dabei nicht nur bei dem Gegenüber auf, sondern beeinflusst auch die eigene innere Haltung desjenigen, der die stärkere Körperhaltung einnimmt.

Tab. 2 Formen der Körpersprache – Risiko oder Sicherheit?

Formen der Körpersprache	Handlung	Sicherheit	Risiko
Blickverhalten – Blickkontakt	Blick zur Gefahr vs. Vermeidung von Blickkontakt	Frühzeitiges Erkennen von Angriffen	Eingeschränkte Möglichkeit des Erkennens von Angriffen
Gesichtsausdruck – Mimik	Ernste Mimik vs. Lachen bzw. Lächeln	Steigerung der Wahrscheinlichkeit von Hilfeleistung	Möglichkeit der Fehlinterpretation durch potenzielle Helfer
Körperhaltung und Körperbewegung – Pantomimik	Aufrechte vs. gebeugte Haltung; Ruhige vs. zappelige und unruhige Bewegungen	Ausstrahlung von Selbstbewusstsein	Signalisierte Unsicherheit

Tab. 2 Formen der Körpersprache – Risiko oder Sicherheit?

Formen der Körpersprache	Handlung	Sicherheit	Risiko
	Versetzter, fester, schulterbreiter vs. lockerer, entspannter Stand	Gleichgewicht; Stabilität; Handlungsfähigkeit	Geringer Widerstand zu erwarten
	Offene Hände zum Gegenüber vs. Fäuste oder versteckte Hände	Abwehrhaltung; Erhöhung der Hilfeleistung durch Dritte; Opfer-Täter-Beziehung erkennbar	Möglichkeit der Fehlinterpretation; unklarer Status; wenig wehrhaft; aggressives Erscheinungsbild (Fäuste)
Berührung – taktil	Kein Körperkontakt vs. Körperkontakt	Aufrechterhaltung der Distanz zwischen Täter und Opfer	Überwindung des Hemmnisses von Körperkontakt; Vorstufe zur körperlichen Auseinandersetzung; Provokation
Distanz – körperlicher Abstand	Heben der Arme vs. hängende Arme	Mindestabstand von einer Armlänge	Direkter körperlicher Zugriff möglich
	Schritt/e zurück vs. vorwärts	Entfernung aus dem Zugriffsbereich des Täters	Mögliche Provokation
Authentizität – Zusammenwirken von Sprache und Handeln	Authentisches Auftreten vs. Lächeln, trotz schlechter Gefühle	Möglichkeit der Gefahrenerkennung durch Dritte	Möglichkeit der Fehlinterpretation durch potenzielle Helfer

Je konfliktreicher eine Situation ist, desto bedeutsamer ist es, eindeutige und starke nonverbale Signale der Sicherheit zu senden.

Ereignet sich eine sicherheitskritische Situation eher überraschend, bleibt der betroffenen Person keine oder nur sehr wenig Zeit, unterschiedliche Handlungsoptionen abzuwägen (▶ Sozialamt). In welcher der beiden Varianten ist es wahrscheinlicher, dass der Kundenberater im nächsten Moment durch die beiden Kunden bewusst angepöbelt wird? Daher kommt dem körpersprachlichen Ausdruck in solchen Momenten vorwiegend eine deeskalierende Bedeutung zu. Je länger eine Situation andauert, wie beispielsweise bei wiederholten Kundengesprächen, desto wahrscheinlicher wirkt ein starker Ausdruck einer entstehenden Eskalation vorbeugend, weil sich das Bild eines ungeeignet starken Gegners verfestigen kann.

Sozialamt

Im Wartebereich eines Sozialamtes mit sehr viel Publikum und engen Sitzbereichen wird ein Kundenberater von zwei erwachsenen Kunden im Vorbeigehen zunächst unabsichtlich angerempelt.
Es bestand für den Kundenberater im Vorfeld der Situation jc nach eigener Aufmerksamkeit (auf den Weg achtend oder gedankenverloren auf dem Flur unterwegs) keine oder nur eine geringe Möglichkeit, auf die Situation einzuwirken. Kommt es dann zu der Rempelei, gibt es im körpersprachlichen Bereich unterschiedliche Möglichkeiten – unabhängig von den begleitenden Worten.

Variante 1

Der Kundenberater bleibt in unmittelbarer Nähe der beiden Kunden stehen oder geht auf sie zu und schaut sie vorwurfsvoll an; dabei sagt er noch nichts.

Variante 2

Der Kundenberater achtet auf ein bis zwei Schritte Distanz zu den beiden Kunden, hebt entschuldigend beide Arme nach vorne oben mit den Handflächen in Richtung der Kunden. Er beobachtet das Verhalten der Kunden mit ernstem Blick und sagt dabei noch nichts.

3.2 Verbale Kommunikation

Der sprachliche Austausch zwischen Berater und Kunden ist die am meisten genutzte Kommunikationsform. Sie kann Probleme lösen oder Probleme schaffen, sie kann beruhigen oder provozieren und damit kann sie gefährliche Situationen entschärfen und gefährliche Situationen entstehen lassen. Eine professionelle behördliche Kommunikation trägt zu einer professionellen und souveränen Aufgabenerfüllung wie auch zu einer Bewältigung sicherheitskritischer Situationen bei. Zudem führt sie zu einem positiven Beziehungsaufbau mit dem Kunden, was besonders bedeutungsvoll ist, wenn es zu häufigeren Begegnungen im Laufe der Zeit kommt. Werden kommunikative Begegnungen öffentlich, steht auch einer positiven gesellschaftlichen Bewertung nichts entgegen.

Letztlich stellt jede zielorientierte und sichere kommunikative Lösung einen Erfolg für den Beschäftigten in der Behörde dar; dies führt bei jüngeren Personen zu Lern- und Erfahrungsfortschritten und bei lebenserfahreneren Beschäftigten zumindest zu positiven Erlebnissen im Arbeitsumfeld und trägt damit zur Berufszufriedenheit bei. Dabei wirken alle Kommunikationsformen gemeinsam: non-, para- und extraverbal sowie verbale Kommunikation. Erfolgreiche Kommunikation entsteht, wenn vier wichtige Elemente (Abb. 8) erfüllt sind, die auch durch verbale Kommunikation zum Ausdruck kommen.

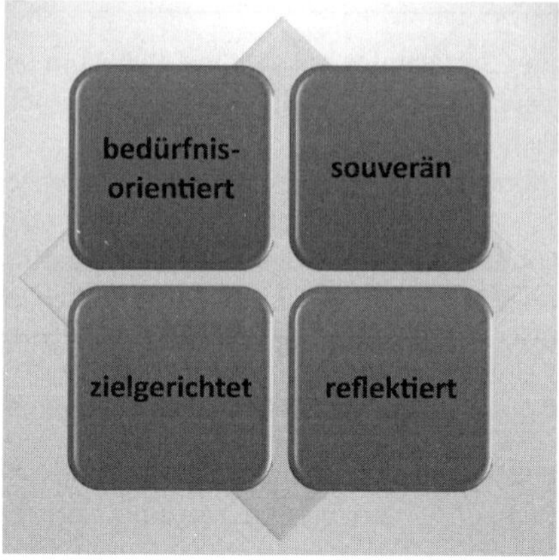

Abb. 8 Erfolgreiche Kommunikation

Es mag zunächst im behördlichen Kontext einfach klingen, wenn die Forderung nach einer **bedürfnisorientierten Kommunikation** aufgestellt wird. Und tatsächlich ist es für die allermeisten Alltagssituationen auch recht einfach gestaltet. Ein Antrag auf Unterstützungsleistungen wird vorgelegt, der Reisepass wird neu beantragt, eine Schulfreistellung im Zusammenhang mit den Ferien oder der Bauantrag für eine Garage sollen genehmigt werden. Und zumeist sind die offensichtlichen Gründe auch die einzigen. Bedürfnisorientiert bedeutet im Zusammenhang mit diesen Gründen allerdings auch, sich den Gesamtkomplex zu erschließen. Hierzu ist Einfühlungsvermögen in die Lebenssituation des Kunden erforderlich. An die Unterstützungsleistungen ist das bereits versprochene Geburtstagsgeschenk für das Kind des Antragstellers und der gefühlte Gesichtsverlust der Eltern geknüpft. Der Reisepass ist für eine Urlaubsreise erforderlich, für die bereits viel Geld investiert wurde. Die Schulfreistellung dient eben nicht nur zur Geldersparnis (Rückreise außerhalb der Saison), sondern auch dazu, den neunzigsten Geburtstag der Großmutter mitzuerleben. Und für den Garagenbau wurden bereits Handwerker bestellt. All diese Begleitumstände müssen aus verwaltungsrechtlichen Gründen eher nicht beachtet werden. Es ist jedoch jedem empathischen Menschen verständlich, wenn ein Kunde in einer solchen Situation mehr als üblich auf sein vermeintliches oder tatsächliches Recht beharrt und in einer Diskussion streitlustig wirkt. Und ja – selbstverständlich wäre es hilfreich, wenn Kunden die gesamten Begleitumstände offen darlegen, damit Beschäftigte einer Behörde sofort einen Perspektivwechsel vollziehen können. Einem solch transparenten Verhalten stehen jedoch manchmal Scham, Unwissenheit oder fehlende kommunikative Fähigkeiten gegenüber. Es kommt zum Ausdruck, das behördliche Kommunikation zwar häufig einer einfachen linearen Logik folgt (Antrag stellen – Antrag genehmigen – alle zufrieden), die Lebensrealität jedoch auch komplexer gestaltet sein kann und daher ein differenziertes Denken und Handeln der Beschäftigten im kommunikativen Bereich erfordert. Es bedarf daher einer wertschätzenden Kommunikation und einer Informationserhebung durch die Behörde, um einen Überblick über die Gesamtsituation aller Beteiligten zu erhalten.

> Professionelle behördliche Kommunikation ergründet und berücksichtigt die Bedürfnisse und die Situation des Bürgers.

Das Element der **Souveränität** verlangt, dass die Beschäftigten eigenständig und unabhängig handeln. Ein souveräner Mensch strahlt ein hohes Maß an Selbstsicherheit und Gelassenheit aus, vermittelt gleichzeitig jedoch große Kompetenz, Selbstständigkeit und Professionalität. In seiner gesamten Erscheinung tritt diese Souveränität zutage. Die Selbstsicherheit drückt sich durch Besonnenheit und Ruhe aus, die auch in sicherheitskritischen Situationen beibehalten wird. Dabei bilden sich diese unabhängigen Menschen ihre eigene Meinung, widerstehen dem Herdentrieb und reagieren nicht auf Provokationen. Ihr Selbstbild ist sehr genau und realistisch. Wenn sie Fehler machen, stehen sie dazu und übernehmen Verantwortung. Statt andere zu beschuldigen, gehen sie lösungsorientiert vor. Zu guter Letzt interessieren sich souveräne Beschäftigte für die Kunden und sind nicht überheblich oder abgehoben. Sie holen sich Rat bei ihren Kollegen, wenn sie einmal selbst etwas nicht wissen, und dieses Verhalten ist für sie auch kein Zeichen von Schwäche. In der Gesamtheit ist es erforderlich, dass die Beschäftigten in der Lage sein sollten, ihr wahres Selbst in der Kommunikationsbeziehung zu zeigen. Sie sollten ehrlich zu sich selbst, aufrichtig zu anderen und konsequent in ihrem Handeln sein. Wer dabei versucht, Rollen und Klischees zu entsprechen, dem wird es langfristig eher selten gelingen, bei anderen Menschen den Eindruck von Authentizität zu erwecken.

> Professionelle behördliche Kommunikation verlangt nach souveränen Beschäftigten, die authentisch auftreten.

Zielgerichtete Kommunikation stellt persönliche Interessen in den Hintergrund. Dabei beziehen sich persönliche Interessen auf Zielsetzungen, wie als „Gewinner“ aus einem Streitgespräch hervorzugehen oder beispielsweise auf dem Recht auf eine Arbeitspause zu bestehen, obwohl sie persönlich nicht unbedingt genau zu diesem Zeitpunkt erforderlich wäre. Zielorientierte Kommunikation verwendet klare und kurze Botschaften, die von dem Kunden eher verstanden werden können. Hierzu ist es wichtig, dass theoretische Hintergründe von Kommunikationsbeziehungen bei den Beschäftigten bekannt sind, diese ihren eigenen Kommunikationsstil und das eigene Verhalten kennen und unterschiedliche Gesprächstechniken beherrschen. Dabei gilt es gleichzeitig, neben dem fachlichen und sachlichen Erfolg, den Kunden als Person mit seinen Fähigkeiten und Grenzen zu berücksichtigen.

> Professionelle behördliche Kommunikation setzt zielgerichtete Kommunikation in Bezug auf den Kunden und das Thema voraus.

Das kommunikative Verhalten sollte dabei einer eigenen Bewertung wie auch einer Reflexion im Team (▶ D. 2. Nachbereitung der Situation) unterzogen werden. Nur so wird es möglich, eigene Stärken und Schwächen zu identifizieren und erforderlichenfalls das eigene Verhalten zu modifizieren. Dabei muss jeder einzelne Beschäftigte wie auch die gesamte Behörde den Willen zu einer Lernkultur aufweisen.

> Behördliche Kommunikation ist dann professionell, wenn durch die Beschäftigten und die Behörde eine Lernkultur gelebt wird.

3.3 Paraverbale Kommunikation

Unter paraverbaler Kommunikation wird das gesamte Spektrum der Stimme verstanden, mit der wir kommunizieren. Dabei umfasst dies folgende Elemente:

Die **Stimmlage** kann von tief bis hoch und von zitternd bis tragend reichen. Sie offenbart am ehesten, in welcher emotionalen Stimmung die Person ist. Eine zitternde Stimme deutet auf Erregung und Nervosität hin und eine getragene Stimme auf Souveränität, Feierlichkeit oder Dramatik. Die Stimmlage kann auch drohend, gutmütig, aggressiv oder sanft sein. Hohe Stimmen werden als akustische Unterwerfungsgeste gewertet, die dazu dient, Konfrontation zu vermeiden und zu zeigen, dass keine Gefahr droht.

Die **Lautstärke** kann laut oder leise sein sowie zwischen diesen beiden Polen variieren. Die persönliche Empfindung und Erwartung des Empfängers spielen eine große Rolle. Leise und kaum zu verstehen, lenkt das Interesse schnell ab. Zu laut zu sprechen, wirkt unangenehm auf die Empfänger. In beiden Fällen kann das Gesagte untergehen. Daher ist eine angemessene Lautstärke das Ziel, es sei denn, zusätzliche Aufmerksamkeit von Dritten ist erwünscht. In diesem Fall darf es etwas lauter sein.

Bedeutend ist auch die deutliche bis undeutliche Artikulation von Gesprochenem. Eine undeutliche **Aussprache** hat im Extremfall die gleiche

Konsequenz wie viel zu leises Sprechen. Eine deutliche Aussprache, die völlig übertrieben dargestellt ist, wirkt hingegen gestellt und aufgesetzt.

Während bei dem einen Kunden die Ansprache und der Dialog im **Dialekt** eine besondere Vertrauensbasis begründen kann, empfindet möglicherweise ein anderer Kunde, dem der örtliche Dialekt nicht geläufig ist, diesen als Ausgrenzung seiner Person oder kann ihn als Ausdruck einer sprachlichen Unterlegenheit des Beraters empfinden. Da dies zuvor nicht hinreichend bestimmbar ist, sollte zunächst nicht im Dialekt kommuniziert werden.

Die **Betonung** einzelner Wörter oder von Satzteilen zeigt sich auf einer Skala von wichtig bis unwichtig. Hiermit wird deutlich hervorgehoben, was dem Sender wichtig erscheint.

Die **Geschwindigkeit des Sprechens** kann zwischen sehr hoher Geschwindigkeit bis hin zu einem extrem langsamen Tempo des Sprechens variieren. Eine als zu schnell wahrgenommene Sprache wirkt oft sehr gehetzt und darüber hinaus unverständlich. Ein zu langsames Tempo hingegen wirkt monoton und macht die Zuhörer müde.

Die **Sprachmelodie** kann zwischen monoton bis hin zu überdeutlich – fast gesungen – am oberen Ende der Möglichkeiten stehen. Dadurch können gleichfalls das Verständnis und das Verstehen gemildert oder gesteigert werden.

Pausen sind ein wichtiges Stilmittel, um das Verständnis und die Dramatik zu erhöhen. Zum richtigen Zeitpunkt gesetzt, erhöht sich die Spannung und die Aufmerksamkeit auf das, was nach der Pause folgt.

Begleitende Geräusche, die mit der Sprache einhergehen, wie tiefes Einatmen, Hüsteln, Seufzen oder Räuspern, können positiv wie auch negativ aufgenommen und sollten bewusst sparsam eingesetzt werden.

Schweigen hat eine besondere Bedeutung und sollte in herkömmlichen Gesprächssituationen mit Bedacht eingesetzt werden, da es in der Regel Verunsicherung bei dem Gegenüber hervorruft. Handelt es sich um sicherheitskritische Situationen, stellt das Schweigen die letzte sprachliche Steigerung dar.

Grundsätzlich ist bei der Interpretation paraverbaler Merkmale von nicht Muttersprachlern Vorsicht geboten, da sie leicht falsch interpretiert werden können. Auf dem Gebiet der interkulturellen Kommunikation ist immer Verständnis und Reflexion notwendig, um die empfangene Nachricht richtig deuten zu können.

3.4 Extraverbale Kommunikation

Bei der extraverbalen Kommunikation handelt es sich um die Umgebungsbedingungen wie Raum, Zeit und dem Verhalten der Person in diesen Kontexten. Dieses Element kann insbesondere im Zusammenhang mit interkultureller

Kommunikation eine besondere Bedeutung erlangen. Davon unabhängig hat es eine Bedeutung, ob Termine einvernehmlich vereinbart oder vorgeschrieben werden, ob diese dem Kunden angenehm oder unangenehm sind, weil sie beispielsweise Betreuungsnotwendigkeiten von Kindern auslösen oder ungünstig für den öffentlichen Personennahverkehr sind. Und auch, ob die Termine unter Zeitdruck stattfinden oder ob sich für den Kunden Zeit genommen wird. Besprechungen können je nach behördlichem Aufbau oder Gegebenheiten in einem neutralen freundlichen Besprechungszimmer mit Kinderspielecke oder im sterilen Büro stattfinden. Ein nach Schweiß riechender Behördenmitarbeiter wird tendenziell keine positiven Wirkungen hervorrufen; Gleiches kann für eine nach Nikotin riechende Person gelten, die auf einen Nichtraucher trifft. Es gilt ebenfalls abzuschätzen, wie Schmuckstücke, teure Uhren oder sichtbarer Körperschmuck wie auffällige Piercings auf die eine oder die andere Person aus dem Kundenumfeld wirken. Auch mit der Platzierung der Kunden im Raum werden Botschaften gesandt, die zudem auch Sicherheitsaspekte berühren. Auch wenn die räumlichen Gegebenheiten schwierig sind, sollte angestrebt werden, den Kunden weiter in den Raum zu holen, um selbst näher an der Tür zu sitzen. Alle in diesem Zusammenhang bestehenden Vorbehalte werden an anderer Stelle erörtert (▶ B. 8.1 Baulich-technische Aspekte). Ob Begrüßungsrituale eher der extra- oder nonverbalen Kommunikation zugeschrieben werden sollten, kann dahingestellt bleiben. Sicherlich wäre es übergezogen, wenn Kunden einen Wangenkuss oder eine Verbeugung als Begrüßung erwarten würden, doch kann eine zum Handschlag ausgestreckte und dann von Beschäftigten ignorierte Begrüßungsgeste konfliktfördernd wirken.

> Nichtsprachliche Kommunikation hat einen erheblichen Anteil an der Wirkung von Kommunikation auf den Kunden.

4. Verbesserungspotenzial

Die Fähigkeiten der Beschäftigten in kommunikativ anspruchsvollen bis hin zu sicherheitskritischen Situationen werden durch die berufliche Ausbildung oder das Studium nur nachrangig gefördert. Für die Arbeitgeber gibt es im Thema Sicherheit unverändert Verbesserungspotenzial. Allerdings liegt der wesentliche Anteil sicherheitsrelevanten Verhaltens in den Beschäftigten selbst. Daher wird in diesem Kapitel auch das unspezifische Training vorangestellt, dass allein in der Verantwortung der Beschäftigten liegt; gleichwohl alle anderen, durch den Arbeitgeber bereitgestellten Fortbildungen ebenfalls das Engagement und die Selbstlernkompetenz der Beschäftigten verlangen. Denn bedauerlicherweise sind auch die besten Konzepte nicht immer allen Mitarbeitern bekannt oder werden von ihnen gelebt. Allzu häufig sind Bequemlichkeit oder Gewohnheit Gründe, um sicherheitsrelevante Vorschriften nicht zu kennen oder risikominimierende Prozesse außer Acht zu lassen.

Unspezifisches Training

Die vier Elemente, die auf ein Gegenüber in einer Kommunikation einwirken, lassen sich trainieren. Dabei gibt es auch ohne behördliche Unterstützung Möglichkeiten, seine eigenen Fähigkeiten auszubauen. Diese unspezifischen Methoden sollen Teilbereiche ohne Ausübung der eigentlichen Handlungsstrategie festigen. Dies bedeutet im Zusammenhang mit der Selbstbehauptung, dass sich die Personen durch einfache Übungen einzelne Komponenten der zu erlernenden Handlungsmuster aneignen. Folgende Ziele können im Rahmen eines unspezifischen Trainings erreicht und gefestigt werden (Tab. 3).

Tab. 3 Ziele unspezifischen Trainings

Ziele	Methode
Stärkung der Sprache – laut, klar, deutlich, Stärkung der Körpersprache – aufrechtes Stehen, Nutzung der Gestik und Mimik, Förderung des Selbstbewusstseins	Referat, Präsentationen, Vorträge, Reden, berufl. Perspektivgespräche, Fremde ansprechen und um Hilfe bitten
Stärkung der Sprache – laut, klar, deutlich, Stärkung der Körpersprache – authentisches Verhalten, Vermittlung von Gefühlen	Schauspielunterricht, Gesangsunterricht, Reklamation von Konsumgütern
Stärkung der Körpersprache – Reflexion der eigenen Körperhaltung, Gefahr im Blick behalten, Wirkung von Händen und Mimik	Spiegelübungen, Videotraining
Förderung der Selbstständigkeit, Eigenverantwortung	Private Reisen selbst planen

Spezifisches Training

Hinter dem etwas sperrigen Begriff des spezifischen Trainings verbergen sich Seminare oder Trainings, die Ihre Fähigkeiten im Umgang mit kommunikativen oder auch sicherheitskritischen Situationen verbessern sollen. Diese werden in der Regel durch den Arbeitgeber initiiert oder gefördert. Die Möglichkeiten der Trainings- oder Seminarangebote sind vielfältig, hierbei lassen sich grundsätzlich folgende Alternativen unterscheiden (Abb. 9).

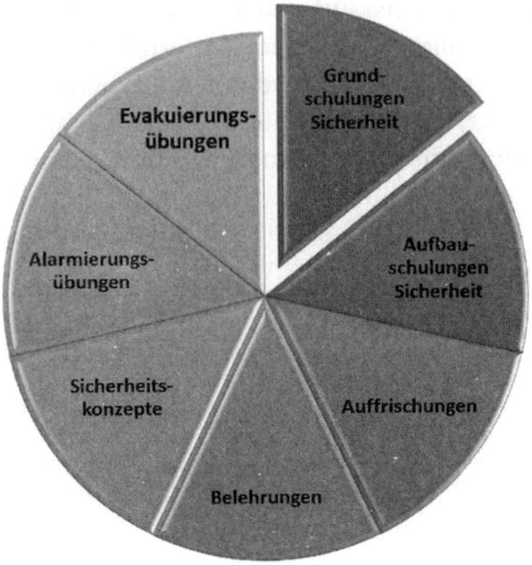

Abb. 9 Schulungsalternativen

Seitens des Arbeitgebers muss entschieden werden, ob – je nach Schulungsziel – ein Teil oder alle Beschäftigten einer Behörde eine Fortbildung erfahren. Insbesondere bei mehrtägigen Schulungen könnte das Ziel sein, dass die Teilnehmer im Idealfall die notwendigen Kompetenzen als „Ersthelfer in sicherheitsrelevanten Krisen" vermittelt bekommen. Dabei sind für den Fall, dass die Schulungsmaßnahmen auf ausgewählte Personen beschränkt werden sollten, für die Verbreitung in der Behörde insbesondere folgende Verlaufsfaktoren einer sicherheitskritischen Situation zu bedenken:

- Wie sollen sich die Beschäftigten verhalten, wenn eine oder mehrere Person(en) eines solchen Krisenteams im Urlaub, krank oder anderweitig beschäftigt sind?
- Wie lange sind die Wege innerhalb der Institution, bis das Team vor Ort ist?
- Was soll die betroffene Person bis dahin tun?
- Was ist, wenn die Expertise des Teams nicht ausreicht? (Es handelt sich um Laienhelfer und keine Sicherheitsfachkräfte.)
- Sollte die Polizei zuerst, gleichzeitig oder später angefordert werden?
- Wer entscheidet, dass die Polizei und wann sie zu informieren ist? Die betroffene Person oder das Team?

> Ein Arbeitsumfeld ist für alle umso sicherer, je mehr Beschäftigte angemessen auf sicherheitskritische Situationen vorbereitet sind.

Grundschulungen, **Aufbauschulungen** oder wiederholende **Auffrischungen** zu Sicherheitsthemen können von internen Beauftragten oder externen Spezialisten durchgeführt werden. Inhalt und Aufbau richten sich nach der zur Verfügung stehenden Zeit, der Anzahl der Teilnehmer, gewünschten Reflexionsphasen und finanziellen Ressourcen. Führungskräfte sollten an Sicherheitsschulungen teilnehmen, damit die Beschäftigten erkennen, dass das Thema Sicherheit auf allen Ebenen interessiert. Insbesondere wenn Führungskräfte im Arbeitsalltag unmittelbar mit den Beschäftigten Tür an Tür arbeiten, wäre es befremdlich, wenn sie sich aus einer solchen Schulung zurückziehen würden. Führungskräfte werden selten nach ihrer Expertise im Bereich der professionellen Lösung sicherheitskritischer Situationen ausgewählt. Inhouse-Schulungen haben neben logistischen und ressourcenbedingten Argumenten den Vorteil, dass die Übertragbarkeit auf das Arbeitsumfeld erleichtert wird. Medial unterstütztes Feedback ist populär. Das gezeigte Verhalten lässt sich wiederholt und wertfrei betrachten. Häufig hilft es auch, kognitive Wahrnehmungslücken Beteiligter zu schließen. So werden häufig vom Täter gezeigte Handlungen nicht beachtet, Worte nicht realisiert oder mitgeführte Gegenstände bleiben außer Acht. Aussagen wie „Das habe ich nicht getan/gesagt…“ lassen sich über ein Videofeedback realitätsnah analysieren. Dem zusätzlichen Erkenntnisgewinn durch eine sinnvolle Videoanalyse steht der immense zeitliche Aufwand gegenüber. Schulungen sollten durch Experten durchgeführt werden, die entweder selbst umfassende Kenntnisse auf den Wissensgebieten der Psychologie, Soziologie, Kriminologie, der Rechtswissenschaft und Pädagogik besitzen oder Zugang dazu haben. Handlungsorientierte Schulungen verlangen von dem Trainer, Ereignisverläufe krisenbehafteter Situationen in hoher Vielfalt und Variation zu generieren. Je mehr es dabei gelingt, Zwischenstufen aufzuzeigen, desto leichter fällt es den Beschäftigten, individuelle Lösungen zu erarbeiten. Die Schulungsbeauftragten sollten sich im Vorfeld mit den problembehafteten Örtlichkeiten und Gefahrenherden im Arbeitsumfeld der Beschäftigten vertraut machen. Dazu gehört sowohl die Besichtigung der Umgebung, eine Hausbegehung, Gespräche mit der Führungsebene als auch ein Blick in die Medien, um vergangene lokale Krisen und deren Lösungsansätze zu erfahren. Die Besonderheiten eines jeden Teilnehmers müssen individuell berücksichtigt werden. Immanent ist dazu ein grundlegendes Verständnis, wie eine Gruppe geführt werden kann und welche Methoden des Wissenstransfers konkret anzuwenden sind. Präsentations- und Moderationstechniken müssen mit unterschiedlichsten Medien vermittelt werden können. Die kommunikativen Fähigkeiten der Experten sind bei der sensiblen Seminarthematik von hoher Bedeutung. Die Ausbildung von Multiplikatoren ist kritisch zu betrachten. Das reine Fachwissen lässt sich möglicherweise noch in einem überschaubaren zeitlichen Rahmen erlernen, jedoch stellt sich die Frage, woher pädagogische Befähigung und der Erfahrungsschatz kommen sollen? Der Prophet im eigenen Land zählt oft nicht und so verwundert es kaum, wenn kollegiale Multiplikatoren nicht die gleiche Akzeptanz erfahren wie externe Fachleute. Die **Belehrungen** über ausgewählte organisatorische, technische oder personelle Sicherheitsmaßnahmen sollten gegenüber allen Beschäftigten erfolgen und in regelmäßigen Abständen wiederholt werden. Es ist von Vorteil, wenn die Belehrungen aktiv durchgeführt und nicht nur ein Schriftstück zur Kenntnis genommen wird, damit ein Dialog angeregt werden kann. **Sicherheitskonzepte** gewährleisten für die Beschäftigten einen Überblick zu den vorhandenen Sicherheitsmaßnahmen in Gänze und sollten in einer angemessenen Tiefenstufe für alle Beschäftigten zugänglich sein. Neue Beschäftigte sind darin ausführlich einzuweisen.

Alarmierungs- oder Evakuierungsübungen können sich auf das menschliche Verhalten während der Alarmierung oder Evakuierung sowie auf vorhandene technische Systeme zur Unterstützung beziehen.

Es stellt sich auch die Frage nach den erforderlichen Lernmethoden in Schulungen. Denn genauso wenig, wie sich Autofahren nur durch ein Handbuch oder Onlinegame lernen lässt, kann eine Handlungskompetenz gegenüber eskalierenden Kunden nur durch Praxis erworben werden. Alleinige E-Learning-Angebote haben den Nachteil, dass bei ihnen der persönliche Austausch unter den Beschäftigten entfällt. Lernen ist ein dauerhafter und komplexer Prozess, der möglichst effektiv gestaltet sein sollte. Anstatt sich mit einer zweidimensionalen künstlichen Realität auseinanderzusetzen, lassen sich sicherheitsrelevante Thematiken über ein multiples praktisches Sinnesreizlernen innerhalb ganzheitlich beanspruchender Lehrmethoden gut transportieren. Aktives Handeln und Ausprobieren führt zu einer optimalen Verankerung des Lernstoffes und sichert die Reproduzierbarkeit. Regelmäßige interaktive Seminare helfen, im handlungsorientierten Lernansatz den Übertrag vom Seminarraum zum Anwenden im Arbeitsalltag zu erleichtern. Jährliche Belehrungen und einmalige Vorträge über ein Sicherheitskonzept sind erforderlich, verhindern jedoch nicht, dass sich Alltagsroutinen herausbilden, die ein erhöhtes Risiko erzeugen. Unabhängig davon lassen sich hierdurch allein zeitlich keine Themen vollumfänglich in Theorie und Praxis vermitteln. Die Betroffenen müssen lernen, richtig zu reagieren und eine kollegiale Hilfeleistung nicht unbewusst als Beitrag zur Eskalation zu benutzen. Komplexe Krisensituationen bedingen es, schnelle Einschätzungen vorzunehmen. Von großer Unsicherheit geprägtes und zögerliches Handeln führt regelmäßig zu keiner Beendigung der Gefahrensituation. Trainingsprozesse müssen sich dieser Unsicherheiten annehmen. Eine umfassende Sicherheit wird es dabei nie geben. Lernende müssen Strategien erfahren, die es ihnen ermöglichen, trotz eines Informationsmangels risikominimierende Entscheidungen zu treffen.

Um in sicherheitskritischen Situationen ein gefahrenminimierendes Verhalten zu zeigen, ist es wichtig, durch Szenarientrainings verschiedene Handlungsoptionen kennengelernt und sie durch ständige Wiederholung geübt und verinnerlicht zu haben. Die Idee eines interaktiven Trainings ist dabei, eine vorgegebene Lage zu interpretieren, Prognosen für die Weiterentwicklung abzugeben und mögliche Effekte getroffener Entscheidungen zu simulieren. Interaktive Trainings bieten, ob im Einzel- oder im Gruppen-Setting, unterschiedlichste Wechseloptionen in bekannten oder fremden Kontexten. Es ermöglicht der handelnden Person, in einem geschützten Umfeld in unterschiedlichen Rollen verschiedene Erfahrungen zu entwickeln, ohne psychische oder physische Schäden davonzutragen. Dieser Methodik bedienen sich viele unterschiedliche Berufsgruppen. Hierzu zählen nicht nur die Polizei und das Militär, sondern auch Banken, Versicherungen, medizinische Einrichtungen sowie viele weitere Dienstleister, die Handlungssicherheit in Verkaufsgesprächen oder Gefahrensituationen benötigen. Ein interaktives Training ist dabei in der Regel nicht für Zuschauer zugänglich, um für die Seminarteilnehmer ein geschütztes und unbeobachtetes Umfeld zu wahren. Der spielerische Charakter eines Rollentrainings lässt Handlungsoptionen bewusst durchlaufen und soll dabei Bedenken und Ängste reduzieren oder sogar komplett nehmen. Durch vorausschauendes Handeln werden Sicherheitslücken, auf Basis von erfolgreich gewonnenen Erkenntnissen und Einsichten, geschlossen. So lassen sich durch eine Vielzahl von unterschiedlichen Abläufen neue Verhaltensweisen trainieren und bewerten. Sicher bewertete Handlungskompetenzen werden als Verhaltensmodifikationen stabilisiert und in den Alltag übertragen. Interaktive Trainings können sowohl einfache Szenarien als auch komplexe Geschichten beinhalten. Sie sollten Neugier wecken sowie Stellungnahmen und Spontanreaktionen provozieren.

Als positive Aspekte für den Einsatz von interaktiven Trainings lassen sich identifizieren:

- Flexibilität und Kreativität werden durch freies Improvisieren gefördert
- Wissen kommt zum Vorschein und wird vergrößert
- Fähigkeiten zur Problemlösung werden erweitert
- Steigerung der sprachlichen Fähigkeiten
- Förderung von Meinungs- und Einstellungsänderungen
- Ausbau von selbstsicherem Verhalten

Die Integration eines interaktiven Trainings in ein Seminar ist nicht selten von Bedenken, Vorurteilen sowie Hemmnissen des Teilnehmerkreises geprägt. Diese Blockaden müssen nicht ausschließlich auf negativen Erlebnissen basieren. Die Teilnehmer könnten auch eine innere Furcht besitzen, sich zu produzieren, sich vor ihrem beruflichen Umfeld zu blamieren oder dass sie den an sie gestellten und eigenen Ansprüchen nicht gerecht werden. Der Vorteil interaktiven Trainings findet sich in den unterschiedlichen Rollen, die eingenommen werden können. Teilnehmer können sich selbst in einer Situation erleben oder eine Situation eines anderen Teilnehmers beobachten und daraus Schlüsse ziehen. Mit jedem weiteren Ablauf können Ideen und neue Handlungsoptionen ausprobiert und bei erfolgreicher Umsetzung etabliert werden. Des Weiteren können Beobachter ihre Empfindungen und Erkenntnisse ebenfalls schildern. In der Kombination kann so ein Lernerfolg nachhaltig gesichert werden. Auch für Kommunikationstrainings, die sich inhaltlich im Vorfeld einer sicherheitskritischen Situation bewegen, gilt das Gleiche. Die Kommunikationstechniken, die dort präsentiert werden, können mit hoher Sicherheit nicht in die Anwendung gebracht werden, wenn sie ausschließlich theoretisch erörtert werden oder keine Vorerfahrungen vorliegen.

> Interaktives Training bietet die Möglichkeit, tatsächlich Handlungskompetenz für sicherheitskritische Situationen zu erwerben.

5. Sicherheitskonzepte

Während für Ereignisse wie Veranstaltungen oder innerhalb bestimmter Prozessindustrien Sicherheitskonzepte mit gesetzlichen Vorgaben hinterlegt sind, lassen sich für öffentliche Verwaltungen aus diesen Vorschriften allenfalls Ableitungen treffen, insofern es sich um die sicherheitsrelevanten Vorfälle zwischen Personen handelt, die hier thematisiert werden. Die Bereiche des Daten-, Brand-, Wert- oder Personenschutzes sowie Datensicherheit sind hier nicht betrachtet. Das Gesetz über die Durchführung von Maßnahmen des Arbeitsschutzes zur Verbesserung der Sicherheit und des Gesundheitsschutzes der Beschäftigten bei der Arbeit regelt u.a. die Pflichten des Arbeitgebers in Bezug auf die Arbeitsplatzsicherheit. So gilt für den Arbeitgeber, dass er:

- Gefährdungen möglichst vermeiden und verbleibende Gefährdungen gering hält,
- Technik, Arbeitsorganisation und äußere Einflüsse berücksichtigt,
- den Beschäftigten geeignete Anweisungen erteilt und
- die Gefährdung zu ermitteln hat.

Sicherheitskonzepte finden zunehmend in der öffentlichen Verwaltung Beachtung, weil die Sicherheitsrisiken zunehmen. Dabei besteht ein Spannungsfeld zwischen der zunehmenden Öffnung von Behörden und Verwaltungen mit der bürgernahen Ausrichtung und den unterschiedlichen Vorfällen, verbunden mit der immer größeren Gefährdung von politischen Repräsentanten im kommunalen Bereich. Es stellt sich an dieser Stelle die Frage, wie Sicherheit zu erreichen ist, ohne die gewünschte Bürgernähe wieder aufzuheben. Sicherheitskonzepte werden in der Regel von unabhängigen Beratern erstellt; teilweise bieten auch Versicherungen oder Behörden entsprechende Dienstleistungen an.

Anforderungen und Verfahren

Ein Sicherheitskonzept sollte zu jeder Zeit und bei allen Arbeitszuständen der Organisation wirksam sein. Insbesondere alle Notfallplanungen müssen vollständig sein und die Maßnahmen müssen homogen mit allen anderen Bereichen (z.B. Brandschutz) zusammenwirken. Mit einer Risikoanalyse wird eine Kosten-Nutzen-Abwägung erleichtert, die aus Wirtschaftlichkeitsüberlegungen durchaus angestellt werden sollte. Dabei werden unterschiedliche Gefahren zusammengetragen, deren Ursachen festgestellt, das Ereignis mit einer Eintrittswahrscheinlichkeit eingeschätzt, die daraus entstehenden Auswirkungen antizipiert und die erforderlichen Maßnahmen identifiziert. Die Aktivitäten, die in einem Sicherheitskonzept niedergelegt sind, orientieren sich an den tatsächlichen Gegebenheiten und Arbeitsabläufen sowie örtlichen Verhältnissen.

Diese sind systematisch zu analysieren, zu dokumentieren und dann mit Gesetzen, Verordnungen, Vorschriften und Präventionsempfehlungen abzugleichen. Hierdurch offenbart sich in dem Vergleich, welcher Handlungsbedarf besteht. Die Ergebnisse und die daraus abgeleiteten Maßnahmen werden mit dem Arbeitgeber vor dem Hintergrund der Schutzziele erörtert. Dabei werden auch die finanziellen Mittel berücksichtigt, die für die Umsetzung der Maßnahmen zur Verfügung stehen. Ein bestehendes Sicherheitskonzept muss regelmäßig aktualisiert werden. Das Konzept ist allen Beschäftigten zugänglich und bekannt zu machen; einzelne besonders sicherheitsrelevante Teile können davon ausgenommen werden.

> Die Qualität eines Sicherheitskonzeptes wird durch seinen Realitätsbezug und seine Aktualität bestimmt.

Aufbau

Grundsätzlich beziehen sich die Inhalte eines Sicherheitskonzeptes auf die Bereiche baulich-technischer, organisatorischer und persönlicher Aktivitäten. Sicherheitskonzepte, die sich an sicherheitskritischen Vorfällen in Bezug auf die Beschäftigten orientieren und in öffentlichen Verwaltungen Verwendung finden, könnten folgende Elemente beinhalten; inhaltlich sollten dabei angemessene Redundanzen vorhanden sein:

- Schutzziele
- Leitlinien
- Grundsatzerklärung für Sicherheit
- Sicherheitslage
- Sicherheitsorganisation
- Unterstützungssysteme
- Nachsorgeangebote
- Melde-, Kommunikations- und Dokumentationssysteme
- Ansprechpartner
- Umgang mit Bild- und Tonaufnahmen
- Platzverweise
- Hausverbote
- Bomben- oder Anschlagsdrohungen
- Strafanzeigen und Strafanträge
- Informationen zu Straftatbeständen und anderen rechtlichen Grundlagen

Innerhalb einer Organisation sind die Beschäftigten eine unterschätzte Erkenntnisquelle. Veränderungen in Arbeitsprozessen, Umstrukturierungen oder Baumaßnahmen, die dann Auswirkungen auf die Sicherheitsarchitektur haben, werden oftmals nur zunächst von den Beschäftigten wahrgenommen. Daher sollten die Beschäftigten nicht nur angemessen bei der Erstellung beteiligt werden, sondern es sollte ihnen auch für Vorschläge zur Verbesserung ein Ansprechpartner zur Verfügung stehen. Besondere Ereignisse, die eine bestimmte Intensität überschreiten, können Auswirkungen auf die Gesamtorganisation haben, die weit über die unmittelbar beteiligten Personen hinausgehen. Dies bezieht sich insbesondere auf mediale Wirkungen. Hierfür bietet sich an, gesonderte Regelungen in einer Konzeption Krisen- oder besonderes Ereignismanagement niederzulegen. Im Sicherheitskonzept sollten diese separaten Konzeptionen kurz erwähnt und grundsätzliche Regelungen skizziert werden. So bietet es sich an, Zuständigkeitsregelungen für Presseauskünfte jedem Beschäftigten zu vermitteln.

6. Krisenmanagement

Besondere Ereignisse wie ein Brandfall, massive Gewalttaten oder längere technische Ausfälle sind davon gekennzeichnet, dass sie nur bedingt kontrollier- und steuerbar sind. Organisationen, die häufiger mit solchen Situationen konfrontiert sind, bilden temporäre übergreifende Teams, die die Führungsebenen der Organisation bei dem für sie ungewohnten Ereignis unterstützen. Üblicherweise entsteht durch die Vielzahl der neuen und damit tendenziell schwierigeren Aufgaben ein hoher Stress bei den Verantwortlichen. Dies hat regelmäßig Handlungsdefizite und Versäumnisse zur Folge, die in der Zeit nach dem Vorfall in Vorwurfslagen durch die öffentliche Meinung münden.

Alle Entscheidungsebenen stehen in einem solchen Moment vielfältigen Anforderungen gegenüber, die erfahrungsgemäß von krisenunerfahrenen Menschen nicht alle erfasst werden und von der regulären Alltagsorganisation auch nicht allein zu bewältigen sind. Dieses temporäre Unterstützungsteam wird im Allgemeinen als Krisen-, Sicherheits- oder Verwaltungsstab bezeichnet. Der Begriff des Stabes bezeichnet dabei eine Gruppe von Menschen, die den regulären Entscheidungsebenen bei ihren Aufgaben behilflich sind; sie ersetzen sie nicht. Die Hilfeleistung erstreckt sich regelmäßig auf folgende Bereiche:

- Abwicklung des Informations- und Kommunikationsmanagements
- Koordination des Personals
- Kompensation von Zuständigkeitsüberschreitungen
- Konzentration von Spezialistenwissen
- Bereitstellung und Organisation überregionaler Ressourcen
- Unterstützung der regulären Führung

> Sicherheitsrelevante Ereignisse mit Krisencharakter können massive Folgen für alle Beteiligten haben und zu einem Vertrauensverlust in die öffentliche Verwaltung führen – ein systematisches Ereignismanagement kann diese Folgen reduzieren oder verhindern.

Hilfreich für die Organisation ist es, Schwellenwerte zu definieren, ab wann dieses Unterstützungsteam zusammentritt. Dabei verhält es sich leider so, dass es manchmal Ereignisse gibt, die – obwohl grundsätzlich gleich – das eine Mal von der Alltagsorganisation und das andere Mal nur mithilfe des Unterstützungsteams effizient bewältigt werden können. Daher ist jede versuchte Definition eines Schwellenwertes nur eine allgemeingültige Entscheidungshilfe. In der Realität muss immer wieder neu festgelegt werden, ob es dieser Unterstützung bedarf. Dabei gilt die Regel, dass im Zweifelsfall das Team zusammengerufen werden sollte. Stellt sich dann heraus, dass es nicht erforderlich ist, ist es eine sehr gute Übung gewesen. Bestätigt sich jedoch die Notwendigkeit, haben die Entscheidungsträger von Anfang an alles getan, um sich bestmöglich um die Situation zu kümmern.

In der Organisation sollte eine Person mit Vertretungsregelung bestimmt werden, der über die Zusammenkunft entscheidet. Die hierfür erforderlichen Alarmierungswege und -verantwortlichkeiten sind festzulegen und sollten regelmäßig geübt werden. Das Team kommt idealerweise in einem dafür vorbereiteten Raum zusammen. In den meisten Fällen handelt es sich dabei um vorhandene Besprechungs- oder Büroräume, die dann frei gemacht und weiter vorbereitet werden müssen. Daher muss die logistische Verantwortung für die schnellstmögliche Betriebsbereitschaft des Raumes festgelegt werden. Diese Verantwortung umfasst insbesondere die Bereitstellung von Büroeinrichtung und -materialien, ausreichenden Telekommunikationsmitteln, Hilfsmitteln zur Visualisierung (Flipcharts, Beamer) bis hin zur Versorgung der Personen.

Struktur des Krisenstabes

Für die Zusammensetzung des Stabes bestehen bewährte Konzepte in Behörden und Organisationen mit Sicherheitsaufgaben (Feuerwehr, Polizei oder Rettungsdienste). Wird sich bei dem strukturellen Aufbau und der Aufgabenverteilung an deren Mustern orientiert, erleichtert dies die Zusammenarbeit im Krisenfall in einem hohen Maß. Daher ist auch immer zu prüfen, ob externe Kontaktpersonen der Sicherheitsbehörden oder anderer Institutionen bewusst mit in den Stab aufgenommen werden. Die Rolle dieser Person ist es, für den unmittelbaren, möglichst verlustfreien Informationsaustausch zwischen den Behörden zu sorgen. Im Allgemeinen bieten sich folgende Positionen in einem Krisenstab an, wobei je nach Anlass die Zusammensetzung variieren kann:

- Leitung der Institution (z. B. Geschäftsführung, Amtsleiter)
- Vertreter der vom Ereignis betroffenen Bereiche
- Vertreter des Bereiches Medien, Presse- und Öffentlichkeitsarbeit
- Vertreter der wichtigsten Kernbereiche (z. B. Rechtsbereich)
- Fachliche Berater (z. B. Vertreter der Liegenschaft, die betroffen ist)
- Beschäftigte zur Lagedarstellung
- Beschäftigte zur Kommunikation und Dokumentation
- Beschäftigte zum Erhalt der Funktionsfähigkeit des Krisenstabes

Die Leitungsfunktion der Institution stellt dabei die entscheidungsrelevante Ebene in strategischer und fachlicher Hinsicht dar. Die funktionelle Leitung bzw. Moderation des Krisenstabes sollte unbedingt delegiert werden, damit diese Stabsleitung die Arbeitsprozesse inklusive der Lagedarstellung ausrichten kann.

Aufgaben des Krisenstabes

Im Kern liegt die Aufgabe eines Krisenstabes darin, dass Informationen in koordiniertes und zielgerichtetes Handeln umgesetzt werden. Auf einer übergeordneten Ebene umfasst das, Aufgaben wie Beratung, Antizipation,

Planung, Vorbereitung von Entscheidungen großer Tragweite und Übergänge von und zu Elementen der Notfallorganisation zu gewährleisten. Im taktisch-operativen Bereich bedeutet dies:

- Koordination verschiedener Bereiche,
- Informationsmanagement (Ein- und Ausgang, Sichtung, Bewertung und Filterung, Zusammenfassung, Interpretation, Bereitstellung und Weitergabe),
- Führen und Darstellung relevanter Informationen als „Lagebild“,
- Zusammentragen von Spezialistenwissen,
- Steuerung bzw. übergreifende Führung von Einsätzen durch Ausarbeitung und Weiterleitung von Anordnungen,
- Verbindungsaufnahme zu übergeordneten, nachgeordneten und benachbarten Stellen,
- Bereitstellung von Ressourcen in personeller und materieller Hinsicht,
- Dokumentation des gesamten Ereignisverlaufs sowie
- Presse- und Öffentlichkeitsarbeit, insofern nicht andere Stellen dafür verantwortlich sind.

7. Erfolg durch gemeinsame Verantwortung

In den allermeisten sicherheitskritischen Situationen stehen Sie als betroffene Person einer anderen Person, zumeist aggressiv handelnd, gegenüber. Nicht selten findet in der Gesellschaft in solchen Lebenssituationen eine Verantwortungsverschiebung auf die formellen Instanzen (Polizei) oder den Arbeitgeber statt. Es ist wichtig, die eigene Verantwortung zu erkennen, anzuerkennen und im Rahmen Ihrer Möglichkeiten aktiv zu werden. Alle anderen nehmen ihre Rollen wahr, die teilweise auch gesetzlich festgeschrieben sind. Wenn Gäste eines langjährigen Nachbars ihr Fahrzeug falsch parken oder der Streit um einen Parkplatz eskaliert, wird die Polizei verständigt. Im beruflichen Bereich werden laterale Lösungen nicht angedacht, Wege über Leitungsebenen vermieden und dafür sofort der Weg in Richtung von Personalräten, Gleichstellungsbeauftragten oder anderen Gremien gesucht. Kommt es zu einem sicherheitskritischen Zwischenfall im beruflichen Kontext, findet nicht zunächst die selbstkritische Betrachtung eigener (Fehl-)Verhaltensweisen statt, sondern es wird sofort um die Unterstützung eines professionellen Sicherheitsdienstes ersucht. Die Bereitschaft zur Korrektur anderer Menschen bei Fehlverhaltensweisen nimmt mehr und mehr ab (▶ Fehlverhaltensweisen).

Fehlverhaltensweisen

Sind Sie bereit, einen Jugendlichen anzusprechen, der Ihnen allein auf der Straße begegnet und vor Ihnen eine leere Getränkedose achtlos wegwirft?

Sind Sie bereit, in einem Restaurant etwas zu den lautstarken abwertenden Äußerungen von Jugendlichen über behinderte Menschen, die auch anwesend sind, zu sagen?

Sind Sie bereit, wenn Sie an einer roten Ampel warten, etwas zu den beiden Jugendlichen zu sagen, die mit dem Blick auf ihre Mobiltelefone gerichtet, zwischen Ihnen und den Ihnen fremden, ebenfalls wartenden Kindern durchgehen und die Straße überqueren wollen?

Es gibt grundsätzlich drei große Gruppen von Verantwortlichen, die innerhalb sicherheitskritischer Situationen im beruflichen Zusammenhang zu betrachten sind. Nicht umsonst nennen wir an dieser Stelle die betroffene Person, also möglicherweise Sie, als Erstes.

Betroffene

Beschäftigte in öffentlichen Verwaltungen haben sich in den allermeisten Fällen bei der Berufswahl keine Gedanken darüber gemacht, in welcher Qualität und Quantität sie im Beruf mit Konflikten konfrontiert werden. Die richtige Reaktion in sicherheitskritischen Situationen war in den allerwenigsten Fällen Bestandteil einer Ausbildung oder eines Studiums. Hinzu kommt, dass es sich bei dem Thema Konflikte um ein Problem handelt, um das die meisten Menschen einen weiten Bogen machen und mit dem sie sich noch nicht einmal gedanklich auseinandersetzen möchten. Daraus ergibt sich, dass die eigene Verantwortung tendenziell abgelehnt wird und die Verpflichtung zum Handeln bei anderen gesehen wird (▶ Verantwortung potenziell Betroffener). Eine solche Sichtweise ist bequemer, als selbst aktiv zu werden und eine offene Lernhaltung einzunehmen. Die Ursachen liegen im Wesentlichen in der Angst, Fehler zu machen, bequemer Grundhaltung oder einem schwach definierten Selbstbewusstsein.

Verantwortung potenziell Betroffener

In einer Behörde kam es zu mehreren Zwischenfällen auf dem von Kunden und Beschäftigten genutzten Parkplatz. Es existiert eine mobile Erreichbarkeit des vor Ort vorhandenen Sicherheitsdienstes – Beschäftige sehen keine Notwendigkeit, sich diese Nummer in ihr privates Mobiltelefon zu speichern.

Ein Jobcenter hat hohe finanzielle Mittel für die Installation elektromechanischer Türen aufgewendet, damit keine unberechtigten Personen zu bestimmten

Fluren oder Stockwerken Zugang erhalten. Die Türen werden von den Beschäftigten mit Aktenordnern so verkeilt, dass sie immer offenstehen (Abb. 11).

Die Beschäftigten einer Verwaltungsbehörde wurden u.a. ausdrücklich zu dem Teilaspekt beschult, dass die Wahrscheinlichkeit der Hilfeleistung durch Menschen steigt, wenn zu diesen nur Kontakt aufgebaut und freundlich gegenübergetreten wird. Dennoch gehen die meisten Beschäftigten grußlos an dem Sicherheitsdienst vorbei, der die Eingangskontrollen durchführt.

Wenn wir als Menschen in einen Konflikt verwickelt werden, entwickeln wir ein einseitiges Bild von dem Konfliktgegner. Dieses Bild ist grundsätzlich negativ und zeigt den anderen nur mit bösen Absichten. In der Folge werden die eigenen Verhaltensweisen als notwendige Reaktion auf das provokante Auftreten des anderen gesehen und keinesfalls als Konflikt(mit)ursache (Abb. 26). Die Bewältigung des Konfliktes wird erschwert, weil das eigene Verhalten als ethisch korrekt gewertet wird. Dabei wäre gerade der konstruktive Kontakt zum Konfliktgegner hilfreich, solange es noch um die Angleichung von Meinungen oder den Abbau von Vorurteilen geht.

Zusammengefasst sind es diese Grundhaltung, fehlende individuelle Konfliktlösungsfähigkeiten und die Missachtung sicherheitserhöhender Empfehlungen durch die Betroffenen, die die größten Defizite in einer Konfliktbewältigung darstellen. Indirekt können Sie als zunächst unbeteiligter Beobachter eines Konfliktes ebenfalls betroffen sein, weil Sie zumindest eine moralische Verpflichtung empfinden könnten, einem betroffenen Kollegen zur Seite zu stehen. Sie können dabei als dritte Partei in einem Konflikt eine wichtige und vermittelnde Rolle einnehmen und dazu beitragen, die Kommunikation zu erleichtern. Das Ziel liegt dann darin, dass Sie jeder Partei helfen, ihre Sichtweise zum Ausdruck zu bringen und die Bedürfnisse und Ziele der jeweils anderen Seite zu verstehen. Im beruflichen Umfeld existiert keine besondere gesetzliche Verpflichtung, die über die herkömmlichen Hilfeleistungspflichten hinausgeht; insbesondere müssen Sie sich nicht selbst in Gefahr bringen. Dennoch gibt es zuverlässige Verfahren (▶ C. 6.4 Verhalten im Team), mit denen Sie in Ihrem Arbeitsumfeld kollegiale Unterstützung leisten können.

Behörde

Ihre Behörde hat als Ihr Arbeitgeber die Pflicht, darauf zu achten, dass Beschäftigte bei der Arbeit körperlich und psychisch gesund bleiben. Das betrifft sowohl die Sicherheit und Gesundheit als auch soziale Konflikte.

Dazu muss sie alle Maßnahmen treffen, die nach der Erfahrung notwendig, nach dem Stand der Technik anwendbar und den Verhältnissen des Betriebes angemessen sind. Die Regelungen und Schutzpflichten schöpfen sich aus dem Bürgerlichen Gesetzbuch, dem Arbeitsrecht und vielen anderen Verordnungen. Die Fürsorgepflicht wird im Bürgerlichen Gesetzbuch definiert und für Beamte in den Beamtengesetzen normiert. Diese Verpflichtung darf nicht durch einen Arbeitsvertrag oder eine Betriebsvereinbarung aufgehoben oder eingeschränkt werden. Die konkrete Umsetzung erfolgt durch eine Vielzahl weiterer Gesetze; diese sind im Wesentlichen:

- Arbeitsschutzgesetz
- Arbeitssicherheitsgesetz
- Arbeitsstättenverordnung
- Regelwerke der Berufsgenossenschaften
- Arbeitszeitgesetz
- Jugendarbeitsschutzgesetz
- Mutterschutzgesetz
- Beschäftigtenschutzgesetz
- Allgemeines Gleichbehandlungsgesetz

Wenn Pflichten nicht detailliert gesetzlich geregelt sind, liegt es im Ermessen des Arbeitgebers, in welcher Art und Weise er sie umsetzt. Dabei werden die Interessen beider Parteien gegeneinander abgewogen. Sie müssen als Arbeitnehmer zumutbare Risiken oder Einschränkungen hinnehmen, die erforderlich sind, damit das Unternehmen wirtschaftlich arbeiten kann und die Arbeitsleistung überhaupt erbracht werden kann. So können Sie Kundenkontakt nicht grundsätzlich verweigern, weil die potenzielle Möglichkeit einer Eskalation besteht.

> Es besteht nicht die Möglichkeit, Kundenkontakt zu verweigern, nur weil die Möglichkeit eines Konfliktes besteht.

Eine wichtige Rolle im Bereich des Arbeitsschutzes spielt die Gefährdungsbeurteilung nach dem Arbeitsschutzgesetz, bei der neben anderen Faktoren auch Arbeitsmethoden und -prozesse, Qualifikation und Unterweisung der Mitarbeiter sowie psychische Belastungen zu beurteilen sind und Ableitungen getroffen werden müssen. Ziel ist dabei nicht, die psychischen Belastungen zu beseitigen, sondern zu verringern, wo es möglich ist, und für Ausgleich zu sorgen. Die fundierte Auseinandersetzung des Arbeitgebers speziell mit bedrohlichen Konflikten durch Externe kann einen wertvollen Beitrag zur Arbeitszufriedenheit der Beschäftigten leisten. In diesem Zusammenhang gibt es keinen erkennbaren Grund, nicht von einer konsequenten Null-Toleranz-Strategie gegenüber verbaler und körperlicher Gewalt auszugehen. Treten Gewalthandlungen auf, so reagiert die Institution im Idealfall rasch und in angemessener Art mit einer Grenzziehung. Geschieht dies nicht, werden die Beschäftigten verunsichert und es könnte der Eindruck entstehen, dass der Arbeitgeber mit dem belastenden Verhalten von Kunden einverstanden ist oder dass die Beschäftigten diese Verhaltensweisen ertragen müssen. Dies hat unmittelbare Auswirkungen auf das Meldeverhalten von Beschäftigten. Um Beschäftigte angemessen auf Konfliktsituationen, ausgelöst durch Externe, vorzubereiten, existiert im Idealfall ein Sicherheitskonzept, finden regelmäßige Schulungen statt und Vorfälle werden angemessen dokumentiert und analysiert. Setzt ein Arbeitgeber Sicherheitsdienste ein, sind diese nicht nur nach einer fundierten Gefährdungsanalyse in Qualität und Anzahl auszuwählen, sondern auch stets an eine veränderte Lage anzupassen.

Polizei

Sie als Bürger kennen und erleben die Polizei vorrangig in ihrer Rolle der Strafverfolgung – also immer dann, wenn bereits etwas geschehen ist. Diese Rolle ist bundeseinheitlich gleich, weil sie sich aus Bundesrecht (z. B. Strafprozessordnung) ergibt. Die Polizei wird jedoch darüber hinaus auch tätig, wenn eine Gefahr droht und das nicht nur konkret, sondern auch abstrakt. In diesem Fällen gilt das jeweilige Recht des Bundeslandes, in dem die Gefahr droht. Die Grundregeln sind gleich und insofern stellt sich dabei kein tatsächliches Problem. Es wird zwischen den beiden Bereichen der Vorbeugung und der direkten Gefahrenabwehr unterschieden. Die Vorbeugung umfasst die Präsenz und Anwesenheit in der Öffentlichkeit, Beratungen zum Verhalten oder zur Sicherung von Gebäuden gegen Einbruch sowie zusätzliche Aufklärung in den Medien. Hierbei wendet sich die Polizei regelmäßig an Vertreter von Behörden oder anderen Institutionen. Die Aufgabe der direkten Gefahrenabwehr wird dann wahrgenommen, wenn eine Gefahr vorliegt. Das ist dann der Fall, wenn aus der Perspektive eines sachkundigen und besonnenen Beobachters abgeschätzt werden kann, ob bei ungehindertem Ablauf in absehbarer Zeit mit hinreichender Wahrscheinlichkeit ein Schaden eintritt (▶ Liegt eine Gefahr vor oder nicht?). Dabei weichen die Vorstellungen der Polizei regelmäßig von denen der Bürger ab. Dies hat seine Ursache auch darin, dass die Polizei für viele Fragen der alltäglichen Situationen nicht die zunächst zuständige Behörde ist. Parken beispielsweise unbefugte Personen auf dem behördeneigenen Parkplatz, dann sollte dies mit dem zuständigen Ordnungsamt geregelt werden.

Liegt eine Gefahr vor oder nicht?

Ein Kunde erhält eine Antragsablehnung und ruft mehrfach an, um inhaltlich über die Entscheidung zu diskutieren, obwohl ihm unmissverständlich gesagt wurde, dass die Entscheidung nicht geändert wird – keine Gefahr.
Ein Kunde erhält einen ablehnenden Bescheid, ruft auf der Behörde an und teilt mit, dass „man sich immer zweimal im Leben" sehe. Am Nachmittag steht er auf dem behördeneigenen Parkplatz und wartet offensichtlich – Gefahr gegeben.
Ein Kunde fragt wiederholt nach der privaten Telefonnummer einer Sachbearbeitung – keine Gefahr.
Ein Auto parkt in der Feuerwehrzufahrt zur Behörde – Gefahr gegeben.
Ein Kunde weigert sich, die Datenschutzerklärung zu unterschreiben, bevor er sie übersetzt bekommt – keine Gefahr.
Ein Kunde zerreißt in einem Büro die Antragsformulare, formt Papierbälle und bewirft damit die Sachbearbeitung – Gefahr gegeben.

Eine im Zusammenhang mit der Gefahrenabwehr mögliche Aktivität der Polizei ist die Gefährderansprache. Sie wird in einem frühen Stadium einer drohenden Gefahr eingesetzt und soll das Verhalten der betroffenen Person beeinflussen. Die Polizei sucht dazu die Person auf, von der die potenzielle Gefahr ausgeht, spricht mit ihr und vermittelt die Botschaft, dass die Situation polizeilich bekannt ist und ernst genommen wird. Damit wird der Person bewusst, dass sie in einem Ereignisfall voraussichtlich als erste Person in die polizeiliche Befassung gerät und sie einem höheren Entdeckungsrisiko unterliegt. Die Polizei selbst gewinnt durch das Gespräch weitere Informationen. Wenn die Polizei eine solche Ansprache durchführt, muss sie stets prüfen, ob es im Verhältnis zu der Ursprungshaltung angemessen ist, in Uniform oder Zivil an der Wohnung, der Arbeitsstelle oder anderen Orten, an denen sich die Person aufhält, zu erscheinen und sie anzusprechen. Eine Abwandlung der Gefährderansprache kann ein Gefährderanschreiben darstellen; ein solches Schreiben mit bestimmten Verhaltensmaßregeln kann allerdings auch direkt von einer Behörde an eine auffällige Person gerichtet werden.

8. Präventive Handlungsfelder am Arbeitsplatz

Das Risiko von Verletzungen und Gesundheitsschäden bei den Beschäftigten zu minimieren ist eine gesetzliche Aufgabe als Ausfluss der Regeln zur Arbeitssicherheit. Gelingt dies, hat es einen wichtigen Einfluss auf die Produktivität und Effizienz und letztlich das Image der Behörde. Arbeitgeber haben die Verpflichtung, Gefährdungsbeurteilungen zu erstellen.

Darin werden mögliche Gewaltsituationen analysiert und entsprechende Schutzmaßnahmen abgeleitet. Aktivitäten, die die Sicherheit in einem Berufsfeld steigern können, lassen sich in drei wesentliche Handlungsbereiche aufteilen:

1. Bauliche und technische Maßnahmen
2. Organisatorische Maßnahmen
3. Persönliche Maßnahmen

Die Arbeitsschutzhierarchie legt fest, dass baulich-technische Maßnahmen zur Vermeidung von Gefahren am Arbeitsplatz priorisiert werden sollten, bevor organisatorische und personenbezogene Schutzmaßnahmen in Betracht gezogen werden. Keiner dieser Bereiche darf bewusst vernachlässigt werden, da organisatorische Faktoren eine wichtige Rolle bei der Entstehung von Gewalt am Arbeitsplatz spielen können und mangelhafte Anwendung von baulich-technischen Schutzmaßnahmen deren Wirksamkeit beeinträchtigen kann. Nicht immer ist die Zuordnung einer Einzelmaßnahme zu einem Handlungsfeld eindeutig.

8.1 Baulich-technische Aspekte

Die baulich-technischen Elemente beschreiben Aspekte wie Zugang, Fluchtwege, Wartebereiche und Büroausstattung. Die Empfehlungen sind auf eine Optimierung ausgerichtet und unabhängig von Berufsgruppe oder Institution zu sehen. Bei der Planung und Umsetzung müssen stets Quer- und Fernwirkungen zum Brandschutz, Polizei und Rettungsdienst sowie baurechtlichen Belangen berücksichtigt werden. Die hier erwähnten baulich-technischen Maßnahmen sind keine zu erfüllenden Standards, sondern vielmehr Maßnahmen, die zu einer Erhöhung der Sicherheit am Arbeitsplatz und des Sicherheitsgefühls der jeweiligen im Gebäude befindlichen Personen beitragen sollen und auf die jeweiligen Gegebenheiten abgestimmt werden müssen.

Raumgestaltung

Durch Einzelarbeitsplätze erhöht sich grundsätzlich das Risiko, mit einem sicherheitskritischen Ereignis konfrontiert zu werden. Es sind keine Zeugen vorhanden, der Kunde fühlt sich evtl. überlegen und sieht sich auch keiner Überzahl – wie in einem Büro mit zwei oder mehr Beschäftigten – gegenüber. Sollte die Variante bestehen, im Gebäude der Behörde oder innerhalb einer Fachabteilung einen neutralen und minimalistisch eingerichteten Raum bereitzustellen, wäre dies zielführend. Dieser Raum könnte für Gespräche mit Kunden genutzt werden, bei denen konfliktträchtiges Verhalten zu erwarten ist. Dazu sollte er im besonderen Maß den hier vorgestellten Grundsätzen entsprechen. Wenn die Kundenfrequenz nicht zu hoch ist, ließen sich Kundengespräche auch allein auf einen solchen Raum begrenzen. Diese Variante ermöglicht eine aus sicherheitstechnischer Sicht unbefangenere Einrichtung der nicht von Kunden besuchten Büroräume. Eine zweite Tür, die ohne Zugriff durch den Kunden ein schnelles Verlassen des Büros ermöglicht, ist von Vorteil. Mit Anbauten am Schreibtisch wird eine räumliche Distanz zum Kunden erreicht und der Kunde erhält seinen „eigenen" Bereich. Eckige Mischformen verringern die Wahrscheinlichkeit, dass Kunden näher an den Beschäftigten heranrücken. Andererseits bieten Tischecken eine höhere Verletzungsgefahr.

Der Platz des Kunden sollte im ständigen Gesichtskreis von Ihnen – also gegenüber oder seitlich im Blickwinkel – platziert werden. Abrupte Bewegungen oder unerwartetes Aufstehen können so verlässlich wahrgenommen werden. Wenn die Notwendigkeit besteht, dass ein Kunde auf einen Bildschirm schaut, kann der Monitor auf einem Schwenkarm montiert werden. Standardisiert findet sich der Kunde in den meisten Fällen im Bereich der regulären Büro-Eingangstür (Türposition). Die umgekehrte Anordnung – Kunde sitzt weiter im Raum und der Beschäftigte sitzt näher an der Fluchttür (Fensterposition) – stellt die Ausnahme dar. Bei der Frage nach der günstigeren Position sind verschiedene Faktoren zu berücksichtigen.

- Es gibt Situationen, in denen mehr als ein Kunde bzw. mehrere Personen (Ehepartner, familiäre Sprachmittler) zu einem Fall anwesend sind. Je mehr Personen, desto schwieriger wird es für Sie im Konfliktfall, den Raum selbst zu verlassen bzw. die Personen dazu zu bewegen, dies zu tun.
- Mit Blick in den Raum entsteht für den Kunden eher das Gefühl, mit Ihnen allein und ungestört zu sein.
- Wenn der Kunde von der Türposition auf Sie einwirken will, genügt ein Aufstehen, ein „Nichtverlassen" des Raumes oder eine aktive Blockade, um eine Zwangswirkung bei Ihnen zu erzeugen; ein vom Kunden ausgehender Körperkontakt ist dazu nicht erforderlich.
- Wenn der Kunde von der Fensterposition auf Sie einwirken will, muss er vom Fenster aus eine „Fangbewegung" ausführen und ein Körperkontakt ist zwingend erforderlich, um eine Zwangswirkung zu erzeugen.
- Die Positionierung am Fenster bietet dem Kunden den Blick auf die Tür, im anderen Fall hat er die Tür im Rücken. Eine Sitzposition, die von Beschäftigten in Einzelbüros für sich selbst teilweise vehement abgelehnt, dem Kunden jedoch zugemutet wird.

- Es existiert eine kulturelle Ausprägung von Beschäftigten, dass das Passieren des Schreibtisches beim Betreten des Raumes als Eindringen in eine persönliche Sphäre gewertet wird.
- Evolutionär bedingt wirkt die unbekannte Öffnung im Rücken für den Beschäftigten gefährlicher als ein sichtbarer Mensch im Vordergrund. Es macht uns unsicher, wenn wir nicht wissen, wer oder was hinter uns eintritt. In der Realität ist die Wahrscheinlichkeit eines unvermittelten Angriffs durch eine geschlossene Tür sehr gering; jedoch überlagert hier das Gefühl den Verstand.
- Die visuelle Kontrolle der Tür ist für den Mensch ein wichtiger Faktor, der die Sitzplatzwahl beeinflusst.
- Blickt ein Kunde von der Tür aus in einen hellen Außenbereich, ist dies anstrengender, insbesondere bei Sonneneinstrahlung.

Wenn ein Kunde im Türbereich platziert werden kann, ist in den meisten Fällen ausreichend viel Raum, ihn auch am Fenster zu platzieren. Widerstände gegen Veränderungen fallen regelmäßig größer aus, je persönlicher das Büro durch Beschäftigte gestaltet ist und von diesen als Eingriff in die Autonomie einer freien Arbeitsplatzgestaltung gewertet werden. Unter Berücksichtigung des Umstandes, dass sich auf Dauer Beschäftigte nicht mit dem Rücken zur Tür setzen werden, könnten diagonale Alternativen gewählt werden. In jedem Fall sollte eine Umlaufmöglichkeit (als Fluchtweg) des Schreibtisches vorhanden sein.

Verschluss- und Einsichtsmöglichkeiten

Die Möglichkeit des einfachen und schnellen Verschlusses von Bürotüren ist eine wichtige Maßnahme im Schutz gegen aktiv handelnde Täter. Dabei ist zu beachten, dass eine Öffnungsmöglichkeit von beiden Seiten der Tür besteht, wobei die Öffnung von außen durch jedermann nur möglich sein soll, wenn die Tür nicht verschlossen ist und die Öffnung von außen nur durch Schlüsselberechtigte möglich sein soll, wenn die Tür verschlossen ist. Es sollte zudem eine Verschlussmöglichkeit von beiden Seiten der Tür bestehen, wobei der Verschluss von außen nur durch Schlüsselberechtigte möglich sein soll. Systeme, die diesen Standard erfüllen, sind einfache mechanische Schließsysteme wie drehbare Türknäufe auf beiden Seiten und schlüssellose Verschlussmöglichkeit von innen (Druckknopf oder Drehverschluss) oder bei herkömmlichen Türdrückern der Einbau eines Knaufzylinders von innen (drehbarer Permanentschlüssel) oder mechatronische Schließanlagen. Der Verbau von Türspionen in Bürotüren mit einem Blickwinkel von 180°, die in das Brandschutzkonzept passen, ist sinnvoll. Auch gibt es Türen, die über einen bruchsicheren Glaseinsatz verfügen, sodass von außen auch bei geschlossener Tür einfach in das Büro geschaut werden kann. Unabhängig von den Fragen zur Einbruchsicherheit sollten die Fenster, zumindest im Erdgeschoss, gegen Einblick geschützt werden können (Rollläden, Vorhänge, Jalousien). Licht- und Luftschächte sind gegen eine Öffnung von außen zu sichern.

Wartebereiche

Wartebereiche sollten so gestaltet sein, dass Entspannung gefördert und Ablenkung vorhanden ist. Ziel ist, die aufkommende Frustration von Kunden in einem Wartebereich so gering wie möglich zu halten. So sind emotionsarme kleinteilige Bilder, die zur Suche und zum Betrachten einladen, geeigneter als z.B. offensichtliche Urlaubsstimmungen (Sonnenuntergänge, Meereslandschaften) – Lebenssituationen, die mit der aktuellen Stimmung der Kunden regelmäßig nicht in Einklang zu bringen sind. Die Sitzmöglichkeiten sollten in ausreichender Zahl vorhanden sein; idealerweise Abtrennungen durch Pflanzen oder halbhohe Raumteiler, die eine gewisse Individualität unterstützen. Grundsätzlich sind Wartebereiche offen zu gestalten. Mehrsprachige Hinweise oder Symbolik, evtl. auch auf Bildschirmen, können auf Verhaltensregeln, Versorgungsstationen (Kaffee- und Snackautomat) sowie Toiletten hinweisen. Lektüre, ggf. auch fremdsprachig, freies WLAN und geeignetes Kinder-Großspielzeug sollte angeboten werden. Es besteht die Option, ruhige Musik in diesem Bereich abspielen zu lassen. Der Aufenthalt in Wartebereichen sollte durch ein geeignetes Terminmanagement so kurz wie möglich gestaltet werden. Gestaffelte Pausen in einzelnen – dafür geeigneten – Arbeitsbereichen können eine durchgehende Bearbeitung von Kunden sicherstellen. Digitale und intelligente Personen- und Kunden-Aufrufanlagen können über SMS-Versand, QR-Codes auf Wartemarken oder Onlineabfragemöglichkeit dem Kunden relativ genau die verbleibende Wartezeit anzeigen und eröffnen ihm damit Freiräume. Der Verweis von Kunden durch Beschäftigte aus oder vor einem Termin in den Wartebereich (wegen Verzögerungen, anderen Notfällen, Zwischenarbeiten etc.) sollte mit einer ungefähren Aussage zur Wartedauer, dem Hinweis auf Versorgungsmöglichkeiten oder geeigneter Lektüre begleitet werden. Um Frustration durch Abweisung oder durch unvollständige Unterlagen verursachte längere Wartezeiten zu vermeiden, sollte zur größtmöglichen Transparenz über Flyer, Homepage oder innerhalb von brieflichen Einladungen auf die notwendigen Unterlagen – ggf. auch mehrsprachig – hingewiesen werden.

Aufzüge

Die Nutzungszeiten von Aufzügen sind bekannt zu machen. Während sicherheitskritischen Ereignissen bzw. bis zur endgültigen Klärung eines Vorfalls sind Aufzüge durch Beschäftigte grundsätzlich nicht und keinesfalls allein zu nutzen.

Videoüberwachung

Videoüberwachung bietet sich vorzugsweise für sicherheitsrelevante oder unübersichtliche Bereiche an. In der Kombination mit Videosensoren kann die Aufzeichnung begrenzt werden und dem Überwachungspersonal durch eine ereignisgesteuerte Anzeige die Überwachung erleichtern. Mit ihr kann Gefahrenabwehr durch präventive Wirkung, sofortiges Eingreifen ermöglicht und die Beweissicherung von sicherheitskritischen Ereignissen erreicht werden. Durch die automatisierte Erhebung von Daten bedarf die Prüfung der rechtlichen Zulässigkeit einer besonderen Aufmerksamkeit. Grundsätzlich muss in diesen Fällen zwischen öffentlichen (Freiflächen, Zufahrten, Parkplätzen, Eingängen, Empfangsbereichen) und nicht öffentlichen Bereichen (Büros, Funktionsbereiche, Parkhaus) unterschieden werden. Eine durch Kunden wahrgenommene Videoüberwachung kann die Hemmschwelle zur Tat im Zusammenhang mit Sachbeschädigungen, Körperverletzungs- oder Vermögensdelikten erhöhen. Diese Wirkung entsteht bereits über Hinweise zu einer Videoüberwachung. Daher bieten auch Dummy-Systeme einen gewissen Schutz; unter dem Verlust der Beweisführung. Das Anbringen von Hinweisen zur Videoüberwachung oder die Installation von Dummy-Systemen ist datenschutzrechtlich unbedenklich, mit geringen Kosten verbunden und hat keine erkennbaren Nachteile im Bereich der Vorbeugung. Für das Erreichen einer präventiven Wirkung muss sich der Kunde in dem Moment, in dem die Situation eskaliert, der Videoüberwachung voll bewusst sein. Da diese Ereignisse regelmäßig nicht vorausgeplant werden und ein rationaler Abgleich (im Affekt handelnde Menschen oder solche, die unter Alkohol- oder Drogeneinfluss stehen) nicht stattfindet, wird die vorbeugende Wirkung in solchen Fällen begrenzt sein. Die beiden Zwecke eines sofortigen Eingreifens und der Beweissicherung verlangen eine flächendeckende Überwachung aller Bereiche, in denen sicherheitsrelevante Ereignisse entstehen könnten, und grundsätzlich eine dauerhafte Live-Beobachtung sämtlicher Kameraaufzeichnungen. Vor dem Hintergrund der Datenschutzproblematik und des personellen sowie finanziellen Aufwandes sollte eine reale Videoüberwachung immer vor dem Hintergrund der aktuellen Sicherheitslage abgewogen werden. Die Beteiligungsrechte der Personalvertretungen sind zu wahren.

Fluchtwege

Flucht- und Rettungswege wie auch Notausgänge, die zu Sammelplätzen führen, gewährleisten in Gefahrensituationen das rasche Verlassen des Gebäudes und das Erreichen von gesicherten Bereichen. Dem Missbrauch ist dadurch vorzubeugen, dass Notausgänge geschlossen zu halten sind und nur in die vorgesehenen Richtungen zu den dafür bestimmten Zwecken begangen werden dürfen; insbesondere betrifft dies Beschäftigte der Behörde. Diese Regeln sind in der Hausordnung zusätzlich niederzulegen. Der Manipulation, wie auch dem unbemerkten Öffnen von Fluchttüren, ist durch Fluchtwegsicherungssysteme vorzubeugen. Fluchtwege und zusätzliche Türen, z.B. in einem Büro oder Warteraum, sollten frei begehbar sein (Abb. 10). Innerhalb von Räumen sollen sich die Beschäftigten so positionieren, dass ein schnelles und ungehindertes Erreichen der Tür gewährleistet ist. Im Idealfall lassen sich die Entfluchtungen mit denen für Feuer oder Evakuierung aus sonstigen Anlässen kombinieren.

Abb. 10 Selbst blockierter Fluchtweg mit nicht benötigten Unterlagen

Lautsprechersysteme

Eine Lautsprecheranlage ist innerhalb größerer Gebäude unabdingbare Voraussetzung für die Weitergabe einer Handlungsanweisung und der Steuerung von Kunden und Beschäftigten in Ereignisfällen; sie verkürzt Reaktionszeiten. Mit einer vorhandenen und funktionierenden Lautsprecheranlage lässt sich gezielt auf Kunden und Beschäftigte (welches Verhalten ist erwünscht) einwirken, nach dem gewünschten Verhalten unterscheiden (insbesondere in großen Gebäudekomplexen), wesentlich mehr

Information vermitteln (die auch zur Beruhigung beitragen kann) und das Missbrauchsrisiko eines zugänglichen Alarms gegen null reduzieren. Eine Anlage muss in allen Gebäudeteilen und Freiflächen des Gebäudes hörbar sein, dies schließt eine selektive Beschallung nicht aus. Die Sprachverständlichkeit der Anlage muss gesichert sein und sie setzt in ihrer Verwendung die Festlegung von Verantwortlichen, deren Beschulung sowie die Information der Beschäftigten voraus. Die Verwendung von Codewörtern/-sätzen zur Auslösung eines wie auch immer gearteten Ereignisalarms über eine Lautsprecheranlage ist abzulehnen, da sie den Erfordernissen des Einzelfalls nie gerecht werden kann. Je nach Situation und deren Ausgestaltung können vollkommen konträre Verhaltensweisen (Verbleiben in oder Verlassen der Räume) als richtig gelten. Daher kommt es vielmehr darauf an, schnellstmöglich die Situation treffend zu analysieren und lageangepasste konkrete Handlungsanweisungen zu geben. Lautsprecherdurchsagen für grundsätzliche Ereignisse (z.B. Evakuierung) sollten vorbereitet sein. Die Bedienung der Anlage sollte von unterschiedlichen Räumen im Gebäude aus möglich sein. Der Einbau einer sabotagegeschützten Lautsprecheranlage für Sprachdurchsagen mit differenzierten Beschallungsmöglichkeiten (Gebäude, Gebäudeteile, Flure, Büros) richtet sich nach einschlägigen DIN-Vorschriften. Durchsagen sollten dabei nach dem AIDA-Muster gestaltet sein (Tab. 4).

Tab. 4 AIDA – Durchsagensystematik

Zweck	**Inhalt**
A ufmerksamkeit	„An alle Kunden und Beschäftigten in der Zulassungsstelle"
I nformation	„Wir haben eine sicherheitsrelevante Lage. Bleiben Sie zu Ihrer eigenen Sicherheit im Gebäude."
D ringlichkeit	„Begeben Sie sich sofort in den nächsten Raum und verschließen die Tür. Suchen Sie Deckung. Meiden Sie Fenster und Türen."
A usweg	„Bleiben Sie ruhig. Warten Sie auf Anweisungen. Hilfe ist auf dem Weg."

Alarmierungssysteme

Auch wenn Alarmierungssysteme vorhanden sind, ist festzustellen, dass die Polizei oder ein möglicherweise vorhandener Sicherheitsdienst bevorzugt informiert werden, während auf die Auslösung hausinterner und vorinstallierter Sicherheitssysteme völlig verzichtet wird. Die bekannten Notrufnummern (110, 112) sollten schnell und sicher zum Ziel führen, ohne spezifische Vorwahlen zu verwenden oder Umwege über den Sicherheitsdienst oder andere Stellen zu nehmen. Die Anwahl der Notrufnummern ist die sicherste und schnellste Möglichkeit, um professionelle Hilfe zu erhalten. Alarmierungssysteme, die sich in den Räumen befinden, sind nur dann hilfreich, wenn sie den Beschäftigten bekannt sind und deren Nutzung regelmäßig geübt wird. Alarmanlagen können in Telefonsysteme integriert werden, mit dem Computernetzwerk verbunden und über manuelle Alarmknöpfe, -schalter oder -leisten ausgelöst werden. Die manuelle Auslösung gibt es in den Varianten einer festen Installation im Raum, am Tisch oder in transportablen Versionen, die über eine Funk- oder WLAN-Verbindung den auslösenden Menschen zusätzlich lokalisieren. Der Alarm selbst kann zu zentralen Einrichtungen im Gebäude, Kollegen und Vorgesetzten sowie dem Sicherheitsdienst oder der Polizei geleitet werden. Dort sind Meldetableaus vorhanden oder Nachrichten erscheinen auf dem Telefon oder dem Computer. In solchen Fällen ist die Reaktion auf den Alarm davon abhängig, dass die Zielperson des Alarms diesen wahrnimmt. Hierzu muss sichergestellt sein, dass der Alarm sicher dem Absender und seinem Aufenthaltsort zugeordnet werden kann, nicht von anderen Abläufen im Computer überlagert wird oder nach kurzer Zeit von selbst verschwindet. Alarmkreise sind in der Regel nicht über die gesamte Liegenschaft geschaltet, sodass Gruppen oder Fachabteilungen über den Alarm informiert werden. Dies erfordert einen bestimmten konsequenten Pflegeaufwand, sodass Gruppenzuordnungen auf dem aktuellen Stand sind. Durch das reine Vorhandensein von Alarmen ergibt sich eine höhere Selbstsicherheit von Beschäftigten und eine verringerte Angst im Umgang mit Kunden. Ein stiller Alarm, der vom Kunden nicht wahrgenommen wird und damit nicht zur Eskalation führt, ist zu bevorzugen. Hierdurch können stille Reaktionsketten im Hintergrund aktiviert werden. Wird ein solcher Alarm versehentlich ausgelöst, sollte eine feststehende Handlungsroutine festgelegt sein, die verhindert, dass der Fehlalarm vor dem Kunden thematisiert wird (▶ C. 6.4 Verhalten im Team). Ansonsten würden die bestehenden Sicherheitssysteme offengelegt. Eigene Alarmsysteme für sicherheitsrelevante Ereignisse neben dem Feueralarm (Einschließungsalarme) werden nicht empfohlen; auch wenn diese sich in ihrer Signalfolge oder Signalart von den anderen Signalen unterscheiden. Ein Signalunterschied, der in einem Menschen unter Hochstress vollkommen unterschiedliche Handlungsmuster hervorrufen soll, wird nicht mit ausreichender Verlässlichkeit wirken können. Erschwerend kommt die Seltenheit des Ereignisses hinzu, die eine hinreichende Erinnerung an die Bedeutung des Signals erschwert. Übungen mit Kunden sind aus grundsätzlichen Erwägungen nicht angezeigt. Zudem muss die gewünschte eindimensionale Wirkung (Einschlussverhalten), je nach Lageentwicklung, nicht auf das gesamte Gebäude zutreffen. Direkte Alarmsignalübertragungen, ähnlich einer Überfallmeldeanlage oder Einbruchmeldeanlage, die direkt bei der Polizei aufgeschaltet sind, sind nicht nur mit großem finanziellem Aufwand verbunden, sondern führen zu einer hohen Hemmschwelle zur Auslösung bei den Beschäftigten. Sie erbringen für die im herkömmlichen Kundenverkehr (Ausnahme Zahlstellen) keinen entscheidenden Vorteil. Rückfragen per Telefon werden zur taktischen Steuerung der Einsatzkräfte in jedem Fall erforderlich sein. Die große Anzahl verfügbarer Mobiltelefone und die üblicherweise vorhandene Telefonanlage in Verbindung mit der stets verfügbaren Notrufnummer der Polizei sind ausreichend. Jede Institution sollte ein individuelles Merkblatt zu den (telefonischen) Erreichbarkeiten wichtiger Stellen besitzen. Das Merkblatt sollte an geeigneten Stellen offen und redundant jederzeit verfügbar sein, denn es kann auch sein, dass Kunden dieses Merkblatt nutzen müssen. Idealerweise auf einer Seite und in der Institution einheitlich in der Optik und im Aufbau könnten Notrufnummern der Leitstellen Rettungsdienst, Polizei, Feuerwehr, Giftnotruf, des Sicherheitsdienstes und Gebäudemanagements hinterlegt sein (▶ D. 9. Serviceteil). Den Beschäftigten wird empfohlen, die Erreichbarkeiten in den Datenspeicher ihres privaten und dienstlichen Mobiltelefons zu übernehmen.

Zugänge und Wegeführung

Zugänge sollen sich auf das Mindeste reduzieren, sodass im Idealfall nur ein offizieller Zugang vorhanden ist. Des Weiteren sollte der Zugangsbereich im Sichtbereich eines Empfangsbereiches, Hausmeisterbüros oder des Sekretariats liegen, um den täglichen Personenverkehr überblicken zu können. Außentüren sollten mit einer Gegensprechanlage inkl. Videoübertragungsfunktion installiert werden; Gleiches gilt für Zugänge zu anderen sensiblen Bereichen, wie z.B. Tiefgaragen. Beleuchtung und Übersichtlichkeit spielen ebenfalls bei den Zugangsmöglichkeiten eine wesentliche Rolle. Ein wichtiger Aspekt ist die Ausgestaltung des ersten und zweiten Flucht- und Rettungsweges. Im direkten Zusammenhang stehen die Gliederung und Kennzeichnung der verschiedenen Arbeitsbereiche sowie Wegeführungen. Eine klare Gliederung, Wegeführung und einfache Verständlichkeit ist für die Orientierung von Bedeutung. Folgende Grundregeln sind zu beachten:

- Verschiedene Arbeitsbereiche/Abteilungen/Flurbereiche durch unterschiedliche Farben kennzeichnen.
- Farbkennzeichnungen der Abteilungen sollten sich auch in den einzelnen Räumlichkeiten wiederfinden.
- An den Räumlichkeiten (Büro, Küche, Putzraum, Sanitärräume, Kantine etc.) sollten das Stockwerk und die Raumnummer gut lesbar (innen und außen) angebracht sein.
- Ausschilderung der Flucht- und Rettungswege.
- Bereitstellung von Flucht- und Rettungsplänen gemäß evtl. vorhandenem Farbleitsystem.

Durch den Nichteinsatz elektronischer und technischer Hilfsmittel bei Orientierungssystemen sind Wartungsarbeiten nicht notwendig und Beschädigungen in kürzester Zeit erneuerbar. Sie sind damit günstiger und zeitloser im Gegensatz zu anderen Präventionsansätzen sowie elektronischen und technischen Komponenten. Weiterhin können sie ohne großen Aufwand bei einem Neubau erweitert werden und sind zudem alltagstauglicher, da sie nicht nur eine Hilfe in Krisensituationen darstellen, sondern auch während Veranstaltungen für Besucher zur Orientierung Verwendung finden oder von den Beschäftigten oder Kunden selbst als Orientierung genutzt werden können. Durch die deutliche Präsenz, die vor allem ein Farbleitsystem ausstrahlt, wird Beschäftigten und Kunden indirekt kommuniziert, dass Sicherheit einen hohen Stellenwert beim Unternehmen genießt.

Außenbereiche

Die Vorkehrungen erstrecken sich auch auf das erweiterte und nähere Umfeld des Arbeitsgeländes. Hierzu können unter anderem Anbindungen an öffentliche Straßen, Mitarbeiter- und Kundenparkplätze, Fahrradabstellplätze, angrenzende Grünanlagen, Betriebsgelände, Außenliegenschaften oder Lieferzonen zählen. Die Verbindungswege im Außenbereich sollten möglichst kurz, übersichtlich, gut ausgebaut und einsehbar gestaltet werden. Die Beleuchtungseinrichtungen sollten in ausreichender Dichte vorhanden und vor Sabotage geschützt sein. Sie können durch Bewegungsmelder gesteuert werden, um Energie zu sparen. Grünanlagen sollten übersichtlich gestaltet und mit niedrigem Bewuchs ausgestattet sein, um eine gute Sicht auf die Umgebung zu gewährleisten. An Wegen oder zur Umsäumung von Freiflächen sollten keine hohen Hecken oder hochstämmige Bäume Verwendung finden, um die Sicht zu erhalten. Aufstiegshilfen wie Müllcontainer, Bänke oder Leitern sollten entfernt oder zumindest fixiert werden, um eine unbefugte Nutzung zu vermeiden. Vorhandene Umzäunungen sollten in Vertikalstabausführung gestaltet sein, um Leitereffekte zu vermeiden und sowohl einen Übersteig- als auch einen Unterkriechschutz zu bieten.

8.2 Organisatorische Aspekte

Organisatorische Maßnahmen umfassen verschiedene Aktivitäten und Verfahren, die gleichfalls darauf abzielen, die Sicherheit und Gesundheit der Mitarbeiter am Arbeitsplatz zu gewährleisten. Dazu gehören beispielsweise die Festlegung von Verantwortlichkeiten und Zuständigkeiten, die Durchführung von Risikoanalysen und die Identifizierung von Gefährdungen am Arbeitsplatz, die Erstellung, Überwachung und Kontrolle von Richtlinien und -verfahren sowie die Durchführung von Schulungen und Unterweisungen zur Vorbereitung auf sicherheitskritische Situationen. Dazu zählt jedoch auch die Dokumentation von Vorfällen. Die organisatorischen Maßnahmen müssen regelmäßig überprüft und angepasst werden, um sicherzustellen, dass sie immer den aktuellen Anforderungen und Bedürfnissen entsprechen.

Schutzkonzept

Im organisatorischen Bereich bilden sich die präventiven Aktivitäten in der Form eines aufeinander aufbauenden Schutzkonzeptes heraus, mit der die Sicherheits-Gesamtphilosophie einer Behörde zum Ausdruck kommt. Ein solches Schutzkonzept setzt sich aus den drei Elementen Schutzziele, Leitlinien und Maßnahmen zusammen. Ein Schutzziel beschreibt einen Zustand, der grundsätzlich nie zu 100 % erreicht werden wird; und wenn, dann nur zeitweise. Die Leitlinien stellen Wegweiser dar, die konkrete Maßnahmen begrenzen oder erforderlich werden lassen. Dementsprechend ist die Anzahl der Schutzziele gering, die der Leitlinien höher und die der Maßnahmen am höchsten. Während sich Schutzziele und Leitlinien nicht oder nur sehr selten ändern, werden Maßnahmen regelmäßig Anpassungen unterliegen. Aus Schutzzielen und Leitlinien lässt sich selten direkt erkennen, was zu tun ist. Das ist auch nicht deren Sinn und Zweck. Die Entwicklung dieser drei Elemente sollte nicht von oben herab, sondern im Idealfall durch einen moderierten und ebenenübergreifenden Prozess geschehen; Gremien wie Betriebsräte und Personalvertretungen sind ebenso wie beispielsweise Sicherheitsbeauftragte, Arbeitsschutz oder Brandschutz zu beteiligen.

Schutzziele

Schutzziele sind allgemeine und abstrakte Ziele, die in Form von idealen Endzuständen in der Gegenwartsform formuliert werden. Sie sollten bedeutsam und herausfordernd sein und in einer überschaubaren Anzahl gehalten werden. Im Gegensatz zu konkreten und messbaren Zielen, sind Schutzziele schwer messbar und beschreiben eher eine Richtung oder ein Ideal, dem sich angenähert wird.

Mögliche Schutzziele

- Alle Beschäftigten sind in einem sicheren Arbeitsumfeld.
- Allen Kunden/Externen ist die Inakzeptanz von Aggression und Gewalt bekannt.
- Kunden/Externe bewegen sich nur in bestimmten Bereichen und sind ohne Ansprache erkennbar.
- Alle Beschäftigten handeln während sicherheitsrelevanten Ereignissen angemessen.
- Vorgesetzte werden umgehend über sicherheitsrelevante Ereignisse informiert.

Leitlinien

Leitlinien beschreiben allgemeine Orientierungen und Richtlinien, die sich auf spezifische Anwendungsbereiche beziehen, ohne dass sie konkrete Maßnahmen beschreiben. Sie bieten allen Beteiligten eine sofortige Klarstellung der Zulässigkeit oder Unzulässigkeit einer Handlung. Diese Leitlinien können sich auf verschiedene Bereiche wie die bestehenden Abläufe und Strukturen innerhalb der Institution, die Lernprozesse und die Organisationsentwicklung, die Institutionskultur sowie den Dialog mit wichtigen Partnern erstrecken. Im Gegensatz zu Schutzzielen sind Leitlinien weitestgehend messbar und können somit die Umsetzung der Ziele überwachen.

Mögliche Leitlinien

- Ein Sicherheitskonzept ist erstellt, wird fortgeschrieben und ist den Beschäftigten zugänglich.
- Externe und Kunden melden sich grundsätzlich an.
- Kunden, Externe und Mitarbeiter sind auch ohne Ansprache erkennbar.
- Externe ohne Auftrag oder Kunden haben nur zu den für sie vorgesehenen Bereichen Zugang.
- Nicht erkennbare Personen in der Institution werden identifiziert.
- Sprechzeiten, insbesondere Anfang und Ende sind in der Institution grundsätzlich identisch.
- Wartezeiten werden minimiert.
- Wartezonen sind ansprechend und frustrationshemmend gestaltet.
- Die Kommunikation in der Institution ist von gegenseitigem Respekt geprägt.
- Sprachbarrieren, andere Einstellungen und Werte werden angemessen berücksichtigt.
- Konfliktbereite und aggressive Kunden werden identifiziert und angemessen behandelt.
- Kollegiale Unterstützung ist insbesondere bei sicherheitsrelevanten Ereignissen selbstverständlich.
- Büroräume sollten so gestaltet sein, dass vorhandene Türen für die Mitarbeiter leicht und schnell erreichbar sind.
- Sicherheit ist Führungsaufgabe.
- Führungskräfte sind im Falle von sicherheitsrelevanten Ereignissen ansprechbar.
- Mitarbeiter werden zur Meldung von sicherheitsrelevanten Ereignissen ermuntert.
- Sicherheitsrelevante Ereignisse werden auf dem vorgesehenen Weg dokumentiert.

- Sicherheitsrelevante Ereignisse werden zentral gesammelt und analysiert.
- Betroffene von sicherheitsrelevanten Ereignissen erhalten eine Rückmeldung.
- Die Bereiche der Institution teilen die gewonnenen Erkenntnisse zu sicherheitsrelevanten Ereignissen und zu deren Vorbeugung.
- Die Institution unterstützt die Mitarbeiter durch Fortbildungen im Umgang mit sicherheitsrelevanten Ereignissen.
- Die Institution unterstützt und begleitet die Mitarbeiter nach sicherheitsrelevanten Ereignissen proaktiv.
- Alle neuen Mitarbeiter erhalten Informationen und konkrete Handlungsempfehlungen zum Umgang mit sicherheitsrelevanten Ereignissen.
- Alle Mitarbeiter haben Zugang zu Informationen und konkreten Handlungsempfehlungen zum Umgang mit sicherheitsrelevanten Ereignissen.
- Die Gremien (Personalvertretung, Schwerbehindertenvertretung, Gleichstellungsbeauftragte) werden beteiligt.
- Es findet ein regelmäßiger Austausch mit der Polizei statt.
- Sicherheitsrelevante Ereignisse werden durch die Institution im Rahmen der Presse- und Öffentlichkeitsarbeit berücksichtigt.

Maßnahmen

Maßnahmen sind konkrete Aktionen, die auf bestimmte Ereignisse abgestimmt sind und sich auf bestimmte Bereiche der Institution beziehen können. Sie sollten immer im Kontext der Schutzziele und Leitlinien betrachtet werden und dürfen diese nicht verletzen. Sie finden Maßnahmen in allen hier gemachten Ausführungen zu den baulich-technischen, organisatorischen und persönlichen Schutzmaßnahmen.

Zufahrten und Zugänge

Behördeneigene Parkplätze oder -häuser sollten mit Zufahrtsregeln, erforderlichenfalls Zufahrtskontrollen versehen sein; das müssen keine Kontrollen durch Sicherheitspersonal sein, sondern diese Kontrollen können auch durch elektronische Zufahrtsbeschränkungen dargestellt werden. Beschäftigte, die sich auf diesen Flächen bewegen, sollten aufmerksam sein und darauf achten, dass mit ihnen oder nach ihnen keine unberechtigten Personen diese Flächen betreten oder befahren. Parkzonen für Beschäftigte und Kunden sollten möglichst klar voneinander abgetrennt sein. Die für Beschäftigte, Kunden, externe Dienstleister vorgesehenen Zugangswege und -zeiten sollten festgelegt und in einem individuell festgelegten Rahmen kontrolliert werden. Öffnungszeiten können durch Aushang an Gebäudeeingängen sowie im Internet bekannt gemacht werden. Ein Aufenthalt außerhalb dieser Zeiten ist für Kunden grundsätzlich nicht möglich. Sind innerhalb einer Institution mehrere Organisationseinheiten, sollten deren Öffnungszeiten angepasst werden; dies verringert die Wahrscheinlichkeit, unerwartet mit Kunden zusammenzutreffen. Die Sicherheit wird erhöht, wenn Türen, die verschlossen sein sollten, tatsächlich verschlossen sind. Eingangs- und Zwischentüren sind zu bestimmten Zeiten offen oder grundsätzlich geschlossen bzw. verschlossen. Zeiten und Verantwortlichkeiten für den Verschluss sind zu regeln. Elektronische Schließsysteme mit Zugangschips, -karten oder -codes machen Schlüssel entbehrlich. Diese dürfen dann jedoch von Beschäftigten nicht umgangen werden (Abb. 11).

Abb. 11 Elektronisch gesicherte Zugangstür zu einem zutrittsbeschränkten Bereich

Fernöffnungen von Gebäudetüren sind grundsätzlich zu vermeiden; Gegensprechanlagen in Verbindung mit Videoübertragung können eine solche Fernöffnung sicherer gestalten. Nicht öffentliche Bereiche (Küchen- und Aufenthaltsräume, Putzmittel-, Lager und Technikräume) sollten grundsätzlich verschlossen sein. Toiletten, die Beschäftigten vorbehalten sind, sind grundsätzlich verschlossen zu halten. Beschäftigte sollten Besuchertoiletten grundsätzlich nicht nutzen und keinesfalls unmittelbar nach sicherheitskritischen Ereignissen. Wenn es einen Empfang oder Sicherheitsfachkräfte gibt, sollten deren Aufgaben festgelegt sein. Allein deren Präsenz und noch mehr die Ansprache von Kunden, die ein Gebäude betreten, erzeugt bei den Kunden ein Kontrollgefühl und ermöglicht das Erkennen von z.B. alkoholisierten oder verwirrten Menschen. Hieraus können sich je nach Fallgestaltung Zutrittsuntersagungen, begleitetes Verbringen, eine Abholung oder ein herkömmlicher Zutritt ergeben. Ist eine Taschenkontrolle oder -abgabe beabsichtigt, kann diese dort durchgeführt werden; hierfür sind sichere Verwahrmöglichkeiten vorzusehen. Sind Kontrollmaßnahmen oder Taschenabgaben angedacht, sollte berücksichtigt werden, dass sich Personen weigern werden und auch Konstellationen auftreten, die schwierig einzuschätzen sind (Kinderwagen, Taschen von Kindern). Werden potenziell schwierige Kunden erkannt, sollte in jedem Fall eine sofortige Information an die zuständigen Mitarbeiter erfolgen.

Polizei

Die Polizei ist über den Notruf 110 zu alarmieren, weil es das Ziel ist, Verzögerungen während einer Alarmierung unbedingt zu vermeiden. Zu den ohnehin vorhandenen kommunikativen Verzugszeiten kommen Rüst- und Wegezeiten – auch dadurch, dass sich die Polizei in einer häufig unbekannten Liegenschaft orientieren muss. Die Anwahl von Direktnummern der Polizei über die regulären Amtsleitungen sollte unterlassen werden. Dies erhöht das Risiko einer nicht zeitgerechten Hilfeleistung. Der Notruf 110 führt zur Leitstelle der Polizei, in der ein Gesamtüberblick zu den verfügbaren Kräften und deren Standort besteht. Nur so können zeitnah die geeignetsten und am schnellsten verfügbaren Polizeikräfte alarmiert werden. In der Telefonanlage ist technisch sicherzustellen, dass sowohl die Wahl der „110“ sowie der „0[Amt]110“ den direkten Ruf zur Polizei ermöglicht. Mit der Polizei ist ein etwaiges Sicherheitskonzept zu erörtern. In regelmäßigen Abständen sollten mit der Polizei sicherheitsrelevante Ereignisse bzw. Einsätze der Polizei nachbereitet und daraus gewonnene Erkenntnisse auf geeignete Art und Weise umgesetzt werden. Die konkrete körperliche Durchsetzung eines Platzverweises oder Hausverbotes bei Antreffen auf dem Gelände oder im Gebäude ist nicht Aufgabe der Beschäftigten; hierzu ist der Sicherheitsdienst oder die Polizei zu verständigen.

Sicherheitsdienste

In den meisten Behörden sind Sicherheitsdienste, die ununterbrochen zu den Öffnungszeiten in ausreichender Zahl vor Ort sind, relativ selten. Wenn Sicherheitsdienste in Liegenschaften eingesetzt werden, verfügen diese im Regelfall – im Gegensatz zu Personen, die zu reinen Bewachungsaufgaben eingesetzt werden – über erweiterte Kompetenzen, die durch eine

Prüfung nach der Gewerbeordnung nachgewiesen werden. Sie haben neben unterschiedlichen Rechtsgebieten und Grundzügen der Sicherheitstechnik gezeigt, dass sie über Kenntnisse und Fähigkeiten im Umgang mit Menschen, insbesondere in Gefahrensituationen, und Deeskalationstechniken in Konfliktsituationen verfügen. Die Regelungen zum Einsatz des Sicherheitsdienstes, dessen Aufgabenbereiche und Grenzen bedürfen der Festlegung und ständigen Anpassung. Grundsätzlich schützt er Personen und Objekte und regelt am Empfang den Zutritt zu Institutionen. Der Berufsstand leidet an hoher Fluktuation und damit geringer Berufserfahrung. Arbeitsverdichtung, Zeitnot und Anbieter, die auf Kosten der Sicherheit ihrer Mitarbeiter ökonomische Faktoren in den Vordergrund stellen, erhöhen nicht die Qualität der Dienstleistung. Der Zeitrahmen der Verfügbarkeit sollte mindestens dem Zeitrahmen der Kundenkontaktzeiten angepasst sein. Eine Ausweitung auf die Anwesenheitszeiten des Personals sollte sich auf eine entsprechende objektiv kritische Sicherheitslage stützen. Die Befugnisse, Dienstzeiten, Ausstattung und Aufgaben sind eindeutig zu formulieren und den Mitarbeitern zu kommunizieren. Wenn der Sicherheitsdienst Zugangskontrollen durchführt, Zutritte verweigert, Kunden der Liegenschaft oder aus Büros verweisen soll, ist ihm dieses Hausrecht explizit einzuräumen. Den Beschäftigten ist zu empfehlen, dass sie in ihren privaten Mobiltelefonen die Erreichbarkeiten des Sicherheitsdienstes hinterlegt haben und eigenständig aktualisieren. Bewegt sich der Sicherheitsdienst in der Liegenschaft, muss er (auch untereinander) ständig erreichbar sein; Funkverbindungen sind telefonischen Erreichbarkeiten vorzuziehen. Für die Beschäftigten muss er ständig telefonisch erreichbar sein. Mit dem Sicherheitsdienst ist ein vorhandenes Sicherheitskonzept zu erörtern. In regelmäßigen Abständen sollten mit ihm sicherheitsrelevante Ereignisse bzw. Einsätze des Sicherheitsdienstes nachbereitet und daraus gewonnene Erkenntnisse auf geeignete Art und Weise umgesetzt werden.

Schlüssel

Die Ausgabe und Verfügung über Schlüssel sind eindeutig zu definieren und schriftlich zu regeln. Dies bezieht sich insbesondere auf Regelungsumfang (welche Arten von Schlüsseln sind umfasst?), Nachweis der Ausgabe von Schlüsseln, Vergabenotwendigkeit, Weitergabe an Dritte, Aufbewahrungspflichten, Verlustregelungen inkl. Regress und Rückgaberegeln.

Ausweise und Namensschilder

Vorhandene (Haus-)Ausweise oder Namensschilder der Beschäftigten sollten ständig und offen getragen werden. Sie erleichtern einen kontrollierten Zugang, sofern dieser vorhanden ist, und ermöglichen die Unterscheidung zwischen Kunden und Beschäftigten. Die Namensschilder sollten sich auf den Nachnamen des Beschäftigten beschränken, um Recherchen in sozialen Netzwerken etc. zu erschweren. Im Zusammenhang mit Namensnennungen ist zu beachten, dass es allein im organisatorischen Ermessen der Institution liegt, ob sie die Namen von Beschäftigten durch schriftliche Wegweiser, Übersichtstafeln, Namensschilder, veröffentlichte oder auf Antrag einsehbare Geschäftsverteilungspläne oder durch entsprechende Verlautbarungen auf ihrer Internetseite bekannt gibt. Dabei ist stets eine Abwägung zu einer potenziellen Gefährdung der Beschäftigung durch eine Veröffentlichung zu treffen; auch können Störungen im Arbeitsablauf bereits ausreichend sein, um Bekanntgaben auszuschließen. Bei alledem ist mit den Beschäftigten der sensible Umgang mit eigenständigen Veröffentlichungen innerhalb der sozialen Medien zu thematisieren – denn es würde nicht sehr konsequent erscheinen, wenn Beschäftigte darauf drängen, in der Institution nicht erkannt werden zu wollen, dann jedoch innerhalb sozialer Medien eine hohe Präsenz aufweisen, die jegliche Recherchen und eine umfangreiche Erkenntnissammlung zulässt. Besucherausweise, die an Kunden herausgegeben werden, werten den Besucher auf und können je nach Ausgestaltung des Ausweises das Kontrollgefühl verstärken. Sie sollten sich deutlich von internen Hausausweisen unterscheiden. Vorhandene Besucherausweise sind in der Außendarstellung als wertig und wichtig zu bezeichnen; es sollte im Umgang mit dem Ausweis keinesfalls der Eindruck eines „Wegwerfartikels“ entstehen. Dieses System ist für erhöhte Sicherheitsansprüche ausbaufähig (Ausweis gegen Pfand, trackingfähige Ausweise mit RFID-Chip, Ausweise in Verbindung mit Zutrittsberechtigungen etc.).

Kennzeichnung von Räumen und Wegen

Türen, Flure, Wege und Gebäudeteile sind zur verlässlichen Steuerung von Rettungsdiensten und Polizei, eindeutigen Bezeichnung von Verhaltenshinweisen gegenüber Kunden und Beschäftigten, wie auch der unmissverständlichen Fluchtwegbezeichnung eindeutig und stresssicher zu kennzeichnen. Piktogramme und mehrsprachige Ausführungen, zumindest für die wichtigsten Kennzeichnungen, sollten Verwendung finden. Räume sind innen und außen mit Raumnummer/Stockwerk und ggf. Farbkennzeichnung zu versehen. So können während medizinischen Notfällen oder Einschließungssituationen Notrufe stresssicher und verlässlich aus dem Raum abgesetzt werden. Sind Namensangaben von Beschäftigten auf Bürokennzeichnungen oder Wegführungen angebracht, sollten diese auf den Nachnamen beschränkt werden, um Recherchen in sozialen Netzwerken etc. zu erschweren. Mit dieser Kennzeichnung lässt sich während eines Notrufs die Örtlichkeit genau bezeichnen; Zeitverluste werden dadurch vermieden und schnellstmögliche Hilfeleistung unterstützt. Nummerierungen sollten einfachen Gesetzmäßigkeiten folgen; so können sie den Raumnummern im Gebäudeplan entsprechen; hierzu ist in den meisten Fällen eine Neunummerierung erforderlich. Raumbezeichnungen wie Archiv, Rechenzentrum, Serverraum sollte vermieden werden, um Menschen, die dort Sabotagehandlungen vornehmen wollen, den Weg zum Ziel nicht zu erleichtern. Gleiches gilt für Küchen oder Abstellräume für Reinigungsmittel, in denen sich mit leicht zugänglichen gefährlichen Gegenständen ausgerüstet werden könnte (Abb. 12).

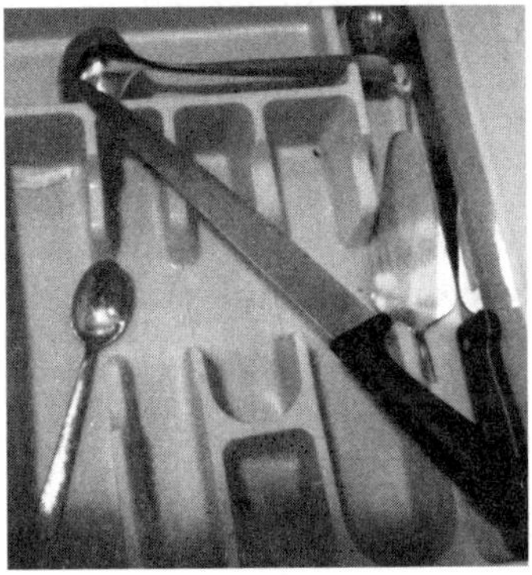

Abb. 12 Zwei große Messer in frei zugänglicher Teeküche

Orientierungssysteme

Leit- oder Orientierungssysteme können die allgemeine Beschilderung unterstützen; sie ersetzen sie nicht. Rettungsdienste, Feuerwehr, Polizei und Hausverantwortliche sollten das System gemeinsam konkretisieren. Gebäudepläne sind dem Orientierungssystem anzupassen. Es bietet sich an, an geeigneten Stellen entlang von Zugangswegen außerhalb des Gebäudes Übersichtspläne bereitzustellen. Auf die Farbgebung rot und grün sollte dabei möglichst verzichtet werden; daraus könnten sich Botschaften wie „dahin gehen“ oder „dahin nicht gehen“ ableiten lassen; unabhängig von dem Problem einer vorhandenen Rot-Grün-Schwäche. Schildergrundfarben sind nicht für farbliche Zuordnungen von Gebäuden zu verwenden; daher bietet sich eine neutrale Grundfarbe an. Farbleitsysteme, die grundsätzlich diese Orientierungshilfe geben, sind am Markt existent. Die ungeprüfte Übernahme eines Systems ist nicht zu empfehlen, es ist vor dem Hintergrund der konkreten Situation der Liegenschaft anzupassen.

Melde-, Kommunikations- und Dokumentationssystem

Die Etablierung eines zentralen Melde-, Kommunikations- und Dokumentationssystems, vereint in einer beschäftigten Person oder Organisationseinheit, ist ein grundlegendes Element, um frühzeitig aufkommende Bedrohungen durch Kunden zu erkennen, die Qualitätsstandards zur Sicherheit in einer Institution zu gewährleisten und das Sicherheitsgefühl der Beschäftigten zu unterstützen (▶ D. 6. Meldesysteme). Eine solche Meldung kann auch die Grundlage für eine spätere Strafanzeige sein.

Notfallordner

Ein Notfallordner fasst wichtige Informationen und Handlungsempfehlungen zum Thema Sicherheit zusammen. Er sollte an zentralen Stellen in Papierform vorhanden sein und – evtl. auch in abgeschichteter Form – für alle Beschäftigten elektronisch zur Verfügung stehen. Die Aktualisierung sollte verbindlich geregelt sein. Von der prüfungslosen Übernahme vorhandener Unterlagen anderer Institutionen ist abzuraten; ein solcher Ordner muss auf die Spezifika der jeweiligen Institution angepasst sein. Mögliche Inhalte sind Handlungsanweisungen und Hinweise zur kollegialen Unterstützung, Notfallpläne für unterschiedliche Anlässe, Erläuterungen und Formblätter zum Melde-, Kommunikations- und Dokumentationssystem sowie Strafanzeigen, Erreichbarkeiten einer medizinischen und psychologischen Erstbetreuung, Nachsorgekonzept und kurze Hinweise zur Medienarbeit.

Waffen oder Hilfsmittel zum Selbstschutz

Es ist zulässig und liegt außerhalb der Verfügungssphäre des Arbeitgebers, dass sich Beschäftigte persönlich mit berechtigt geführten Waffen oder Gegenständen, die dem Selbstschutz oder dem Schutz von Angriffen durch Tiere dienen (z.B. Pfefferspray) ausstatten. Daher sollte der Umgang im Gebäude über eine Dienstanweisung oder Hausordnung insofern geregelt werden, dass Beschäftigte diese Gegenstände in das Gebäude einbringen dürfen. Der unmittelbare Vorgesetzte ist davon in Kenntnis zu setzen. Die berechtigt geführten Waffen oder gefährlichen Gegenstände müssen durch den Bediensteten vor dem Zugriff durch Besucher oder externe Dienstleister geschützt sein. Zur Wirksamkeit und zur Empfehlung aus Expertensicht ▶ C. 8. Notintervention.

8.3 Persönliche Aspekte

Die Zielrichtungen von persönlichen Maßnahmen dienen sowohl dem Wohl der Beschäftigten selbst, indem sie ihnen die Möglichkeit geben, ihre Kompetenzen und Fähigkeiten zu verbessern, als auch dem Schutz vor möglichen Tätern unter den Kunden. Durch Aufklärung über die möglichen Motive und Verhaltensweisen von Tätern können die Beschäftigten besser auf potenzielle Gefahrensituationen vorbereitet sein. Diese Maßnahmen können Unterweisungen, Schulungen sowie Handlungsverbote und -gebote beinhalten. Es ist wichtig, dass die Maßnahmen regelmäßig überprüft und angepasst werden, um sicherzustellen, dass sie effektiv und aktuell sind.

Führungsebene
Persönliche Maßnahmen der Führungsebene einer Institution haben große Schnittstellen mit organisatorischen Maßnahmen, weil die Führungsebene in die anderen Bereiche wirkt und von den Beschäftigten im besonderen Maß wahrgenommen wird. Im Eingangsbereich, auf der Homepage oder in den Wartebereichen einer Behörde kann eine öffentliche Grundsatzerklärung eindeutige und zweifelsfreie Signale senden. Häufig werden diese Erklärungen als Erklärung „gegen Gewalt" abgefasst; eine positive Variante könnte eine Erklärung „für Sicherheit" mit vorrangig positiven Zustandsbeschreibungen darstellen. Diese Erklärung sollte nicht nur von der Leitungsebene, sondern – insofern vorhanden – auch von der Personalvertretung mitunterzeichnet werden. Sie symbolisiert Fürsorge, Interesse und Sicherheit. Im Zuge einer Presseveröffentlichung, auf der Homepage und durch Aushang sollte die Erklärung bekannt gemacht werden. Hierdurch wird jedem Besucher bewusst gemacht, was bei Missachtung zu erwarten ist. Mehrsprachige Hinweise oder Symbolik auf Plakaten und Flyern, können Verständigungsschwierigkeiten entgegenwirken.

Grundsatzerklärung Sicherheit

- Die Stadtverwaltung Musterhausen ist ein offener und gewaltfreier Ort.
- Alle Beschäftigten sowie ihre Kundinnen und Kunden gehen achtsam und respektvoll miteinander um.
- Aggression und Gewalt werden nicht toleriert.
- Wir werden alle Maßnahmen ergreifen, die [besonders wichtige Punkte].
- Alle Beschäftigten, insbesondere die Bürgermeisterin Musterfrau [verantwortliche Spitzenposition] und die Führungskräfte, sind für die Umsetzung von [besonders wichtige Punkte] verantwortlich.

Die Leitungsebene sollte in bedeutsamen Fragen der Sicherheit direkt ansprechbar sein, wenn der Eindruck entsteht, dass direkt vorgesetzte Führungspersonen die Sorgen und Nöte nicht hinreichend würdigen. Es ist grundsätzlich und zunächst deren Aufgabe, im Rahmen der Fürsorgepflicht für Abhilfe im Rahmen der gegebenen Möglichkeiten zu sorgen. In Besprechungen ist das Thema Sicherheit ein fester Tagesordnungspunkt; wenn es keine Ereignisse oder Erörterungsnotwendigkeiten gibt, wird dies festgestellt und protokolliert. Es ist je nach Institution zu prüfen, ob ständige Arbeitsgruppen oder Lenkungskreise zum Thema Sicherheit etabliert werden. Die Bestellung einer Person zum Sicherheitsbeauftragten ist je nach Größe der Institution in Erwägung zu ziehen. Dabei ist auf etwaige Doppelbelastungen in Bezug auf die Alltagstätigkeit (z.B. Sicherheitsbeauftragter und Führungskraft im betroffenen Bereich) im Ereignisfall einer sicherheitskritischen Situation zu achten; diese sind zu vermeiden. Bei den Beschäftigten der Institution ist die erforderliche Sensibilität für Sicherheitsthematiken wie den Umgang mit möglichen Gefahrensituationen durch Information über diese Gefahrensituationen, die institutionellen Schutzmaßnahmen und die notwendigen Verhaltensweisen sicherzustellen. Für den jeweiligen Arbeitsbereich ist zu prüfen, in welcher Tiefenstufe kundenorientierte Angaben zu Beschäftigten (Vorname, Name, Erreichbarkeiten) tatsächlich erforderlich sind. Beschäftigte sind in diesem Zusammenhang auf die zurückhaltende Nutzung sozialer Medien aufmerksam zu machen. Die Führungsebene lässt erforderlichenfalls ein Sicherheitskonzept entwickeln und dieses fortentwickeln. Sie schafft den Freiraum für Übungen im Bereich Sicherheit in bestimmten Intervallen, evtl. abgestuft für unterschiedliche Bereiche. Mit Übungen werden Alarmierungsvorrichtungen geprüft und Alarmierungsabläufe in Erinnerung gerufen, Beschäftigte an Räumungen gewöhnt und Paniksituationen vorgebeugt, notwendige Evakuierungen wesentlich beschleunigt, das Zusammenwirken des behördeneigenen Selbstschutzes, der Hilfsdienste wie der Feuerwehr und der Polizei geprobt und letztlich Verantwortlichkeiten für Personen, die besonderer Hilfe bedürfen (z.B. behinderte Kunden), definiert.

Diejenige Führungsebene, die im direkten Kontakt mit den Beschäftigten steht, ist die erste Rückfallebene für die Ereignisstufen 0 und 1 (▶ C. 6. Bewältigung sicherheitskritischer Ereignisse) und ihrer Reaktion kommt eine besondere Bedeutung zu. Sie handelt sofort mit den Zielrichtungen der Unterstützung im direkten Kundenkontakt, in dem sie (wenn noch möglich) beruhigen, im fachlichen Lösungsprozess behilflich sind und im Rahmen einer Nachbereitung Verbesserungsmöglichkeiten für die Zukunft identifizieren helfen. Allen Führungsebenen muss bewusst sein, dass sich Beschäftigte unter Umständen vor oder nach einem Ereignis nicht an sie wenden. Dies kann begründet sein in fehlendem Vertrauen zur Führungsebene, der Angst, eigene Unzulänglichkeiten zu offenbaren, oder daraus resultierenden Zeitverlusten zur Erledigung des Arbeitsaufkommens. Diese Punkte sollten regelmäßig mit den Beschäftigten erörtert werden. Die Kommunikation über sicherheitsrelevante Ereignisse ist die wichtigste Voraussetzung für einen angemessenen Umgang und damit Grundvoraussetzung für die Sicherheit aller Beschäftigten. Die Führungsebenen initiieren unter Beteiligung aller erforderlichen Stellen institutionsinterne Schritte gegenüber Kunden, die für sicherheitskritische Ereignisse verantwortlich sind (▶ D. 1. Stufensystem für verhaltensauffällige Kunden).

Beschäftigte

Während sicherheitskritischen Ereignissen sind die betroffenen Beschäftigten häufig unvorbereitet und haben Schwierigkeiten, angemessen zu reagieren. Ein unterwürfiges Verhalten kann die Dominanz des aggressiven Kunden verstärken. Um in solchen Situationen erfolgreich zu sein, ist es wichtig, durch eigene Aktivitäten im Vorfeld eines Zwischenfalls die Fähigkeit zu entwickeln, aus einer Opferrolle herauszutreten und angemessen zu reagieren. Es ist nicht ratsam, die Möglichkeit eines solchen Ereignisses zu ignorieren. Den Konfliktpartnern ist es häufig völlig egal, ob ein Betroffener in irgendeiner Art und Weise Verantwortung trägt. Der betroffene Mensch wird zum Opfer, weil er gerade verfügbar ist. Eine gute Vorbereitung kann durch mentales Üben von möglichen Szenarien und Handlungen sowie durch Verhaltenstrainings erreicht werden. Dies lässt sich ohne fremde Unterstützung in den Realbetrieb der Behörde integrieren. So könnte sich ein Beschäftigter in Gegenwart eines unkritischen Kunden einen Vorwand überlegen, unter dem er kurz das Büro verlassen muss, und dies dann auch tatsächlich tun. Im Krisenfall würde er Hilfe herbeiholen, in diesem Trainingsfall kommt er mit einer gefertigten Kopie oder Informationsbroschüre zurück. Die optimale Vorbereitung besteht in Verhaltenstrainings, die in interaktiven Szenarien die möglichen Handlungsweisen schulen. Sie helfen, eigene Ängste und Reaktionen zu erkennen, Sensibilität für Bedrohungsszenarien zu entwickeln und vorhandene Hilfesysteme kennenzulernen. Eine wichtige Rolle spielt zudem die Beachtung der Empfehlungen aus dem Bereich der organisatorischen Maßnahmen; insbesondere der angemessene Umgang mit den sozialen Medien. Die Beschäftigten selbst haben klare Vorstellungen zu den Aktivitäten, um die Sicherheit zu erhöhen. Sie verlangen nach Schutztechnik, Handlungsanweisungen, Deeskalationsschulungen, mehr Personal und Sicherheitspersonal.

Eine gute Sicherheitskultur ist vorhanden, wenn sich Beschäftigte im Vorfeld von Ereignissen (z. B. kritischer Kunde wird erwartet) vertrauensvoll an die unmittelbaren Vorgesetzten wenden können, um mögliche Vorgehensweisen zur Vermeidung von Konflikten mit Kunden zu besprechen, wie einen zweiten Kollegen im Raum zu platzieren oder offene Türen für die Dauer des Gesprächs. Um zu diesem Schritt zu gelangen, sollten Sie sich im Vorfeld eines jeden Kundengesprächs neben der fachlichen Orientierung auch auf Sicherheitsaspekte vorbereiten. Neben der Kontrolle des Arbeitsplatzes auf mögliche Gefährdungsaspekte unmittelbar vor dem Gespräch erfolgt eine kurze Sicherheitsbetrachtung des Kunden. Aus Vermerken in Akten oder elektronischen Vorgangsbearbeitungssystemen, eigenen Erfahrungen oder Informationen von anderen Beschäftigten, die bereits mit dem Kunden befasst waren, lassen sich Hinweise zur voraussichtlichen Konfliktträchtigkeit des Gespräches gewinnen. Bedeutend ist auch der Grund des Kundengesprächs und der prognostizierte Verlauf. Leistungskürzung, Sanktion oder Leistungsverweigerung beinhalten naturgemäß mehr Konfliktpotenzial als die Mitteilung, dass eine langersehnte Baugenehmigung erteilt wurde. Das Ergebnis dieser Einschätzung zum Konfliktpotenzial kann so sein, dass ein Gespräch geplant und von Anfang an in Gegenwart eines zweiten Beschäftigten, eines Vorgesetzten oder in einem separaten Raum stattfindet. Alternativ denkbar kann die vorherige Information eines vorhandenen Sicherheitsdienstes oder dessen Anwesenheit zunächst verdeckt im Nachbarbüro, sichtbar vor dem Büro oder dauerhaft im Büro sein.

Sollte ein Kunde unvermittelt das Büro betreten, besteht immer die Möglichkeit, den gleichen Prozess zu durchlaufen, indem der Kunde gebeten wird, wenige Minuten zu warten, um dann die Unterstützung durch Kollegen zu aktivieren. Reagiert er auf die Bitte des Wartens abweisend oder sogar aggressiv, wissen Sie sofort, woran Sie sind, ohne sich vorher auf ein Gespräch eingelassen zu haben, in dessen Verlauf Sie dann unvermittelt möglicherweise mit der gleichen Aggressivität konfrontiert werden. Der Verweis von Kunden durch Beschäftigte aus oder vor einem Termin in den Wartebereich (wegen Verzögerungen, anderen Notfällen, Zwischenarbeiten etc.) sollte mit einer ungefähren Aussage zur Wartedauer, dem Hinweis auf Versorgungsmöglichkeiten oder geeigneter Lektüre begleitet werden. Kunden muss bewusst werden, dass Sie als Beschäftigte nicht allein sind. Machen Sie sich bewusst, dass der Schutz der eigenen Gesundheit wichtiger ist als der Schutz von Vermögenswerten, Datenschutz oder die Ergreifung eines Täters.

> Der Schutz der eigenen Gesundheit hat höchste Priorität und ist wichtiger als der Schutz von Vermögenswerten, der Schutz von Daten oder die Verfolgung eines Täters.

Sie sollten sich in Ihrer Rolle bestimmte Verhaltensweisen zu eigen machen, ähnlich, wie Sie im häuslichen Umfeld keine wackelige Leiter besteigen, in der Küche mit einem Messer in vorsichtiger Weise hantieren oder sich im Auto anschnallen. So gilt es, bei jedem beweglichen Gegenstand, der sich auf einem Schreibtisch oder in direktem Zugriff des Kunden befindet, abzuwägen, ob sich dieser Gegenstand tatsächlich dort befinden muss und ob es nicht geeignetere Aufbewahrungsmöglichkeiten (Schreibtisch) gibt. Gegenstände wie Locher, Scheren, Brieföffner, Blumenvasen, Flaschen oder Bilderrahmen, die sich im leichten Zugriff des Kunden befinden, können als Schlagwerkzeuge oder Wurfgeschosse missbraucht werden (Abb. 13; Abb. 14).

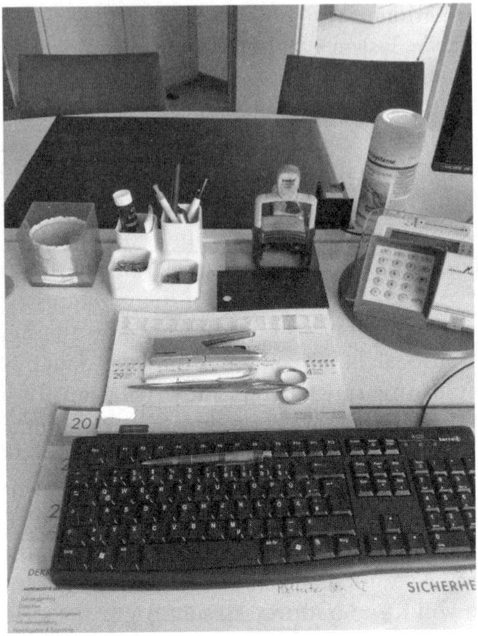

Abb. 13 Schere im unmittelbaren Zugriffsbereich des Kunden

Abb. 14 Dekorationsartikel, die zur gefährlichen Waffe werden können

Werkzeug, das aus welchem Grund auch immer im Büro benötigt wurde, ist umgehend wieder aus dem Büro zu entfernen, jedoch keinesfalls so aufzubewahren, dass es vom Kunden eingesehen oder ergriffen werden kann (Abb. 15; Abb. 16).

Abb. 15 Cuttermesser und Schraubendreher im direkten Kundenzugriff

Abb. 16 Hammer seitlich vom Kunden im Ablagekorb

Familienbilder an der Wand und auf dem Tisch oder bedruckte Kaffeetassen u.ä., die Hinweise auf die familiäre Situation wie Anzahl, Namen und Alter von Kindern, vorhandene Haustiere, Kraftfahrzeuge oder Hobbys geben, sind hilfreiche Ansatzpunkte für Bedrohungsszenarien, die durch Sie möglicherweise selbst bereitgestellt werden. Es sollte durch Sie keine Information innerhalb einer Kundenkontaktzone verfügbar sein, die Sie nicht auch auf einer grundlosen Nachfrage durch den Kunden bereitwillig bekannt geben würden.

Diese Zurückhaltung gilt auch für das Einbringen von persönlichen Gegenständen, die in ihrer Gestaltung oder Ausprägung ein hohes Maß an Geduld seitens der Kunden verlangen oder auf sarkastische Weise Arbeits- oder Begegnungssituationen zwischen Sachbearbeitung und Kunden beschreiben (Abb. 18; Abb. 19). Feststellen lassen sich auch diskreditierende Bemerkungen in elektronischen oder Papierakten zu Kunden (Säufer, Alki, Stinker), die dann der Kunde unbeabsichtigt einsehen konnte, bis hin zu einem frei einsehbaren Ordner mit völlig inakzeptabler Beschriftung (Abb. 17).

Abb. 17 Ordner mit „ausgewählten" Kunden im Sichtbereich von Kunden

Abb. 18 Tasse einer Sachbearbeitung im Sichtbereich von Kunden

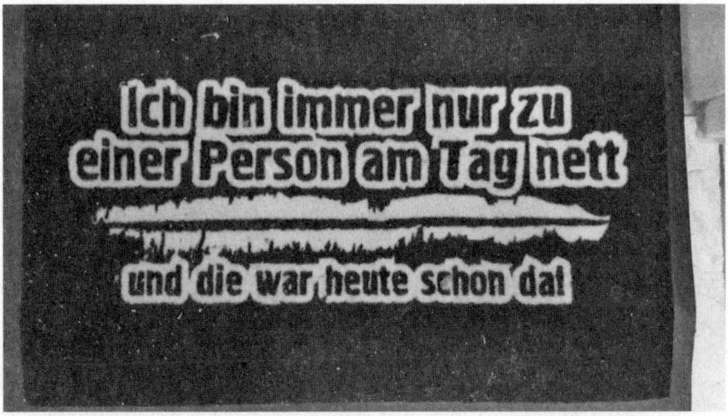

Abb. 19 Fußmatte im Eingang eines Büros einer öffentlichen Verwaltung

Abb. 20 Symbolische Wand mit eingegossenen Großinsekten und Spinnen

Anstatt solcher negativen Ausprägungen, die Unmut und Verärgerung über die vermeintliche innere Haltung von Behördenmitarbeitern nach sich ziehen können (Abb. 20), lassen sich auch bewusst gegenteilige Signale setzen (Abb. 21), die eine neutrale oder positive Kundenbeziehung in den Vordergrund stellen.

Abb. 21 Tasse eines kommunalen Jobcenters

Im Fall einer Ausweispflicht im Gebäude machen Sie die Personen, welche keinen Ausweis tragen, in angemessener Weise auf deren Tragepflichten aufmerksam. Bei einer Weigerung wird ein Vorgesetzter oder ein evtl. vorhandener Sicherheitsdienst informiert. Elektronische Schließsysteme mit Zahlencodes werden von Ihnen so verdeckt benutzt, dass die Eingabe von niemandem gesehen werden kann. In für Kunden potenziell zugänglichen Küchen oder Aufenthaltsräumen sind Gläser, Glasflaschen, Besteck, einzelne Messer (Abb. 12) oder andere Devotionalien wie gefährliche Urlaubserinnerungen (Abb. 22) nicht offen zu lagern – auch nicht kurzfristig.

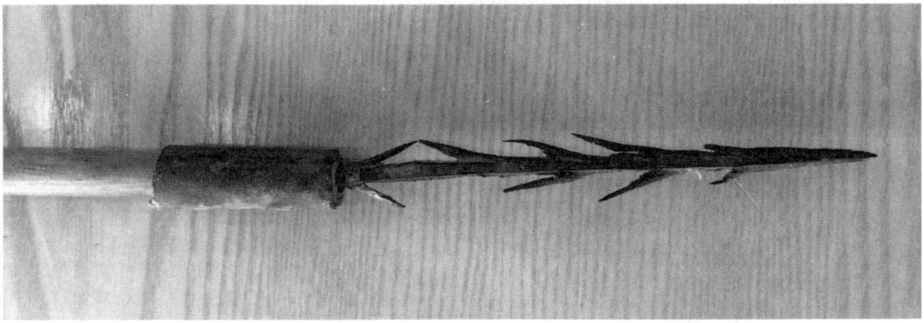

Abb. 22 Speer im Flurbereich einer kommunalen Verwaltungsbehörde

Kunden und behördenfremde Personen

Kunden stellen die wahrscheinlichste Quelle für einen Konflikt und ein sich daraus ergebendes sicherheitskritisches Ereignis dar. Die Ursachen und Motive können vielfältiger Natur sein und sind nur in den wenigsten Fällen prognostizierbar. Daher ist grundsätzlich auf die Erfahrung, Intuition und Risikomarker zu achten, die Hinweise auf drohende Konflikte geben können. Vor dem Hintergrund der jeweiligen Geschäftsprozesse sollte die erlaubte Anwesenheit von Kunden in den jeweiligen Bereichen geprüft werden. Damit werden die Bereiche identifiziert, in denen sich zu keinem Zeitpunkt unbegleitete Menschen aufhalten dürften, die nicht zweifelsfrei als Beschäftigte identifiziert werden können. Außerhalb der Öffnungszeiten dürften sich an keiner Stelle in der Liegenschaft unbegleitete Menschen aufhalten, die nicht zweifelsfrei Beschäftigte sind. Während der Öffnungszeiten sollen Kunden nicht das Gefühl entwickeln, dass sie sich unbemerkt im Haus bewegen dürfen. Daher tragen sie im Idealfall Ausweise. Personen, die keine Ausweise tragen und nicht zweifelsfrei bekannt sind, sollten von Ihnen angesprochen und nach ihren Wünschen befragt werden.

> Die verfügbaren Möglichkeiten zur Beeinflussung des Verhaltens von Kunden sind voll auszuschöpfen.

Kunden, die unter Alkohol- oder Drogeneinfluss stehen, sollten das Haus grundsätzlich nicht betreten dürfen. In begründeten Ausnahmefällen sind diese Kunden durchgehend zu begleiten. Die konkrete körperliche Durchsetzung eines Platzverweises oder Hausverbotes aus dem Gebäude oder dem Gelände ist nicht Aufgabe der Beschäftigten; hierzu ist ein vorhandener Sicherheitsdienst oder die Polizei zu verständigen. Behördliche Entscheidungen, die zu hoher Frustration des Kunden führen, können, auch wenn sie vom Ergebnis bereits im Kundengespräch feststehen, zu einem späteren Zeitpunkt ausschließlich schriftlich mitgeteilt werden. Dieser Weg sollte nur dann gewählt werden, wenn Ängste zur Reaktion des Kunden bestehen. Es ist zu prüfen, ob die Entscheidung in Gegenwart von Kollegen mitgeteilt werden kann. Im Vorfeld oder während einer frustrationsauslösenden Entscheidung kann zunächst das Angebot einer sofortigen Beschwerdemöglichkeit gemacht werden; hierdurch entsteht bei dem Kunden der Eindruck einer möglichen Umkehrbarkeit der Entscheidung und die Herbeiholung eines weiteren Beschäftigten bzw. Vorgesetzten wird eher akzeptiert werden. Zur grundsätzlichen Reduktion von Konflikten ist es neben den sicherheitsspezifischen Hinweisen angezeigt, Kunden über die Hausordnung und ggf. Hinweistafeln auf ein angemessenes Verhalten hinzuweisen. Die Verhaltenshinweise für Kunden gelten grundsätzlich gleichermaßen für Beschäftigte und externe Dienstleister (▶ Besuchsregeln).

Besuchsregeln

Die Stadtverwaltung Musterhausen freut sich über Ihren Besuch. Bitte beachten Sie, dass folgende Verhaltensweisen zu unser aller Sicherheit untersagt sind:

- Versperren von Rettungs- und Fluchtwegen sowie Feuerwehrzufahrten sowie das Einbringen von Brandlasten in Rettungs- und Fluchtwegen sowie das Blockieren von Brandschutztüren
- Abstellen von Kraftfahrzeugen, Fahrrädern oder anderen Fahrzeugen außerhalb der dafür vorgesehenen Flächen
- Benutzung von Rollschuhen, Inlineskates, Kickboards, Skateboards u.ä. in Gebäuden
- Betreten von Bereichen, die nicht für Besucher vorgesehen sind
- Rauchen in Gebäuden, einschließlich E-Zigaretten; außen außerhalb der dafür vorgesehenen Flächen
- Fertigung von Film-, Foto- und Tonaufnahmen
- Betteln und Belästigen von Personen
- Besprühen, Bemalen, Beschriften, Verschmutzen, Beschädigen oder Missbrauchen von Flächen, Decken, Wänden und Ausstattungsgegenständen

- Anbringen von Plakaten und Aushängen außerhalb der dafür vorgesehenen Aushangflächen
- Lärmbelästigungen, wie das laute Abspielen von Tonträgern oder das Stören von Amtshandlungen
- Mitführen von Tieren in Gebäuden der Liegenschaft, ausgenommen davon sind Behindertenbegleithunde
- Mitführen von Waffen oder gefährlichen Gegenständen, berechtigt geführte Waffen sind beim Sicherheitsdienst anzumelden

Diese Verhaltenshinweise sollten mit den Beschäftigten erörtert werden, da nicht in jedem Fall der Hintergrund klar sein dürfte; so ist die Ausnahme der berechtigt geführten Waffen möglicherweise irritierend, wird jedoch klarer, wenn bewusst gemacht wird, dass sich beispielsweise in einer großen Verwaltungsbehörde auch die Waffenbehörde befindet, bei der eine angemeldete Waffe vorgelegt werden muss. Neben dem Kunden, der in einem sicherheitskritischen Ereignis als Konfliktpartner auftritt, haben weitere Kunden ebenfalls eine Bedeutung. Solidarisierungseffekte gegenüber dem Konfliktkunden sollten zumindest in Betracht gezogen werden. Gegenüber unbeteiligten Kunden besteht eine gewisse Schutzpflicht, die zwar zunächst nicht an eine rechtliche Garantenstellung heranreicht; es ist jedoch offensichtlich, dass den Beschäftigten die im Gebäude befindlichen Kunden, die in ein sicherheitskritisches Ereignis verwickelt werden können, nicht völlig egal sein können. Die Erwartungshaltung eines neutralen Betrachters bzw. der Öffentlichkeit dürfte sein, dass im Rahmen der Möglichkeiten für andere Kunden, für die Gefährdungen auftreten könnten, eine gewisse Verantwortung durch die Behörde übernommen wird.

C. Während der sicherheitskritischen Situation

1. Entstehung der sicherheitskritischen Situation

In den seltensten Fällen entstehen sicherheitskritische Situationen aus dem Nichts. Sie haben regelmäßig einen Vorlauf. Auch wenn es nicht immer den linearen Verlauf einer Eskalation gibt, lassen sich ergänzend zu den allgemeinen Aussagen (▶ B. 2.2 Konflikte im Verlauf) stufenweise Steigerungen erkennen und für jede Steigerung gibt es Verhaltensweisen und Gesprächstechniken, die jeweils geeignet erscheinen (Tab. 5).

Tab. 5 Eskalationsstufen und Handlungsoptionen

Stufe	Beschreibung	Handlungsoptionen
Dialog Kategorie 0	Interaktion zwischen Personen, bei der Informationen und Ideen ausgetauscht werden. Beteiligte teilen ihre Perspektiven und Ansichten miteinander und verstehen sich, auch wenn sie nicht unbedingt übereinstimmen.	Empathische Gesprächsführung
Diskussion Kategorie 0	Austausch von Meinungen und Argumenten, bei der die Position verteidigt oder belegt wird. Beteiligte begründen ihre Ansichten. Eine Entscheidung oder eine Lösung soll gefunden werden.	Empathische Gesprächsführung Psychologische Deeskalation
Konflikt Kategorie 0, 1	Auseinandersetzung zwischen Parteien, die unterschiedliche Interessen, Ziele oder Bedürfnisse haben. Kommunikation wird schwieriger und es entstehen Missverständnisse.	Empathische Gesprächsführung Psychologische Deeskalation Konfrontative Gesprächsführung
Aggression Kategorie 1, 2	Eskalationsstufe, bei der Meinungen auf aggressive Art und Weise vertreten werden. Drohungen oder Druck werden empfunden.	Psychologische Deeskalation Konfrontative Gesprächsführung Professionelle Hilfe alarmieren Notwehr, Nothilfe, Notintervention
Gewalt Kategorie 2, 3	Gewaltanwendung, um Positionen durchzusetzen oder Interessen zu verteidigen.	Professionelle Hilfe alarmieren Notwehr, Nothilfe, Notintervention

Formen der Gesprächsführung

Es lässt sich in unterschiedliche Formen der Gesprächsführung und damit der Art der versuchten Einflussnahme auf den Kunden unterscheiden. Die **empathische Gesprächsführung** ist eine Art der Kommunikation, bei der der Gesprächspartner tiefgründig verstanden wird, indem seine Gefühle und Perspektiven berücksichtigt werden. Diese Art der Kommunikation ermöglicht es, eine tiefere Verbindung zum Gesprächspartner aufzubauen und das Vertrauen zu stärken. Ein wichtiger Bestandteil der empathischen Gesprächsführung ist das aktive Zuhören. Das bedeutet, dass der Gesprächsführer aufmerksam und interessiert zuhört, ohne dabei das Gespräch zu unterbrechen oder das Thema zu wechseln. Er zeigt Verständnis für die Gefühle und Perspektiven des Gesprächspartners, indem er diese bestätigt und aufgreift. Das setzt voraus, dass die Beschäftigten die eigenen Gefühle wie auch die Gefühle der Kunden interpretieren können. Ein weiteres Kennzeichen ist die Verwendung von Echo-Fragen, die es dem Gesprächspartner ermöglichen, seine Gedanken und Gefühle ausführlicher zu erklären. Auch wenn der Gesprächsführer selbst keine Lösung hat, ermöglicht er es dem Gesprächspartner, seine Probleme durch die Reflexion darüber zu lösen. Empathische Gesprächsführung ist auch durch die Verwendung von positiver Sprache und Ich-Botschaften gekennzeichnet. Dabei geht es darum, eigene Gedanken und Gefühle offen und ehrlich zu teilen, anstatt sie auf den Gesprächspartner zu projizieren. Die Fähigkeit zu authentischer Kommunikation setzt u.a. diese Gefühlswahrnehmung und die Bereitschaft voraus, aufrichtiges Interesse am Gegenüber zu empfinden.

Der Umgang mit schwierigen, aggressiven und unkooperativen Kunden kann den Einsatz **konfrontativer Gesprächsführung** erforderlich machen. Dieses Vorgehen wird dann eingesetzt, wenn Kunden mehrfach oder massiv gegen getroffene Vereinbarungen und gesetzte Grenzen verstoßen oder mit nachhaltigen Vermeidungsstrategien reagieren. Dabei wird das Fehlverhalten eindeutig verurteilt und die Person weiterhin nicht minder eindeutig akzeptiert. Eine große Bedeutung kommt hierbei dem klaren und authentischen Handeln der Beschäftigten zu. Ein wichtiger Bestandteil der konfrontativen Gesprächsführung ist die direkte Ansprache des Problems oder Konflikts. Dabei wird aktiv auf den Konflikt eingegangen und dieser offen angesprochen, anstatt ihn zu ignorieren oder zu vermeiden. Ein weiteres Kennzeichen ist die Verwendung von Sachfragen. Diese Fragen dienen dazu, Informationen über das Problem oder den Konflikt zu sammeln und die Perspektive des Gesprächspartners zu verstehen. Konfrontative Gesprächsführung kann dazu beitragen, Missverständnisse aufzuklären und Probleme effektiver zu lösen. Es ist jedoch wichtig zu beachten, dass es in einigen Fällen auch zu einer Verschlechterung des Verhältnisses zwischen den Gesprächspartnern kommen kann, wenn die Kommunikation nicht angemessen durchgeführt wird. Daher muss der Gesprächsführer eine gewisse Sensibilität und Feinfühligkeit an den Tag legen.

Aktivitäten, die zur Entschärfung eines Konfliktes oder eines kurz bevorstehenden Konfliktes dienen, ohne in die Körperlichkeit abzugleiten, gelten als **psychologische Deeskalation**. Eine respektvolle und wertschätzende und damit deeskalierende innere Haltung trägt innerhalb von Konflikten dazu bei, dass Kunden eine ebensolche Haltung einnehmen. Ziel ist die gezielte Entschärfung der Situation und gleichzeitig den eigenen Stress der Beschäftigten zu bewältigen. Im eigenen Erleben treten Lerneffekte auf und in Folgesituationen fällt es Beschäftigten leichter, die gleiche innere Haltung erneut an den Tag zu legen. Ein wichtiger Bestandteil der psychologischen Deeskalation ist die Verwendung von nonverbaler Kommunikation. Dazu gehört z.B. die Körpersprache und die Verwendung von Gesten. Diese können dazu verwendet werden, um eine beruhigende und besänftigende Wirkung auf die Person auszuüben, mit der man in Konflikt steht. Zudem sollten Alternativen oder Lösungen angeboten werden. Dies kann dazu beitragen, die Person aus ihrer festgefahrenen Position herauszuführen und ihr die Möglichkeit zu geben, eine neue Perspektive einzunehmen. Psychologische Deeskalation kann nicht immer erfolgreich sein, sodass unter Umständen professionelle Hilfe in Anspruch genommen werden muss.

2. Beteiligte in Konflikten

Innerhalb eines Konfliktes sind regelmäßig zunächst nur zwei Personen beteiligt. Weitere Täter oder weitere Opfer entwickeln sich – manchmal schnell, manchmal über einen längeren Prozess – aus Begleitpersonen oder Zuschauern, die dann einbezogen werden (Abb. 23). Zuschauende Personen können zu helfenden Personen werden und umgekehrt. Opferrollen können eingenommen und während des Konflikts auch wieder verloren werden, weil sich die Aufmerksamkeit eines Täters beispielsweise auf andere Beteiligte richtet. Die Situation ist für alle Beteiligten grundsätzlich stressbesetzt. Opfer, Helfer und Zuschauer werden von der Situation regelmäßig überrascht, wodurch eine hohe Erregung hervorgerufen wird, die für viele Menschen eine eingeschränkte Handlungskompetenz nach sich zieht.

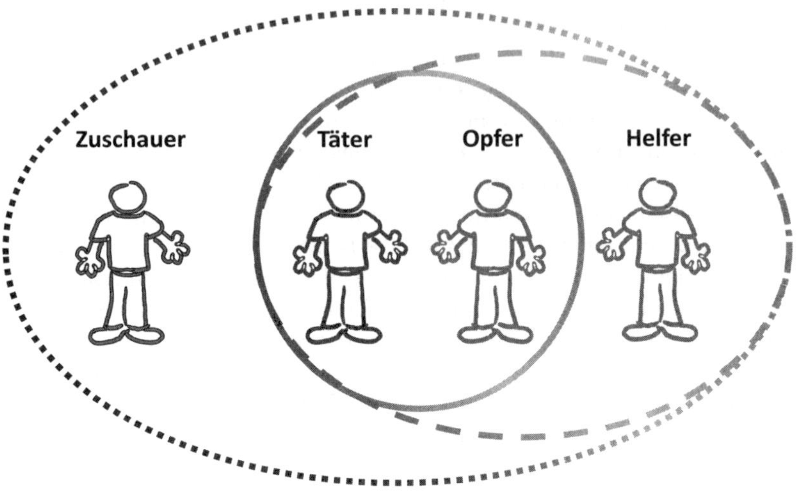

Abb. 23 Beteiligte in Konflikten

Täter

Die häufigsten sicherheitskritischen Situationen werden von einem Täter hervorgerufen, weil er sich in dem akuten Moment überlegen fühlt (▶ B. 2.3 Faktor Macht). Auch wenn die Ursache für sein Handeln in anderen Aspekten begründet liegen mag, empfindet er die Situation gerade in diesem Moment als für ihn günstig. Er hat ein Opfer verfügbar, wenige oder keine Zuschauer sind anwesend, das Opfer zeigt keinen oder nur geringen Widerstand und andere Umstände erscheinen gleichfalls günstig für ihn. Von massiven Gewalttaten – die auch im Affekt entstehen können – abgesehen, entwickelt der Täter einen mehr oder weniger durchdachten Plan oder handelt völlig ohne einen solchen Plan. Es gibt für ihn keine Trainingsmöglichkeit und seine Erfahrungswerte beschränken sich damit auf die realen Auseinandersetzungen, die er bislang erlebt hat. Auch wenn er in seiner Grundhaltung bereit ist, gegen die Interessen anderer Menschen zu handeln, ist es aufgrund seines affektiven Handelns sehr einfach, ihn in seinem Handlungsablauf zu stören.

Opfer

Auf die Frage, wie mit sicherheitskritischen Zwischenfällen umgegangen werden sollte, ist eine sehr häufige Aussage von Beschäftigten in öffentlichen Verwaltungen, dass ihnen bislang noch nichts passiert sei und sie auch keinen Grund erkennen würden, warum sich dies ändern sollte. Zugegebenermaßen führt ein solches Gedankenbild vermutlich zu einer tiefen inneren Gelassenheit – es verkennt jedoch die Realität. Es existieren sicherlich verschieden hohe Wahrscheinlichkeiten, ob die Arbeitsstelle zum Schauplatz eines sicherheitskritischen Ereignisses wird. Insbesondere Aufgabenstellung, Besucherfrequenz, räumliche Ausgestaltung oder Verhaltensweisen von Besuchern oder Beschäftigten spielen hierfür eine Rolle. Es ist jedoch auch denkbar, dass Sie als Zuschauer oder aktiver Helfer von einem Täter oder einem Opfer weiter in die Situation hineingezogen werden, als Ihnen recht ist. Beobachten Sie selbst eine Situation, kann es Ihnen passieren, dass Sie das Opfer um Hilfe bittet, und schon bleiben Ihnen prinzipiell nur zwei Möglichkeiten: Sie bleiben vor Ort und sind involviert oder Sie entfernen sich von dem Ort. Dabei ist es nur von untergeordneter Bedeutung, ob Sie Hilfe herbeiholen wollen. In dem einen Fall sind Sie anwesend, in dem anderen Fall nicht. Wenn Sie nun auf dem einen oder anderen Weg in eine Opferrolle geraten, gilt folgendes grundsätzliches Vorgehen, um die soziale Unterstützung anderer Menschen herbeizuführen (Abb. 24):

Mit der Zielsetzung, unter allen Umständen Unbeteiligte zum Zuschauer und Zuschauende zu Helfenden zu machen, ist es erforderlich, die Notsituation für jeden begreifbar, fassbar und zur **eindeutigen Notlage** zu machen. Hierzu sollte das verbale und nonverbale Verhalten stimmig anzeigen, dass eine sicherheitskritische Situation vorliegt und Sie sich als Opfer in einer unangenehmen Situation befinden. Überlegen Sie, ob Lächeln, besondere Höflichkeit oder körperliche Nähe solche Hinweise darstellen oder ob Sie damit nicht vielmehr das Gegenteil aussagen und damit der Eindruck entsteht, dass die Lage relativ harmlos sei. Insbesondere die Sprache muss eindeutig signalisieren, dass die Situation unerwünscht ist. Erkennt eine betroffene Person weitere Menschen, die als potenzielle Helfer zur Verfügung stehen könnten, sind diese so schnell wie möglich in die Situation einzubeziehen.

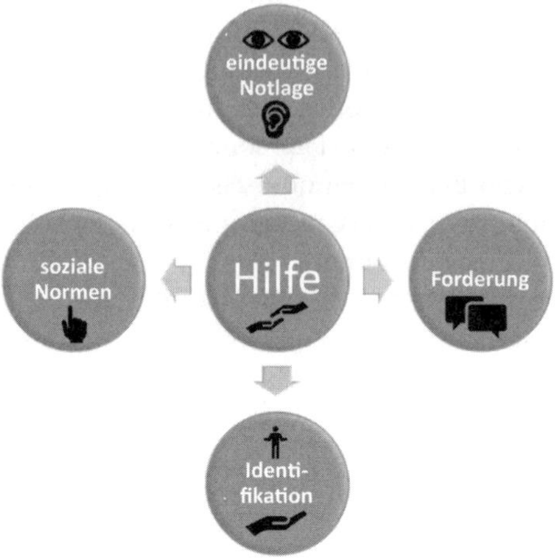

Abb. 24 Unterstützung auslösen

Bedenken Sie die vielen Hemmnisse, die in einem Menschen bestehen, bevor er sich zu einer Hilfeleistung entschließt (▶ 2. Beteiligte in Konflikten). Insbesondere wenn mehrere potenzielle Unterstützer anwesend sind, setzt die Verantwortungsdiffusion ein und jeder schaut auf den anderen. Diese Anonymität können Sie bei namentlich bekannten Menschen am einfachsten aufheben. Durch die Namensnennung erinnern Sie die zunächst unbeteiligte Person an ihre bestehenden sozialen Beziehungen und die innere Bereitschaft zur Hilfeleistung steigt an. Ist die Person hingegen unbekannt, verbleiben Ihnen Bezüge, die für jeden offensichtlich sind: Das Geschlecht, Kleidung, mitgeführte Gegenstände oder die räumliche Position. Damit könnte ein solcher Satz lauten: „Hallo, Sie da! [laut – Hierdurch erzeugen Sie die erste Aufmerksamkeit] Sie an der Tür mit der roten Jacke und der schwarzen Tasche, helfen Sie mir bitte!" Rechnen Sie bitte damit, dass Sie diesen Satz wiederholen müssen, bis Sie einen verlässlichen und dauerhaften Blickkontakt aufnehmen können. So etwas können Sie jederzeit bei Bedarf üben, indem Sie in einer x-beliebigen Situation sich eine Person in Ihrer Nähe aussuchen, die Sie sich als unterstützende Person in einer Notlage wünschen würden und diese in Gedanken mit dieser Technik adressieren. Je einfacher diese Ansprache aufgebaut ist, desto einfacher wird sie als **Unterstützungsforderung** zu verstehen sein.

Je mehr die Person, die Sie mit dem vorhergehenden Schritt aufgefordert haben, Ihnen zu helfen, sich in Ihre Situation hineinversetzen kann und sich damit mit Ihnen **identifizieren** kann, desto wahrscheinlicher ist eine Unterstützungsleistung. Es muss eindeutig und zweifelsfrei klar sein, dass eine Notlage herrscht und worin diese besteht. Je nach Ausgestaltung der Situation kann dies für ein Opfer schwierig und belastend sein. Es fällt einigen Menschen schon grundsätzlich schwer, um Hilfe zu bitten. Dann muss dies unter Umständen noch mit einer gewissen Lautstärke geschehen, was ein weiteres Hemmnis darstellen kann. Empfindungen wie Unzulänglichkeit oder Blamage können durch peinliche oder schambesetzte Momente verstärkt werden. Stellen Sie sich vor, Sie werden zum Ziel einer ungewollten sexuellen Annäherung im Arbeitskontext und Ihre verbale Hilfeaussage auf dem Gang Ihrer Behörde wäre: „Ich werde Ihnen meine private Telefonnummer nicht geben und ich werde auch keinen Sex für Geld mit Ihnen haben."

Die höchste Stufe der Wahrscheinlichkeit einer Unterstützung durch andere Personen erreichen Sie, wenn Sie die helfenden Menschen emotionalisieren können und ihnen vielleicht sogar den Weg für eine Unterstützung aufzeigen. Dies ist vor allem dann wichtig, wenn die helfenden Personen glauben, nicht allein helfen zu können. Daher könnte ein solcher Zuruf lauten: „Hallo Sie! Sie mit der schwarzen Jacke und den Papieren in der Hand. Der Mann hier belästigt mich und will meine private Telefonnummer. Bitte holen Sie meine Kollegen aus irgendeinem Büro oder rufen Sie die Polizei." Der Appell an **soziale Normen** kann sehr wirksam und erfolgversprechend sein.

> Je eindeutiger einer helfenden Person die Notsituation bewusst gemacht wird, desto wahrscheinlicher wird sie Unterstützung leisten.

Helfer

Sie können als zuschauende Person einer sicherheitskritischen Situation zur helfenden Person werden, wenn Sie sich dazu entscheiden. Ihr Ziel ist dabei die Unterstützung der betroffenen Person, ohne jedoch dabei vermeidbare Risiken einzugehen. Der oberste Grundsatz dafür ist die Vorgabe, so wenig Kontakt wie möglich zu einem Täter zu haben. Er wird sich nach Ihrem Aktivwerden möglicherweise unmittelbar der neuen und für ihn unbekannten Gefahr zuwenden, um diese einzuschätzen. Der Täter unterliegt dennoch der grundsätzlichen Hemmung einer Kontaktaufnahme mit ihm unbekannten Menschen. Wenn Sie sich als helfende Person direkt an ihn wenden und ihn ansprechen, überbrücken Sie diese Hemmung und leisten ihm indirekt Hilfestellung. Daher gilt es, jegliche Art des Kontaktes – ob sprachlich oder körperlich – dringend zu vermeiden. Sollten Sie angesprochen werden, antworten Sie bestenfalls nicht. Wenn Sie sich an den Täter wenden, geschieht dies nur aus gut überlegten Gründen und gezielt, weil Sie damit einen Plan verfolgen. Um an dieser Stelle planvoll vorzugehen, ist beherztes und mutiges Handeln erforderlich. Dies wird dann möglich, wenn Sie sich gedanklich mit dieser Situation auseinandergesetzt haben oder im Idealfall eine solche Situation trainiert haben. Nur mit diesen beiden Alternativen können Sie das Risiko des Eingreifens in die Situation reduzieren. Es ist sehr unwahrscheinlich, dass Sie sich gedanklich einfach dazu entschließen können, Ihren Mut zu steigern. Die gedankliche Vorbereitung führt dazu, dass Sie überlegter handeln, wissen, was Sie tun können und welche Folgen Ihre Handlungen haben. Sie haben dann die Möglichkeit, ein kalkuliertes Wagnis einzugehen, um im entscheidenden Moment das Richtige zu tun und einem anderen Menschen, der sich in Not befindet, zu helfen.

Zuschauer

Die Rolle des Zuschauers einer sicherheitskritischen Situation wird an dieser Stelle bewusst unterschieden von dem sensationslustigen gaffenden Menschen, der im schlimmsten Fall noch Videoaufnahmen fertigt. Wenn Sie sich in der Rolle des Zuschauers sehen, dann kann dies eine Vorstufe zum unmittelbaren Helfer darstellen; diese Rollen können auch wechselnd sein. Möglicherweise betrachten Sie Zuschauer generell als wenig hilfreich und fragen sich, an welcher Stelle es einen Unterschied zum Gaffer geben soll. Bedenken Sie bitte, dass nicht jeder Mensch eine direkt unterstützende Position einnehmen kann und dass es auch nicht funktionieren würde, wenn mehrere Zuschauer alle gleichzeitig in der gleichen Intensität helfen wollen würden. Zuschauende Personen erfüllen eine wichtige Aufgabe. Sie zeigen dem Opfer, dass seine Situation wahrgenommen wird und es nicht allein ist. Als Zuschauer sollten Sie im Idealfall folgende Grundsätze beachten:

- Durch offensives und bewusstes Hinschauen, Stehenbleiben und das Anhalten weiterer Zuschauer soll gegenüber dem Täter eine Gegenposition aufgebaut werden. Bleibt die Gruppe aktionslos, ist sie weniger wert. Die Gruppe sollte konsequent und weitgehend geschlossen auftreten.
- Je mehr Zuschauer vorhanden sind, desto schwieriger wird es für einen Täter, weil sich sein Risiko erhöht.
- Die Beteiligung weiterer Zuschauer bündelt deren Kompetenzen, ermöglicht die Teilung von Aufgaben und reduziert damit das jeweilige Risiko für die Beteiligten.
- Die innere Bereitschaft von unterstützenden Personen ist am stärksten, wenn sich die Personen zur Situation ausrichten und sich eher in einem Kreis um die Situation befinden, sodass Sie sich gegenseitig sehen können. Dabei sollte darauf geachtet werden, dass dieser Kreis nicht geschlossen ist, um dem Täter einen Ausweg zur Flucht zu lassen.

- Helfende Personen, die sich bereits unmittelbar in einer Unterstützungshandlung befinden, können durch angemessene Nähe oder sprachlich unterstützt werden. Dabei ist darauf zu achten, dass es zu keinem sprachlichen Durcheinander kommt.
- Zuschauer sprechen den Täter grundsätzlich nicht an und reagieren auch im Gegenzug nicht auf eine Ansprache durch einen Täter.
- Kommunikation richtet sich daher an helfende Personen oder an das Opfer: „Gehen Sie da weg!", „Kommen Sie zu uns!" oder „Bleiben Sie auf Abstand!" und nicht an den Täter: „Lassen Sie die Frau in Ruhe!".
- Videoaufnahmen sind aus zwei Gründen zu unterbinden. Sie können zur Eskalation beitragen, da vermutlich kein Täter auf solche Aufnahmen erpicht ist. Sie beeinträchtigen zudem die anwesenden Personen, weil niemand auf diesem Video erscheinen möchte und das Opfer dadurch zusätzlich bloßgestellt wird.
- Werden Notrufe erforderlich, ist es unschädlich, wenn diese wiederholt abgesetzt werden. Im Gegenteil: Mehrfache Notrufe werden die Dringlichkeit der Hilfeleistung durch professionelle Hilfsdienste (Rettungsdienste oder Polizei) unterstützen.
- Drohungen gegenüber dem Täter sollten nur dann geäußert werden, wenn keine anderen erfolgversprechenden Maßnahmen mehr verfügbar sind.
- Drohkulissen wie „Die Polizei ist auf dem Weg!" sollten nur ausgesprochen werden, wenn ein solcher Notruf tatsächlich erfolgt ist. Wenn dies ausgesprochen wurde, rechnen Sie mit einer unmittelbaren Reaktion durch den Täter.
- Künstlerisch kreative Ideen, wie zu der betroffenen Person zu gehen und eine mutmaßliche Bekanntschaft zu spielen („Ach, [erfundener Name], gut dass ich Dich treffe. Was für ein Zufall. Wir haben uns ja schon lange nicht mehr gesehen. Komm doch mal und erzähl mir...") kann zwar unter Umständen einen Täter verblüffen und aus seinem Handlungskonzept bringen. Dabei ist jedoch zu berücksichtigen, dass damit die Situation für alle anderen Personen eher verharmlost und entschärft wird. Und was passiert, wenn auch das Opfer von der Aktion überrascht ist und sich anders verhält als vom Helfer erwartet; so könnte das Opfer trotz der Notsituation mit „Was wollen Sie von mir?" oder „Ich kenne Sie nicht" ablehnend reagieren.

3. Unterstützung in Konflikten

Im Fall eines Konfliktes innerhalb Ihrer Behörde werden Sie in den meisten Fällen davon ausgehen dürfen, dass Ihnen unmittelbar oder mit einem gewissen Zeitverzug andere Menschen Hilfe leisten könnten. Die Betonung des vorhergehenden Satzes liegt auf dem Wort „könnten"; denn, ob Sie tatsächlich mit Unterstützung rechnen dürfen, ist von Bewertungsprozessen abhängig, die die anderen Beschäftigten oder im Einzelfall andere Kunden für sich durchführen. Auch wenn wir als Menschen eine genetische Veranlagung zur Unterstützung anderer besitzen, verändert sich dies bei den meisten Personen im Laufe ihres Lebens. Es beginnt damit, dass soziale Unterstützungsleistungen ab der Kindheit und im Miteinander grundsätzlich mit Dankesbekundungen verknüpft werden. Dies führt dazu, dass im Verlaufe unseres Lebens eine Hilfeleistung ohne erkennbare Gegenleistung unwahrscheinlicher wird. Späterhin beeinflussen uns mediale Schilderungen zusätzlich, wenn negative Folgen von erfolgter Unterstützung betont werden. Unabhängig von diesen entwicklungsbedingten Einflüssen finden vor einer Hilfeleistung unterschiedliche Bewertungsprozesse statt, die uns dazu bewegen, zu helfen, oder eben nicht. Grundsätzlich gilt, dass je mehr Menschen anwesend sind, die Aktivität des Einzelnen zurückgeht. Im Kopf einer jeder anwesenden Person findet nahezu der gleiche Gedankengang statt: „Hier sind so viele Menschen, da wird schon jemand helfen, warum sollte gerade ich etwas tun?" Dabei gilt diese Regel eher dann, wenn sich die Menschen untereinander nicht kennen. Wenn in der Situation schwere Gewalt verübt wird, kann sich dieser Prozess umkehren – je mehr Leute anwesend sind, desto wahrscheinlicher wird geholfen. Die grundsätzliche Bereitschaft, zu helfen, steigt an, wenn die Notsituation eindeutig erkennbar ist, um Hilfe gebeten wird oder die Kompetenz der anderen Personen geringer eingeschätzt wird.

> Die Entscheidung, ob Ihnen eine andere Person in Not hilft, kann von Ihnen positiv beeinflusst werden.

Der Bewertungsprozess in Ihrem Kopf findet in der Regel unbewusst statt und lässt sich in fünf Schritte zerlegen (Abb. 25). Sie müssen, als selbst potenziell helfende Person, zunächst in der Lage sein, die **Notsituation** mit Ihren Sinnen **wahrzunehmen**. Solange sich die Situation als weitgehend normal darstellt, werden Sie nicht aufmerksam werden. Ansammlungen, Rufe, Schreie, laute Gespräche oder ungewöhnliche Positionierung von Menschen im Raum könnten solche ungewöhnlichen Reize sein, die Ihre Aufmerksamkeit erregen.

Im zweiten Schritt beginnen Sie, diese wahrgenommene **Situation** zu **interpretieren**. Diese Einschätzung wird im Wesentlichen von Ihrer Erwartungshaltung mitbestimmt (▶ Sicherheitskritische Situationen). Sind Sie ein Mensch, der unangenehme Situationen stark meidet, rechnen Sie nicht damit, dass sich an Ihrem Arbeitsplatz eine konfliktreiche Situation ereignen könnte, oder erwarten Sie von Kunden immer nur ein angepasstes Verhalten – dann wird es Ihnen wahrscheinlich schwerer fallen, eine sicherheitskritische Situation schnell und treffend einzuschätzen.

Sicherheitskritische Situationen?

Sie beobachten einen Kollegen am Ende des Flures, der mit dem Rücken zur Wand steht, und zwei weitere, Ihnen unbekannte Personen stehen unmittelbar vor ihm, sodass er nicht weggehen kann.

Sie hören aus dem Nachbarbüro eine Kundin, die sagt, dass sie jetzt keine weiteren Formulare mehr unterschreiben wird und sie einfach nur sofort ihre Leistung haben möchte.

Sie sehen im Vorbeigehen, dass ein Kollege in seinem Büro in der Ecke steht und zu einem Kunden blickt, der auf dem Bürostuhl des Kollegen sitzt.

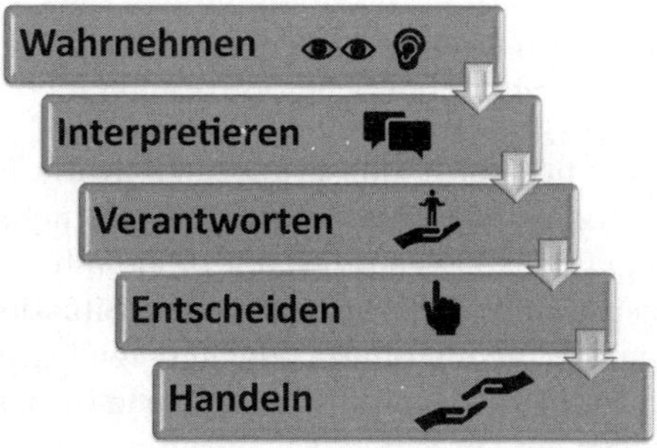

Abb. 25 Fünf Stufen zur Unterstützung

Wenn Sie die Situation als unterstützungswerte Situation interpretiert haben, ist es danach erforderlich, dass Sie Ihre **Verantwortung anerkennen**. Das tun Sie eher dann, wenn Sie ausdrücklich um Hilfe gebeten werden oder allein anwesend sind. Ab dem Moment, in dem andere Personen anwesend sind, findet die Verlagerung von Verantwortung statt. Dies geschieht umso intensiver, je stärker diese anderen Personen inhaltlich mit der Umgebung verknüpft sind (▶ Verantwortung).

Verantwortung

Ein Elternteil spricht auf dem Flur der Schule eine Lehrkraft in unangemessener Lautstärke an. Eine andere Lehrkraft und die Schulleiterin nähern sich zufällig der Situation aus verschiedenen Richtungen. Die Schulleiterin trifft etwas früher bei den beiden Konfliktparteien ein, geht kurz langsamer, dann jedoch vorbei, ohne etwas zu sagen. Die zweite, unbeteiligte Lehrkraft geht dann auch weiter.

Im Wartebereich einer Behörde schlägt ein Kunde mehrfach gegen den Wasserspender. In unmittelbarer Nähe stehen zwei Beschäftigte der Behörde, die durch die Geräusche aufmerksam werden, jedoch nichts sagen. Die anderen Kunden, die dort sitzen und warten, schütteln zwar den Kopf, sagen dennoch gleichfalls nichts.

Ein Passant steht an der roten Ampel. Ein Elternteil kommt mit seinem Kind dazu. Das Kind möchte stehenbleiben, wird jedoch von dem Elternteil am Arm über die Straße gezogen. Ein in der Nähe stehender Ordnungsamtsmitarbeiter beobachtet die Szene und schreitet nicht ein. Der Passant schweigt ebenfalls.

Die Verlagerung von Verantwortung setzt auch im virtuellen Raum ein. Wenn ein Alarm oder eine Notrufmeldung über den Computer abgesetzt wird und damit viele Menschen erreicht werden, nimmt die Hilfsbereitschaft des einzelnen Menschen tendenziell ab.

Um die Verantwortung anderer Menschen anzusprechen, sollten Sie im Notfall diese konkret um Hilfe bitten.

In einer sozialen Gruppe fühlt sich grundsätzlich die Person stärker zur Unterstützung verpflichtet oder die Führung zu übernehmen, die eine hervorgehobene Position hat. Das kann jedoch innerhalb öffentlicher Verwaltungen für die Lösung einer sicherheitskritischen Situation nicht förderlich sein. Die Besetzung von Teamleitungen oder anderen Leitungsebenen erfolgt regelmäßig nicht, weil deren Handlungskompetenz in sicherheitskritischen Situationen besonders gut ausgeprägt ist. Durch die ansonsten üblichen sozialen Prozesse im Team werden die anderen – möglicherweise kompetenteren – Teammitglieder abwarten, weil sie die Führungsrolle anerkennen. Wenn dann das Handlungsmuster der Führungskraft unzureichend ist, kann sich die Situation möglicherweise verschlimmern. Dieser Umstand sollte im Vorfeld einer sicherheitskritischen Situation Gegenstand einer offenen und vorbereitenden Kommunikation im Team sein. Es sollte aus Sicherheitsgründen möglich sein, dass beispielsweise die kommunikative Führung in einer Konfliktsituation auch von anderen Personen als den Führungskräften erfolgt. Dies verlangt reflektierte und selbstbewusste Führungspersonen im Team und vorbereitende Absprachen über das Vorgehen.

Wenn von Ihnen die Verantwortung für unterstützendes Handeln in einer Situation anerkannt wird, treffen Sie im nächsten Schritt die **Entscheidung**, ob es Ihnen überhaupt möglich ist, etwas zu tun. Diese Annahme kann realistisch sein, weil Sie tatsächlich nicht schwimmen können und daher nicht in einem Fluss springen möchten, um eine vorbeitreibende Person zu retten. Diese Annahme kann jedoch auch falsch sein, wenn Sie das am Ufer zurückgebliebene Mobiltelefon dieser Person nicht zu einem Anruf bei den Rettungsdiensten nutzen, weil Sie glauben, die Bildschirmsperre würde dies verhindern. Das Beispiel mit der wegtreibenden Person verdeutlicht auch, wie diese Bewertungsprozesse miteinander verbunden sind. Wenn Sie gerade dabei sind, als fähiger Schwimmer zur Rettung ins Wasser zu gehen, werden Sie damit warten, wenn in diesem Moment bereits alarmierte Rettungsschwimmer erscheinen und die Rettung übernehmen.

Wird von Ihnen die Möglichkeit der Unterstützung gesehen, gibt es noch weitere **Einflussfaktoren**, die eine Hilfeleistung eher begünstigen oder die Wahrscheinlichkeit verringern. Dies sind Fragen der subjektiven Attraktivität des Notleidenden, das Maß, mit der die Person die Notlage evtl. mitverschuldet hat, und sogar Kosten-Nutzen-Abwägungen finden statt. Bei letzterer Abwägung wird ein möglicher Schaden des Opfers und des Helfers wie auch der Nutzen für den Helfer berücksichtigt. Wenn in Ihrer Gegenwart ein kleines Kind in Richtung einer befahrenen Straße läuft, ist die Wahrscheinlichkeit sehr hoch, dass Sie aktiv eingreifen und vielleicht sogar mit einem raschen Griff an den Arm des Kindes schlimmere Folgen verhindern. Der Dank als soziale Anerkennung aller Anwesenden dürfte Ihnen gewiss sein. Insgesamt hat die gesamte soziale Situation mit all ihren persönlichen und situativen Merkmalen einen wichtigen Einfluss **auf Ihr Handeln** in einer Notsituation (Tab. 6).

Tab. 6 Einflüsse auf Unterstützungsleistung

Reduktion der Unterstützung	Steigerung der Unterstützung
Unterstützung bedeutet vermutlich...	**Unterstützung bedeutet vermutlich...**
Zeitverlust	keinen Zeitverlust
keinerlei rechtliche Konsequenzen	Bestrafung durch rechtliche Vorschriften
eigene Verletzungsgefahr	keine oder geringe eigene Verletzungsgefahr
Möglichkeit zur Blamage	keine Gefahr der Blamage
Opfer ist...	**Opfer ist...**
subjektiv unattraktiv	subjektiv attraktiv
alkoholisiert	nüchtern
unbekannt	verwandt oder bekannt
passiv	aktiv
für Helfer unsichtbar	für Helfer sichtbar
für die Notlage mitverantwortlich	unverschuldet in Not
emotional weniger belastbar	emotional belastbar

Tab. 6 Einflüsse auf Unterstützungsleistung

Reduktion der Unterstützung	Steigerung der Unterstützung
Die unterstützende Person ist...	**Die unterstützende Person ist...**
tolerant gegenüber Gewalt	intolerant gegenüber Gewalt
unsicher in ihrem Handeln	selbstbewusst
eigennützig veranlagt	altruistisch veranlagt

Grundsätzlich gilt, dass Vertrautheit, Kontakt und jede Form der Verbundenheit die Bereitschaft zur Hilfe steigern. Daraus lässt sich für das berufliche Umfeld ableiten, dass gepflegte und sozial angemessene Kontakte zu anderen Beschäftigten wie auch zu etwaig vorhandenem Sicherheitspersonal die Wahrscheinlichkeit einer Hilfeleistung in einer Notsituation steigern. Die Gedanken einer potenziell helfenden Person werden dabei von Haltungen beeinflusst, die sich wie folgt darstellen können:

- Angst vor Gefahr – „Ich könnte verletzt werden."
- Gefühl der Unterlegenheit – „Ich kann nichts tun."
- Unwissenheit – „Was soll ich tun?"
- Fehleinschätzung – „Das ist doch nicht so schlimm."
- Gleichgültigkeit – „Was geht mich das an?"
- Schuldverlagerung – „Die Person ist doch selbst schuld."
- Delegation – „Dafür sind andere zuständig."
- Faszination, die von Gewalt ausgeht – inaktives Zuschauen, gaffen

Bei all diesen unterschiedlichen Einflussfaktoren lässt sich keine sichere Voraussage zu dem Unterstützungsverhalten von Menschen treffen. Und selbst in scheinbar identischen Situationen ist dies nicht möglich.

> Sie können nicht sicher voraussagen, ob andere Personen Hilfe leisten. Daher sollten Sie immer so handeln, als seien Sie allein anwesend, und dennoch andere Personen einbinden.

4. Gegenwehr im virtuellen Raum

Soziale Medienauftritte der Behörde, die private Nutzung sozialer Medien oder die Erreichbarkeit von Behördenbeschäftigten per E-Mail bieten hinreichend Möglichkeiten für aggressive Menschen, Drohungen oder Beleidigungen Ihnen gegenüber auszudrücken. Dabei spielen die fehlende direkte Präsenz, mittelbare Kommunikation und die eingeschränkte Wahrnehmbarkeit eine gewichtige Rolle. Während die Reichweite und Haltbarkeitszeiten einer empfundenen Verletzung höher sind und damit für Sie demütigender wirken können, erleichtert dieser elektronische Weg die Wahrnehmung durch andere Personen. Gleichzeitig kann die weitere Verbreitung eine Hilfeleistungswahrscheinlichkeit wieder reduzieren, weil vermutet wird, dass noch viele andere Menschen den Vorfall mitbeobachten, wodurch das Verantwortungsgefühl des einzelnen Beobachters sinkt. Wichtig ist, dass wir an dieser Stelle von temporären Angriffen durch Dritte sprechen, die von außerhalb des Arbeitsplatzes agieren. Handelt es sich um eine belastende Situation, die durch andere Beschäftigte oder dauerhaft durch eine Person ausgelöst wird, kann sich das Vorgehen ändern. In diesen Fällen ist in jedem Fall der Weg zu einer Beratungsstelle angezeigt, um auf den Einzelfall abgestimmte Gegenmaßnahmen zu ergreifen. Beschränken Sie bereits im Vorfeld eines Zwischenfalls Ihre Präsenz in sozialen Netzwerken auf das unbedingt notwendige Maß und geben Sie keine persönlichen Informationen preis, die gegen Sie verwendet werden könnten. Kontrollieren Sie die Einstellungen zur Privatsphäre auf den von Ihnen genutzten Plattformen.

Wenn Sie am Arbeitsplatz oder privat im Zusammenhang mit Ihrer Tätigkeit Ziel von Anfeindungen oder Beleidigungen werden, sollten Sie darauf keinesfalls reagieren, so schwer es Ihnen auch fällt. Jede Antwort bildet eine Grundlage für weitere Aktionen. Und da Sie nicht verlässlich wissen, was die Person, die Sie verbal attackiert, anspricht oder wie sie Ihre Antwort interpretiert, ist die Wahrscheinlichkeit sehr groß, dass es missverstanden wird. Zumal könnte, egal, was Sie erwidern, Ihre Antwort von Außenstehenden als Beitrag zum Problem oder als Rache aufgefasst werden. Hierdurch würden Sie Unterstützung und Fürsprecher verlieren. Löschen Sie zunächst keine Nachrichten oder Verläufe, egal, wie ehrverletzend die Nachricht ist. Sichern Sie die Informationen so schnell wie möglich. Dazu versetzen Sie Ihr mobiles Gerät sofort in den Flugmodus. Hierdurch können von außen keine Nachrichten mehr gelöscht werden. Sichern Sie dann die Informationen zunächst über Screenshots und informieren Sie Ihre unmittelbaren Vorgesetzten. Prüfen Sie auch, ob eine Meldung des Vorfalls an den Betreiber der Plattform möglich ist – wenn es sich um einen solchen Fall handelt. Die professionelle Sicherung der Daten für ein Strafverfahren erfolgt über die Polizei.

5. Gesprächssituationen beherrschen

Die menschliche Kommunikation unterliegt bestimmten Gesetzmäßigkeiten, die sich in fünf Kommunikationsgesetzen widerspiegeln:

1. Kommunikationsgesetz: Kommunikation findet immer statt, auch wenn keine Worte gesprochen werden.

Nichtkommunikation

Der Kunde schweigt auf die Fragen der Sachbearbeiterin.

Mögliche Aussagen des Verhaltens

- Ich möchte dazu nichts sagen.
- Ich denke noch nach.
- Ich habe nicht gehört, dass ich gefragt wurde.
- Ich rede nicht mit Frauen.
- Ich bin erwischt worden.

Immer wenn Menschen zusammenkommen, kommunizieren sie automatisch miteinander, auch wenn sie nicht miteinander sprechen. Da jedes Verhalten bedeutungsvoll ist, kommunizieren wir unweigerlich, indem wir etwas tun. Und Menschen machen immer irgendetwas. Und sei es wegschauen und schweigen. Bestimmte Informationen können gerade über nonverbale Zeichen gegen unseren Willen übermittelt werden. Sie kommunizieren, ohne es zu wollen. So wird der Kunde, während er im Gespräch über seine Bemühungen, Arbeit zu finden, lügt, rot im Gesicht. Der Kollege, der gähnend, bleich und mit geröteten Augen zum Dienst erscheint, gibt zu erkennen, dass er am Vortag zu tief ins Glas geschaut und nachts nicht genügend geschlafen hat. Wir können auch kommunizieren, ohne dass wir davon wissen. Das wäre der Fall, wenn das Schweigen des Kunden bedeutet, dass er die Frage nicht gehört hat oder ein Berater nicht auf seinen Vorgesetzten zugeht und ihn begrüßt, weil er ihn nicht erkannt hat.

Wenn Sie über ein bestimmtes Thema nicht sprechen wollen, sagen Sie dies offen und direkt.

2. Kommunikationsgesetz: Kommunikation hat eine Inhalts- und eine Beziehungsebene

Im Verlauf einer Kommunikation werden immer auf zwei Ebenen Informationen ausgetauscht. Auf der Inhaltsebene werden Sachinformationen,

Daten, Fakten und auch Meinungen, Ansichten oder Vermutungen übermittelt. Dabei spielt es keine Rolle, ob die Informationen richtig oder falsch sind. Auf der Beziehungsebene drückt sich aus, wie der Sender sein Verhältnis zum Empfänger empfindet, der Sender macht Aussagen über sich selbst oder er richtet eine Aufforderung an das Gegenüber. Über die Beziehung wird in der Regel nicht direkt gesprochen. Dieser Aspekt wird eher durch nonverbale Zeichen, wie den Umstand, dass Sie mit dem anderen sprechen, oder auch die Art der übermittelten Informationen ausgedrückt. Auch wenn im Rahmen der Kommunikation Informationen über die Beziehungsebene vermittelt werden, muss dabei nicht bewusst oder klar sein, wie die Beziehung definiert ist oder dass eine bestimmte Art des Verhältnisses zum Ausdruck gebracht werden soll. Der Teamleiter bemerkt beispielsweise nicht, dass er seine Mitarbeiter durch seinen Umgangston von oben herab behandelt.

Kommunikation von Sachinhalten

- Der Beschäftigte fordert den Kunden auf, eine Datenfreigabe zu unterzeichnen.
- Die Beschäftigte bittet den Kunden, noch wenige Minuten vor der Tür zu warten, weil sie noch telefoniert.

Kommunikation von Beziehungsinhalten

- Der Berater antwortet mit einem ironischen „Ja klar, Sie haben mich versucht zu erreichen" und gibt dem Kunden zu verstehen, dass er ihm nicht glaubt.
- Die Beraterin erkundigt sich nach den schulischen Leistungen der Kinder und zeigt dadurch Interesse.

Beziehungskonflikte sind zu regeln, bevor Sachdiskussionen zielgerichtet geführt werden können.

3. Kommunikationsgesetz: Der Kommunikationsprozess wird strukturiert
Kommunikation ist ein kontinuierlicher Kreislauf, obwohl Menschen dazu neigen, diesem endlosen Ablauf eine Struktur geben zu wollen, und dabei eher einen linearen (Abb. 26) als kreisförmigen Prozess (Abb. 27) sehen. Dabei empfinden wir unser Verhalten nur als Reaktion auf das Verhalten des Partners und merken nicht, dass unser früheres Verhalten für die Reaktion des Partners unter Umständen mitverantwortlich war. Daher ist es hilfreich, den Kommunikationsprozess als Kreislauf zu betrachten. Ein weiteres Problem ergibt sich dann, wenn der Ausgangspunkt der linearen Diskussion willkürlich gewählt wird, während bei dem Kreis der Beginn an jeder beliebigen Stelle gesetzt werden kann. Daher kommt es zu der fruchtlosen Frage, wer denn jetzt die Ursache gesetzt hat.

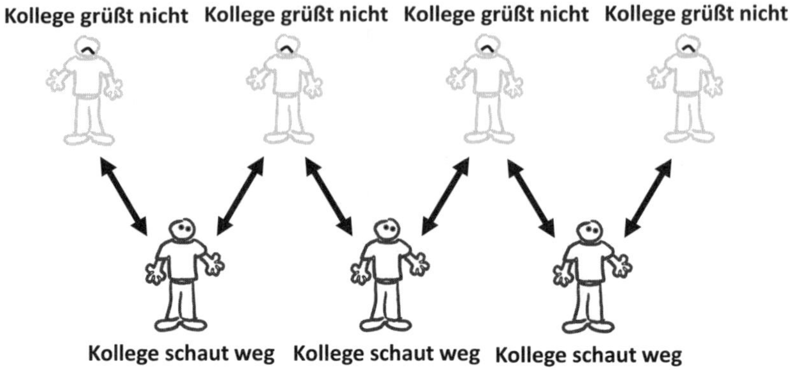

Abb. 26 Lineare Kommunikation

Im Diskurs ist herauszuarbeiten, dass die Ursache für Probleme auf allen Seiten liegen kann oder dass sich alle einig sind, worin die Ursache liegt.

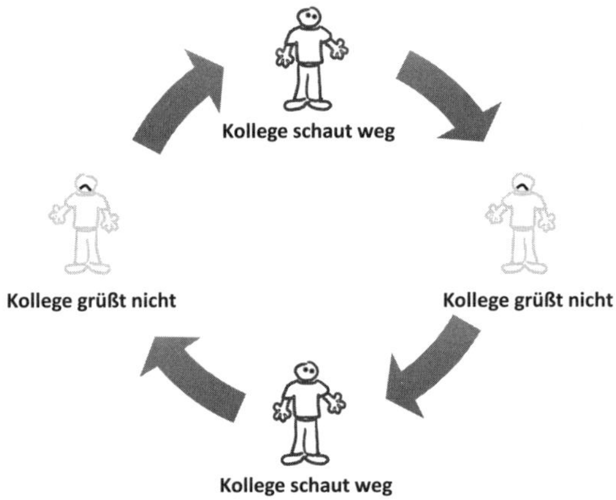

Abb. 27 Kreisförmige Kommunikation

4. Kommunikationsgesetz: Kommunikation erfolgt digital oder analog
Es gibt zwei Möglichkeiten, wie Informationen durch bestimmte Zeichen als Informationsträger übermittelt werden: die digitale und die analoge Kommunikation. Bei der digitalen Kommunikation liegt eine eindeutige Zuordnung zwischen dem Zeichen und der übermittelten Information vor. Wenn Sie ein Ortsschild passieren, wissen Sie, dass Sie ab diesem Moment in einer bestimmten Stadt sind und dass ab diesem Moment Tempo 50 km/h auf der Straße gilt. Bestimmte Objekte oder Inhalte haben eindeutig zuge-

ordnete Bezeichnungen. So haben auch die Worte Polizei oder Unterschrift eine ganz bestimmte Bedeutung, die allen bekannt ist. Digitale Kommunikation ist in der Regel verbale Kommunikation. Analog zu kommunizieren bedeutet, dass zwischen den Zeichen und der Information nur eine Ähnlichkeitsbeziehung, eine Analogie besteht. Bei analogen Zeichen gibt es keine eindeutige Zuordnung. Die Zeichen erlauben nur eine indirekte und ungefähre Darstellung des übermittelten Inhalts, sie erfolgt im übertragenen Sinn. So ist ein Kopfschütteln Ihrerseits, während Ihnen ein Kunde etwas schildert, mit einer Wirkung auf den Kunden verbunden. Es könnte z.B. bedeuten, dass Sie nicht einverstanden sind oder nicht interessiert sind, oder es könnte eine Reaktion auf etwas sein, das der Kunde gesagt hat. Ein Kopfschütteln kann auch als Zeichen der Verwirrung oder Unsicherheit interpretiert werden. In der Kommunikation kann die nonverbale Kommunikation meist als analog aufgefasst werden, weil nonverbale Zeichen nicht immer eindeutig bestimmten Bedeutungen zugeordnet sind. Weil jedoch die Informationen nur durch Entsprechungen und Ähnlichkeitsbeziehungen übermittelt werden, ist die analoge Kommunikation mehrdeutig und es müssen häufig weitere Informationen dazukommen, damit die Mitteilung richtig verstanden werden kann. Über unsere Beziehung kommunizieren wir vor allem analog mit dem Gesprächspartner, während Sachinformationen, Wissen, Fakten usw. eher digital übermittelt werden.

> Achten Sie auf nonverbale Signale und ordnen Sie sie in den Kontext der Kommunikation ein, um die Bedeutung zu verstehen und angemessen darauf reagieren zu können.

5. Kommunikationsgesetz: Kommunikation ist symmetrisch oder komplementär

Die Begriffe symmetrisch und komplementär beschreiben die Beziehung der beiden Kommunikationspartner. Bei der symmetrischen Kommunikation sind die Partner gleichberechtigt, kommunizieren sie komplementär, liegt ein Über-/Unterordnungsverhältnis vor. Gleichberechtigte Partner haben die gleichen Möglichkeiten, liegt ein Machtgefälle vor, verhalten Sie sich unterschiedlich. Dies ist zunächst weder positiv noch negativ, sondern völlig wertfrei, da es für einen persönlich durchaus positiv sein kann, sich dem Gegenüber unterzuordnen. In der Regel kommunizieren Sie in einer komplementären Beziehung mit dem Kunden. Bedenken Sie bitte, dass das jedoch immer vom Einverständnis des Bürgers abhängig ist. Er muss sich unterordnen. Wenn er sich nicht unterordnet und sich Ihnen widersetzt, kann dies zu Konflikten und Spannungen in der Kommunikation führen. Es könnte auch dazu führen, dass Sie versuchen, Ihre Dominanz zu verstärken, indem Sie die Kommunikation einschränken oder den Bürger ignorieren. Es ist wichtig, dass beide Kommunikationspartner ihre Rollen und Verantwortlichkeiten verstehen und respektieren, um eine positive und produktive Kommunikation zu führen.

> Die dominante Kommunikation mit dem Bürger ist von seinem Einverständnis abhängig.

Diese fünf Kommunikationsgesetze sollten bekannt sein und beachtet werden, denn der wohlüberlegte Einsatz sprachlicher und weiterer kommunikativer Stilmittel ist die Basis für eine gelungene Informationsweitergabe und zur Vermeidung von Irrtümern. Wir alle haben vermutlich bereits die Erfahrung gemacht, dass eigene Aufgaben- oder Situationsbeschreibungen inhaltlich vom Partner, Chef, Kollegen oder Kunden nur teilweise oder gar nicht verstanden wurden. Die aus Sicht des Sprechers so eindeutige Botschaft war auf einmal gar nicht mehr so klar. Ein und derselbe Satz kann von der einen Person einmal ironisch, fast schon beleidigend wahrgenommen und von einer anderen Person als belustigend empfunden werden. Häufig ist allein der Kontext, in dem eine Nachricht versendet und empfangen wird, für die korrekte Decodierung der Nachricht verantwortlich. Kritisch kann es werden, wenn Gesprächsinhalte missverständlich ausgedrückt oder wiedergegeben werden, mit dem möglichen Ergebnis einer Steigerung des Konfliktpotenzials. Somit muss der Sender bei der Auswahl seiner Nachrichten und Informationen darauf achten, dass der Empfänger überhaupt die Möglichkeit besitzt, diese zu decodieren. Eine wie auch immer geartete Fachsprache, das Verwenden von Abkürzungen und langatmige Ausführungen können eine Risikoerhöhung verursachen.

Aus den Kommunikationsgesetzen, dem Verhalten und den Beweggründen der Beteiligten und sonstigen Einflussfaktoren lassen sich Hinweise ableiten, die die Wahrscheinlichkeit einer gelungenen Kommunikation erhöhen. Dabei ist nicht jeder Hinweis auf jede Gesprächssituation anwendbar und es gibt Überschneidungen zwischen den Empfehlungen.

Vorbereitung des Gesprächs

Ohne Vorbereitung besteht die Gefahr, dass das Gespräch abdriftet oder sogar eskaliert, wenn die Gründe für das Gespräch unklar sind. Ein klares und möglicherweise auch schriftlich fixiertes Gesprächsziel, sowohl positiv als auch negativ, kann helfen, das eigene Wunschziel zu erreichen. Es ist auch wichtig, die verfügbaren Informationen im Voraus zu analysieren, da das Fehlen von Fakten Unmut beim Gesprächspartner auslösen kann. Ein strategischer Plan für mögliche Ergebnisse kann hilfreich sein und das Bewusstsein darüber, wie der Gesprächspartner emotional auf bestimmte Aspekte reagieren könnte, stärkt die eigene Position. Emotionen wie Wut, Trauer, Weinen, Verleugnung, Verdrängung, Sprachlosigkeit und Ungläubigkeit können während eines Gesprächs auftreten, sogar massive Ablehnung und Aggressivität können häufig vorkommen. Gerade jedoch innerhalb wichtiger Gespräche (schlechte Nachricht, Strafe, Kritik, Abmahnung, ausbleibende Beförderung, Leistungskürzung) kommt es vor, dass sich lediglich auf intuitive Fähigkeiten verlassen wird. Der Raum und die Gesamtumstände sollten so sein, dass möglichst keine Störungen oder Ablenkungen auftreten.

Gesprächsphasen

Ein Gespräch zwischen Ihnen und einem Kunden kann in folgende Gesprächsphasen unterteilt werden:

1. Einleitung: Die Rollen und Ziele des Gesprächs werden festgelegt und die Beteiligten stellen sich gegenseitig vor.
2. Sachverhalt: Es wird der Grund für das Gespräch dargelegt und relevante Informationen und Fakten werden ausgetauscht.
3. Klärung: Eventuelle Unklarheiten oder Missverständnisse werden aufgeklärt.
4. Entscheidungsfindung: Lösungsvorschläge werden erarbeitet, besprochen und es wird entschieden, welche Lösung am besten geeignet ist.
5. Abschluss: In dieser Phase werden die Ergebnisse des Gesprächs zusammengefasst und es wird vereinbart, wie die Lösung umgesetzt wird.

Es ist wichtig zu beachten, dass diese Gesprächsphasen nicht immer in einer linear verlaufenden Reihenfolge stattfinden, nicht trennscharf voneinander abzugrenzen sind und dass sie je nach Situation und Bedarf variieren können.

In der ersten Phase eines Gesprächs ist es wichtig, eine emotionale Verbindung zum Gesprächspartner aufzubauen. Dazu gehört, herauszufinden, wie es dem Gegenüber geht und was es im Verlauf empfindet. Solche Wahrnehmungen können später im Gespräch von großer Bedeutung sein. Das Gespräch beginnt meist mit einem ersten Blickkontakt und einer ritualisierten Begrüßung, die sowohl verbal als auch nonverbal stattfindet. Die Begrüßung dient dazu, das Gespräch einzuleiten und den Teilnehmern die Möglichkeit zu geben, sich frei und ungezwungen mitzuteilen. Ein Beobachter kann anhand der Art der Begrüßung und des Verhaltens der Gesprächspartner erkennen, ob Sie sich duzen oder siezen und ob Freundlichkeit und Freundschaft vorliegen. Die Begrüßung wird meist durch den Gegrüßten wiederholt oder mit einer komplementären Botschaft beantwortet. Je nachdem, ob es sich um ein hierarchisches Verhältnis handelt, es einen deutlichen Altersunterschied gibt oder es sich um das Betreten eines Raumes handelt, gibt es gesellschaftliche Regeln, wer wen zuerst grüßt. Beim Verabschieden verhält es sich in der Regel umgekehrt.

In der folgenden Phase werden die eigentlichen Informationen ausgetauscht und die Fakten geklärt. Es ist genauso wichtig, dass der Sachverhalt betrachtet wird wie dass der Gesprächspartner aufmerksam zuhört. Wenn Sie zu früh intervenieren oder sogar unterbrechen und Gegenargumente vorbringen, bevor der Redner seine Schlussfolgerung gezogen hat, kann das den Verlauf des Gesprächs beeinträchtigen. Wenn der Eindruck entsteht, dass Sie nicht interessiert und geduldig zuhören, kann dies als mangelnde Wertschätzung interpretiert werden.

In der nächsten Phase einer erfolgreichen Gesprächsführung werden Vereinbarungen getroffen, die klare Handlungsanweisungen für alle Beteiligten darstellen, was in Zukunft getan oder unterlassen werden sollte. Um dies zu erreichen, kann es hilfreich sein, das Wahrgenommene im Verlauf des Gesprächs mithilfe von Paraphrasierung wiederzugeben, damit der Gesprächspartner die Möglichkeit hat, Sachverhalte zu korrigieren. Zum Beispiel: „Habe ich Sie richtig verstanden, dass... Sie sind also der Meinung... Sie halten es für unmöglich..." Am Ende des Gesprächs werden alle Ergebnisse, auch unerfreuliche, noch einmal zusammengefasst. An dieser Stelle können auch weitere Aufgaben verbal wiederholt werden, um sicherzustellen, dass nichts verloren geht.

Um eine positive Abschlussstimmung zu schaffen, ist es wichtig, Freundlichkeit nach dem sachlichen Teil des Gesprächs wieder hervorzuheben. Auf diese Weise kann bei zukünftigen Treffen wieder mit einer freundlichen Atmosphäre gerechnet werden. Eine höfliche Art, dem Gesprächspartner für seine Zeit und sein Engagement zu danken, gehört dazu. Die Verabschiedung kann durch eine nette Geste und ein Lächeln verstärkt werden.

Rahmenbedingungen

Es ist wichtig, dass Gespräche im beruflichen Kontext oder wichtige Gespräche im Alltag ungestört stattfinden können. Um dies zu erreichen, sollten Sie einen ruhigen und angenehmen Ort für das Gespräch wählen. Dies ist insbesondere bei der Überbringung von existenzbedrohenden Nachrichten, wie z. B. einer Kündigung, von großer Bedeutung. In solchen Fällen ist es empfehlenswert, ein Vieraugengespräch zu führen. Ablenkungen wie ein Telefon mit einem lauten Klingelton oder ein Kollege, der unvermittelt in den Raum kommt, können die Situation verschlimmern. Es ist zielführend, den passenden Zeitpunkt und Ort für ein Gespräch zu wählen, um Störungen zu vermeiden und sich auf das Gespräch konzentrieren zu können. Vor allem bei wichtigen oder schwierigen Gesprächen sollten Sie sich genügend Zeit nehmen und sicherstellen, dass der Gesprächsort ungestört ist. Wichtige Nachrichten übermitteln Sie vorzugsweise schnell und geben danach dem Gesprächspartner Gelegenheit für Rückfragen. Es ist wichtig, konfliktträchtige Gespräche in einer angemessenen Umgebung zu führen, anstatt sie in Eile oder nebenbei zu führen. Es ist auch nicht ratsam, negative Nachrichten am Freitag zu übermitteln, damit sich der Gesprächspartner übers Wochenende abreagieren kann. Dies mag in einzelnen Berufszweigen funktionieren, hat jedoch keine Allgemeingültigkeit und verbessert auch nicht die kommunikativen Fähigkeiten im Falle eines plötzlichen Konflikts im Alltag.

Gesprächstechniken

Obwohl zwei Zuhörer die gleichen Worte gehört haben, kann es bei dem einen zu Unverständnis und bei dem anderen zu Klarheit kommen. Wenn das Sprechtempo zu schnell ist, die Wortwahl zu spezifisch oder von Abkürzungen und Fremdwörtern durchsetzt ist, können Verständnisprobleme auftreten. Wenn es Verständnisschwierigkeiten gibt, sollte dem Gesprächsteilnehmer die Möglichkeit gegeben werden, nachzufragen und sein Verständnis der bisherigen Gesprächsinhalte auszudrücken (Rückmeldung). Dies bedeutet innerhalb einer professionellen Beziehung, dass es eine höhere Verantwortung auf Ihrer Seite gibt, bei dem Kunden nachzufragen, ob Sie richtig verstanden wurden. Kundenseitig kann auch eine Hemmung bestehen, zuzugeben, dass das Gesagte nicht verstanden wurde. Stellen Sie hierzu auch einfach Kontrollfragen, die über die Kundenantworten „ja" und „nein" hinausgehen. Grundsätzlich sind beide Gesprächspartner dafür verantwortlich, dass ein tatsächliches Verständnis vorliegt. Um dieses Verständnis zu erreichen, ist es hilfreich, dass Sie die folgenden Empfehlungen berücksichtigen. Je eskalativer eine Situation ist, desto stärker sollten sie Beachtung finden.

- Fachsprache ist zu vermeiden.
- Es sind vermehrt Verben zu benutzen, Substantive zu vermeiden.
- Aktive Formulierungen sind zu bevorzugen.
- Keine Negationen formulieren.
- Einfache Satzstrukturen sind einzusetzen: Subjekt-Prädikat-Objekt.
- Die Sprechzeit für einen Satz sollte fünf Sekunden nicht überschreiten.
- Höchstens „Vier-bis-sechs-Wort-Sätze" sind zu verwenden.
- Zwischen den Sätzen sind längere Pausen einzufügen (bei unbekannten Sachverhalten etwa fünf Sekunden, bei bekannten mindestens zwei Sekunden).

Natürlich sollte es selbstverständlich sein, dass während eines professionellen Gesprächs nicht gegessen, getrunken oder z.B. Kaugummi gekaut wird; solche Gewohnheiten sollten idealerweise dem privaten Umfeld vorbehalten bleiben und können vom Gegenüber als Respektlosigkeit interpretiert werden. Im Verlauf eines Gesprächs können unterschiedlichste Eindrücke wahrgenommen werden, wie z.B. die Annahme, dass der Gesprächspartner nicht zuhört. Obwohl die Person spricht, könnte es den Anschein haben, dass die Aufmerksamkeit fehlt. Regelmäßig verwendete Verzögerungslaute wie „mhh“ oder „ähm“ können diesen Eindruck verstärken. Es ist sinnvoll, diese Vermutung direkt anzusprechen, um nicht nur Zeit zu sparen, sondern auch Missverständnisse zu vermeiden. Es ist wichtig, sich dem Gespräch vollständig zu widmen und sich auf den Gesprächspartner einzulassen. Ein weiterer Faktor der Wahrnehmung betrifft Vorurteile. Namen wie Kevin oder Mandy werden häufig in bestimmten Berufsgruppen oder Sozialschichten nicht nur als Namen, sondern auch als Zeichen für einen geringeren Intellekt oder Verhaltensauffälligkeiten wahrgenommen. Selbst wenn sich eine Person dieser Vorurteile bewusst ist, fällt es schwer, sich davon zu lösen. Menschen, die akzentbehaftet sprechen, werden oft in ihrer Glaubwürdigkeit gegenüber Menschen, die akzentfrei kommunizieren, herabgesetzt. Metaphern können ein geeignetes Mittel sein, um Bilder zu vermitteln oder bestimmte Assoziationen hervorzurufen. Ein Bild kann in solchen Fällen meist mehr und nachhaltiger als viele Worte vermitteln, was gemeint ist. Es besteht jedoch auch die Gefahr der Manipulation. Wichtige Fakten können aufgrund von hervorgerufenen Verknüpfungen falsch interpretiert werden. Auch in Konfliktsituationen können rationale Fakten durch begleitende Wörter negiert werden, selbst wenn sie gut platziert sind.

Metaphern im Gespräch

„Ihr Bauantrag erinnert mich an ein löchriges Boot.“
„Alle anderen müssen auch die Anliegergebühren bezahlen.“
„Wir pflanzen hier keine Fremdkörper auf Dächer.“ (Solaranlage)
„Der Antrag steht nicht auf soliden Füßen.“
„Ihr Schreiben wirft mehr Fragen auf, als das es beantwortet.“

Persönliche Meinungen und subjektive Aussagen sind deutlich zu kennzeichnen, indem das Wort „Ich“ verwendet wird, um eine „Ich-Botschaft“ zu senden, statt ein objektives Urteil zu fällen oder „man“ zu benutzen, was als Verallgemeinerung interpretiert werden könnte. Stattdessen sollten Sie sagen: „Ich denke, dass Sie sich nicht ausreichend bei den Bewerbungsgesprächen bemühen“ oder „Es stört mich, dass Sie so laut sprechen“ anstatt „Sie bemühen sich nicht ausreichend bei den Bewerbungsgesprächen", „Man spricht nicht so laut" oder „Sie sprechen zu laut". Diese Empfehlung gilt nur dann, wenn es keine objektiven Maßstäbe wie Gesetze und Vorschriften gibt, anhand derer geurteilt werden kann oder, wenn Sie Belege für das Verhalten der anderen Person haben, wie beispielsweise Berichte von Firmen zum Verhalten des Kunden in Bewerbungsgesprächen. In vielen zwischenmenschlichen Bereichen fehlen in der Regel solche objektiven Maßstäbe. Zum Beispiel gibt es keine eindeutige Antwort auf Fragen wie: Was muss sich ein arbeitssuchender Bewerber von Firmen in Bewerbungsgesprächen gefallen lassen? Ab wann ist der Tonfall eines Kunden dem Berater gegenüber aggressiv?

Innerhalb von persönlichen und gefühlsmäßigen Beziehungen ist es wichtig, seine Gefühle, die durch das Verhalten des anderen ausgelöst werden, direkt anzusprechen. Das trifft besonders für negative Gefühle wie Ärger und Wut zu, da bei deren Nichtansprechen die Gefahr besteht, dass sich die Gefühle anstauen. In der Folge kann es bei einem nichtigen Anlass zu einem massiven Gefühlsausbruch kommen, den das Gegenüber nicht verstehen kann. Oder die Gefühle kommen indirekt zum Ausdruck, indem der andere gepiesackt wird, an ihm ständig herumgenörgelt wird oder schnippische Bemerkungen gemacht werden. Besteht zur anderen Person keine engere Beziehung, muss situativ entschieden werden, ob es gut ist, die eigenen Gefühle anzusprechen. Der direkte Ausdruck der Gefühle ist eine Selbstoffenbarung und Sie werden angreifbarer. So kann es einerseits sinnvoll sein, Ihre Verärgerung über einen Kunden, der regelmäßig Unterlagen vergisst, anzusprechen, in einem anderen Fall nicht (▶ Ausdruck von Gefühlen). Wie wird der Kunde auf die eine oder andere Antwort reagieren? In jedem Fall sollten Sie die Gewichtigkeit der Sache herausstellen. Der Gebrauch von Ich-Botschaften und das direkte Ansprechen von Gefühlen hat folgende Vorteile:

- Der anderen Person wird keine Schuld zugewiesen, sondern die Schuldfrage bleibt zunächst offen. Es ist auch möglich, das Sie sich selbst getäuscht haben. Nicht der andere hat ein Problem, sondern zunächst einmal Sie selbst.
- Da der Gesprächspartner weder angegriffen wird noch ihm die Schuld zugewiesen wird, braucht er weder mit Gegenangriffen noch mit Rechtfertigungsversuchen zu antworten.
- Die Bedeutung, die das Problem für Sie persönlich hat, wird nachdrücklich aufgezeigt. Daher ist der Kunde unter Umständen eher bereit, zu einer Regelung der Schwierigkeit beizutragen.
- Von der Formulierung her ist es bereits unmöglich, den anderen anzugreifen oder ihm Vorwürfe zu machen, da Sie von sich selbst ausgehen.

Ausdruck von Gefühlen

Ein Kunde schildert eine Vielzahl von Gründen, warum er nicht zu den vereinbarten Bewerbungsgesprächen gehen konnte. Sie antworten:
„Hören Sie endlich mit diesen Märchengeschichten auf.“ vs.
„Ich ärgere mich darüber, dass sie entgegen unserer Vereinbarung nicht zu den Bewerbungsgesprächen gegangen sind.“

Wenn Sie starke Emotionen beim Kunden wahrnehmen, kann es angezeigt sein, diese aufzunehmen und zu verbalisieren – auch wenn die Aussage nicht unmittelbar mit dem Thema oder Ihnen zu tun hat (▶ Auf dem Bauamt). Wie wird der Antragsteller auf die eine oder andere Antwort reagieren?

Auf dem Bauamt

Ein Bürger kommt wegen eines teuren Hausanbaus auf das Bauamt. Im Gespräch bemerkt der unvermittelt: „Ich muss schon 10.000 € Steuern nachzahlen, mein Projekt darf nicht zu teuer werden.“
Die Mitarbeiterin des Bauamts könnte jetzt sagen:
„Das hat hiermit ja nichts zu tun. Wir sind hier auf dem Bauamt und nicht auf dem Finanzamt.“ vs.
„Das ist viel Geld, das ärgert Sie bestimmt!“

Stellen Sie eine Forderung oder üben Kritik an einem Kunden, sollten Sie konkretes Verhalten ansprechen, das Sie von ihm erwarten oder das Sie stört, und keine abstrakten Begriffe wie Eigenschaftswörter gebrauchen. Die konkrete Benennung von Kritikpunkten hat den Vorteil, dass der andere genau weiß, worum es geht, und Missverständnisse ausgeschlossen werden. Außerdem wird bei dieser Art der Kritik nicht die ganze Person abgewertet, sondern nur eine ganz bestimmte Verhaltensweise als negativ bezeichnet. Darum fällt es der anderen Person leichter, eine solche Kritik anzunehmen (▶ Konkrete Kritik). Wie wird der Kunde auf die eine oder andere Antwort reagieren?

Konkrete Kritik

Eine Kundin kümmert sich nicht besonders intensiv um ihre Arbeitssuche.
„Ich erwarte von Ihnen mehr Anstrengung.“ vs.
„Ich erwarte, dass Sie künftig innerhalb von drei Tagen die Bewerbung abgesandt haben und spätestens zwei Tage danach per Telefon nachfragen, ob die Post dort eingegangen ist.“

Berechtigte Anliegen oder Forderungen sollten Sie bestimmt, deutlich und nachdrücklich stellen. Nutzen Sie keine abschwächenden Floskeln wie „wäre es vielleicht möglich, ...“, „könnten Sie unter Umständen...“ oder „ich hoffe, es ist nicht zu viel verlangt, wenn...“, denn diese Formulierungen erwecken den falschen Eindruck, Sie ließen dem Kunden die Wahl, ob er der Aufforderung nachkommt oder nicht. Ebenso wenig sollten Sie drohen, aggressiv oder rüpelhaft werden oder sofort massiven Druck ausüben. Das löst leicht Gegenaggressionen, Trotzverhalten oder Sturheit aus. Angemessenes Durchsetzungsvermögen entsteht durch die ruhige, bestimmte und klare Darlegung Ihrer Ansichten.

Als Zuhörer können Sie die Kommunikation unterstützen, indem Sie den Kunden nicht einfach nur reden lassen und weitgehend regungslos zuhören, sondern ihn bei dem, was er sagen möchte, unterstützen. Dies geschieht durch Gestik und positive Mimik wie Zuwendung, Kopfnicken, Blickkontakt oder freundliche Gesichtsausdrücke und dass keine Nebentätigkeiten ausgeführt werden. Sie lassen den Kunden ausreden, fallen ihm nicht ins Wort und achten auf einen ausgewogenen Austausch. Sprachlich fördern Sie die Kommunikation durch Zustimmungsäußerungen wie „aha“, „ja“, „genau“, „klar“, „richtig“, „stimmt“ oder „mhmm“. Komplexere Schilderungen können Sie mit eigenen Worten wiederholen, um dem Kunden zu zeigen, dass Sie ihn verstanden haben – dies klärt auch Missverständnisse. Beschränken Sie sich dabei zunächst grundsätzlich auf die sachliche Aussage. Gerät ein Gespräch ins Stocken, greifen Sie Begriffe auf, die der Kunde verwandt hat, um ihn zum Weiterreden zu animieren, und verbinden den Dialog mit Nachfragen.

Kunden zum Gespräch animieren

Kunde: „Die stellen in den Bewerbungsgesprächen so bescheuerte Fragen.“
Sie: „Was sind das beispielsweise für bescheuerte Fragen?“

Reagieren Sie nicht sarkastisch, ironisch oder spöttisch und spielen Sie Probleme des anderen nicht herunter. Bieten Sie nicht voreilig Lösungen an, bevor klar ist, worum es inhaltlich wirklich geht.

> Gute Kommunikation ist, das Gefühl des anderen zu erkennen, aufzunehmen und zusammenzufassen. Dem Gegenüber wird vermittelt, dass es sich um eine vorurteilsfreie Diskussion handelt, ohne dass seine Ansichten oder Auffassungen angegriffen werden.

Fragetypen

Innerhalb von Gesprächen können unterschiedliche Fragetypen Verwendung finden, die unterschiedliche Wirkungen entfalten:

1. Offene Fragen: Diese Fragen beginnen mit Wörtern wie „wie", „was" oder „warum" und ermöglichen es dem Kunden, eine ausführlichere Antwort zu geben. Sie sind hilfreich, um mehr Informationen zu erhalten und das Gespräch zu vertiefen.
2. Geschlossene Fragen: Diese Fragen beginnen mit Wörtern wie „ist" oder „haben" und ermöglichen dem Kunden nur eine kurze Ja- oder Nein-Antwort. Sie sind nützlich, um konkrete Informationen zu erhalten oder um das Gespräch zu beschleunigen.
3. Alternative Fragen: Diese Fragen bieten dem Kunden mehrere Möglichkeiten an und beginnen oft mit „entweder... oder...". Sie sind hilfreich, um Entscheidungen zu treffen oder um den Gesprächspartner zu ermutigen, seine Meinung zu äußern.
4. Rückfragen: Diese Fragen zielen darauf ab, die Antworten des Kunden zu klären oder zu vertiefen. Sie sind hilfreich, um Missverständnisse auszuräumen und sich ein genaueres Bild von der Situation zu machen.
5. Reflektierende Fragen: Diese Fragen zielen darauf ab, die Gefühle und Gedanken des Kunden zu erfassen. Sie sind hilfreich, um Verständnis zu zeigen und die Perspektive des Gesprächspartners besser zu verstehen.

Diese fünf Gruppen lassen sich je nach Zielsetzung noch weiter verfeinern.

Tab. 7 Fragetypen und Zielsetzung

Fragentyp	Beispiel	Zielsetzung
Akzeptierende/klärende Wiederholung	*Aha, Sie denken also...?* *Habe ich Sie richtig verstanden, dass...?*	Baut eine Verbindung auf, vermittelt Interesse und emotionale Akzeptanz, vermeidet Missverständnisse und eine zu frühe Einengung des Themas, nimmt Tempo aus dem Gespräch und vertieft Gefühle durch das „Rückspiegeln" wichtiger Aussagen
Konkretisierungsfragen	*Wer, was, wie genau?* *Immer, nie, alle?* *Man sollte? Wer sagt das?*	Tilgungen, Verzerrungen, Generalisierungen werden aufgelöst. Klärung des Erfahrungshintergrundes, Klärung und Bewusstmachung von sprachlichen Inhalten

Tab. 7 Fragetypen und Zielsetzung

Fragentyp	**Beispiel**	**Zielsetzung**
Zielfragen	*Was möchten Sie erreichen?* *Wie genau soll die Lösung aussehen?* *Was ist Ihr Ziel? Wobei soll ich Ihnen helfen?*	Vertiefung des inneren Abbildes des Zielzustandes durch Wohlgeformtheit des Ziels: ■ positive Formulierung ■ keine Vergleiche ■ Woran erkenne ich, dass Ziel erreicht zu haben? ■ selbstinitiiertes Ziel ■ genauer Kontext
Fragen, die ins Problem führen	*Was genau ist ihr Problem?* *Was tun Sie, damit das passiert?* *Wann war es am schlimmsten?* *Kennen Sie diese Art von Schwierigkeiten in anderen Zusammenhängen?*	■ zur Erfassung des Problems, der Entwicklungsgeschichte des Problems ■ zum emotionalen Anbinden an das Problem
Fragen, die Hilfen (Ressourcen) aktivieren	*Wer, was könnte Ihnen helfen?* *Worauf können Sie sich in dieser Situation immer verlassen?* *Was würde XY an Ihrer Stelle tun?*	■ Aktivierung positiver, zielerreichender Zustände ■ Entlastung durch Fokussierung auf vorhandene Fähigkeiten
Fragen, die hin zur Person oder weg von der Person führen (Aktivierung oder Beruhigung der emotionalen Beteiligung)	*Und was bedeutet dieses Problem (Ihrer Firma) für Sie persönlich?* *Wie finden Sie persönlich diese Veränderungsvorschläge?* *Was bedeuten Ihre Schwierigkeiten für die Abteilung?* *Wie passt diese Veränderung in die allgemeine Lage Ihrer Organisation?*	■ zur Person hin ■ von der Person weg
Fragen auf unterschiedlichen logischen Ebenen (Verhalten, Fähigkeiten, Zugehörigkeit, Visionen, Werte)	*Was genau tun Sie, wenn das passiert?* *Welche Fähigkeiten brauchen Sie, um...?* *Was ist Ihr Wunschziel für die nächsten 10 Jahre? Wozu ist das wichtig?* *Was ist Ihnen wichtig dabei? Warum tun Sie das?*	■ Verhalten ■ Fähigkeiten ■ Vision/Zugehörigkeit ■ Werte

Tab. 7 Fragetypen und Zielsetzung

Fragentyp	Beispiel	Zielsetzung
Reframing-Fragen (in einem anderen Rahmen)	*In welchem Zusammenhang könnte das Problem sogar nützlich sein?* *Haben Sie schon mal an die Vorteile gedacht, die dieser Sachverhalt mit sich bringt?* *Und wollen Sie wirklich etwas verändern?*	Zur Anhebung des Energielevels, Fokuslenkung, Perspektivenwechsel
Fragen, die Emotionen klären und emotionale Wertungen abfragen	*Wie geht es Ihnen damit?* *Sie scheinen ärgerlich zu sein, kann das sein?* *Wie fühlen Sie sich bei dem Gedanken an…?*	■ Wechsel von der analytischen Ebene zur emotionalen ■ stärkere emotionale Erfassung des Ziels
Hier-und-Jetzt-Fragen	*Was fühlen Sie gerade?* *Wie geht es Ihnen, wenn Sie mir das erzählen?*	■ Rückführung aus der Vergangenheit ins Hier und Jetzt ■ Möglichkeit des Themenwechsels ■ Klärung von Emotionen
Ökologie-Fragen	*Was sagt Ihr(e) Frau/Mann/Familie/Chef(in) zu diesen Veränderungen?* *Gibt es einen Preis für diese Veränderungen, den Sie bereit sind zu zahlen?* *Wer ist noch betroffen, wenn das Neue eingeführt wird?* *Welche Konsequenzen hat dieser Schritt?*	■ Absicherung des Verhaltens, der geplanten Veränderung ■ Klärung von zu erwartenden Störungen ■ Einbeziehung von Hindernissen
Sicherungsfragen	*Woran werden Sie erkennen, dass jetzt das alte und jetzt das neue Verhalten angebracht ist?* *Welchen Schritt werden Sie als erstes gehen?* *In welchen Situationen wird das, was Sie gerade erfahren haben, für Sie von Bedeutung sein?*	■ Verankern des neuen Verhaltens ■ Probehandeln in der Zukunft ■ Konkretisierung von Situationen

Wortwahl

Ihre konkrete Wortwahl in Konfliktgesprächen hat Einfluss auf die Art und Weise, wie Ihre Aussagen vom Zuhörer interpretiert werden. Bestimmte Worte können beispielsweise bestimmte Emotionen hervorrufen oder die Aufmerksamkeit auf bestimmte Aspekte lenken. Zudem können sie die Glaubwürdigkeit oder das Vertrauen in Sie beeinflussen. Es ist daher wichtig, bewusst und sorgfältig über die Wortwahl in Konfliktgesprächen nachzudenken, um eine konstruktive und produktive Kommunikation zu fördern. Das vielleicht prominenteste Beispiel der deutschen Sprache ist das Wort „aber“ (▶ „Aber“).

„Aber“

„Wir schätzen die überaus gewissenhafte Art und Weise, wie Sie sich bis hierhin mit diesem Buch auseinandergesetzt haben, aber…“
Es ist nahezu völlig egal, was vor dem „aber“ für positive Formulierungen zu finden sind. Ihre gesamte Konzentration liegt ab diesem Moment auf dem, was nach dem Wort kommt, und der Wert des davor Gesagten geht gegen null.

Das Wort wird in Alltagssituationen oft als Konjunktion für eine Einschränkung oder einen Widerspruch verwendet und in Streitgesprächen, um einen Gegenstandpunkt zu äußern oder eine Aussage des Gegenübers zu widerlegen. In dem gesamten Buch finden Sie das kleine Wörtchen nur an dieser Stelle – die deutsche Sprache funktioniert auch ohne „aber“.

Innerhalb von Gesprächen sollten Sie grundsätzlich Formulierungen vermeiden, die in Vorwurfshaltungen oder Schuldzuweisungen münden, herabsetzend empfunden werden können oder Verallgemeinerungen und Vorurteile darstellen (Tab. 8). Es ist wichtig, von der Person weg und zum Problem hinzuargumentieren.

Tab. 8 Geeignete und ungeeignete Wortwahl

Vermeiden Sie	**Nutzen Sie**
Ich versuche, ich werde versuchen	Ich werde sofort
Das ist ein Problem	Das ist eine Herausforderung
Aber	Und
Das geht nie (nicht)/ist unmöglich	Lassen Sie uns überlegen, wie wir das lösen
Meiner Meinung nach	Sie sind der Ansicht
Nein	Ja…und
Sie irren sich	Ihrer Meinung nach
Da haben Sie mich falsch verstanden	Da habe ich mich nicht deutlich ausgedrückt
Jeder vernünftige Mensch weiß doch	Sie wissen
Ich sage (zeige) Ihnen	Überzeugen Sie sich
Ich denke, wir verstehen uns	Sind Sie damit einverstanden
Da muss ich einen Einwand machen	Haben Sie auch bedacht

Tab. 8 Geeignete und ungeeignete Wortwahl

Vermeiden Sie	Nutzen Sie
Ich mache das jetzt schon seit x Jahren	Sie haben sicher auch die Erfahrung gemacht
Ich kann Ihnen das beweisen	Überzeugen Sie sich am besten persönlich
Immer, nie	In diesem Fall
Haben Sie alles richtig verstanden?	Sind aus Ihrer Sicht noch Fragen offen?
Ich stimme Ihnen da nicht zu	Ja, haben Sie auch bedacht
Das war ich nicht	Ich werde mich sofort darum kümmern und mit meinem Kollegen sprechen
Warum haben Sie nicht?	Lassen Sie uns Folgendes tun
Da müssen Sie schon mit meinem Kollegen sprechen	Ich forsche sofort nach und rufe Sie bis X Uhr zurück

Auch wenn es herausfordernd sein kann, bei schwierigen Menschen das eigene Ziel zu erreichen, sollte dies Ihr professioneller Anspruch sein. Dies erfordert in der Regel eine gute Konfliktfähigkeit und die Fähigkeit, die Perspektive des anderen zu verstehen und einzunehmen. Es kann hilfreich sein, die Kommunikation auf eine sachliche Ebene zu bringen und emotionale Trigger zu vermeiden.

Problematischer Sprachgebrauch

Sie finden an anderer Stelle (▶ A. 3. Der Kundengedanke) Ausführungen zur Bezeichnung von Bürgern. So wie wir mit unseren Worten Wirkung bei anderen Menschen erzeugen, geschieht dies auch bei uns durch die Worte, die wir selbst oder unser Umfeld nutzen. Die Wahl unserer Worte kann einen großen Einfluss auf unsere Gedanken, Gefühle und Handlungen haben und es ist wichtig, dies bei der Kommunikation zu berücksichtigen. Das Thema wird zum Zeitpunkt der Entstehung dieses Manuskripts in Deutschland stark in den Mittelpunkt einer gesellschaftlichen Diskussion gestellt. Es bedarf in jedem Fall einer differenzierten Betrachtung, eingehenden Diskussion und aufmerksamen Beobachtung. Grundsätzlich problematisch könnte es werden, wenn Kommunikation dominanzfördernd ist. Dies ist in der Regel der Fall, wenn sie dazu dient, die Macht und den Einfluss einer Person oder einer Gruppe zu stärken, indem sie andere Personen oder Gruppen unterdrückt oder benachteiligt. Dies geschieht durch Stigmatisierung („Ja, die Araber"), Gruppencharakteristiken als Herabwürdigung („Du Opfer"), Relevanzmarkierungen („*Mein* Praktikant"), Verniedlichungen („Mäuschen"), Selbsterhöhung oder Angriffe auf die Person, um ihr Argument abzuschwächen („Der hat ja keine Ahnung, was hier wirklich los ist").

Konfrontative Gesprächsführung

Der konfrontative Handlungsstil wird dann eingesetzt, wenn ein Kunde mehrfach oder massiv gegen getroffene Vereinbarungen und gesetzte Grenzen verstößt oder mit nachhaltigen Vermeidungsstrategien reagiert. Dabei bleibt oberstes Prinzip die Akzeptanz der Person bei eindeutiger Verurteilung ihres Fehlverhaltens. In diesem Zusammenhang werden der Klarheit und Authentizität im Handeln sowie der positiv wirkenden Autorität des Beschäftigten große Bedeutung beigemessen. Gegenstand der Konfrontation sind die Vermeidungsstrategien der Kunden, die sie daran hindern, sich mit den geforderten Verhaltensveränderungen auseinanderzusetzen, wie ihr Entziehungs- und (Ver-)Weigerungsverhalten sowie ihre Passivität. Ein Verhalten, das beispielsweise wahrnehmbar wird durch ein Nichteinhalten von Terminen, durch die Nichterledigung von Aufgaben trotz getroffener Vereinbarung oder wenn der Kunde wiederholt alkoholisiert erscheint und somit nicht gesprächsfähig ist. Die Konfrontation kann sich auch auf realitätsferne Vorstellungen und Einschätzungen über eigene Möglichkeiten und Grenzen beziehen sowie Fehlinterpretation und Fehleinschätzung der Haltungen und Erwartungen Dritter, wenn beispielsweise die Firmen bei den Bewerbungen viel zu hohe Erwartungen an den Arbeitssuchenden haben.

Sie sollten ein konfrontatives Gespräch kurz einleiten und deutlich vermitteln, dass Sie jetzt sehr klar und offen mit dem Kunden sprechen werden. Je nach Fallgestaltung und Situation sollten Sie auch erwähnen, dass die weitere Zusammenarbeit im Wesentlichen von dem Ausgang dieses Gesprächs abhängig ist. Das Gespräch gliedert sich grundsätzlich in fünf Schritte:

Der erste Gesprächsabschnitt stellt die Konfrontation mit der genauen Schilderung des Problems aus Sicht des Kunden in den Mittelpunkt der Aufmerksamkeit. Um zu vermeiden, dass der Kunde sich hier bereits in Verallgemeinerungen und Generalisierungen verliert, verlangen Sie zunächst eine Partialisierung des Problems: Sie suchen mit dem Kunden eine konkrete Situation heraus, die als typisch für die problematische Situation oder das problematische Verhalten gelten kann oder sogar besonders dramatisch erlebt wurde. Sie können dem Kunden die Wahl der Situation selbst überlassen. Es kann jedoch auch sein, dass Sie gute Gründe haben, selbst eine Situation einzubringen und darauf zu bestehen, diese zum Gegenstand der Sitzung zu machen. Zum Abschluss des ersten Schritts im konfrontativen Gespräch formulieren Sie nochmals genau, welche Situation im Folgenden besprochen wird.

Im zweiten Schritt der Konfrontation geht es darum, sich mit der festgelegten Situation und den Emotionen, die in dieser Situation aufgetreten sind, auseinanderzusetzen. Zuerst wird die genaue Sachlage der damaligen Situation erhoben. Dabei werden auch Ungereimtheiten und Widersprüche der Erzählung angesprochen. Am Ende dieses Gesprächsabschnitts wird der Kunde aufgefordert und unterstützt, seine Schilderung mit den entsprechenden Gefühlen anzureichern. Die Dialoge zeichnen sich in dieser Phase dadurch aus, dass jede Vermeidungstechnik, jede Bagatellisierung, jede Ungereimtheit von Ihnen direkt hinterfragt wird und Sie dazu weitere Konkretisierungen verlangen. Zur genauen Situationsbeschreibung bedienen Sie sich immer wieder Zusammenfassungen und spezifizierender Nachfragen: „Was genau ist passiert, als…?“, „Wie muss ich mir das genau vorstellen?“, „Soll das heißen, dass…?“, „Was haben Sie dann getan?“, „Und dann, was ist dann passiert?“. Achten Sie darauf, dass der Kunde sein Verhalten nur beschreibt. Rechtfertigungen, Erklärungen und Begründungen werden nicht zugelassen. Bestehen Sie auf der Schilderung von Details und der Detaillierung von verallgemeinerten Eindrücken: „Wann haben Sie die Bewerbung abgesandt?“, „Wo haben Sie die Bewerbung zur Post gegeben?“, „Was meinen Sie damit, dass der Briefkasten nie geleert wird?“. Nach oder auch schon während der Beschreibung des Kunden – vor allem dann, wenn dieser immer wieder Rechtfertigungen anführt – konfrontieren Sie ihn mit den bekannten oder vermuteten Ungereimtheiten und den von Ihnen wahrgenommenen Fehlinterpretationen oder Realitätsbrüchen. Sie positionieren sich dabei sehr klar in ihrer Haltung zu den Schilderungen des Kunden: „Ich erkläre Ihnen, warum ich ein anderes Bild von der Situation habe…“ Anschließend werden die Beschreibungen des Kunden zunächst mit dessen eigenem emotionalen Erleben der Situation angereichert und weiter konkretisiert, danach mit dem Erleben von betroffenen Dritten: „Was haben Sie dabei empfunden, als Sie in dem Bewerbungsgespräch nur wenige Antworten geben konnten?“, „Ahmen Sie doch bitte mal das Verhalten des Personalchefs nach, was er Ihnen gegenüber gezeigt hat.“ Dann geben Sie Ihre Haltung zu dem Gehörten bekannt: „Wenn ich in Ihrer Situation gewesen wäre, hätte ich das … empfunden.“ In diesem Gesprächsabschnitt werden seitens des Kunden anfangs oft Generalisierungen oder Verweigerungen eingesetzt. Es wird vorgegeben, sich nicht zu erinnern, oder angeführt, dass man, wie jeder andere auch, halt ziemlich sauer gewesen sei. Indikatoren dafür, dass Sie den Kunden erreichen, finden sich in verändernden Aussagen und Haltungen des Kunden. Eine Einsichts- und Haltungsänderung bahnt sich an, wenn sich Scham und Schuldgefühle einstellen (diese werden nicht immer ausdrücklich geäußert, oftmals brauchen die Kunden dazu Hilfestellung; sie normalisieren diese Emotion, jedoch nicht das problematische Verhalten und deuten sie positiv um), die Kunden empathisch über die Situation betroffener Dritter sprechen können, sie von ihren Neutralisierungstechniken abrücken oder bereit sind, sich zur Verantwortung für Geschehenes zu bekennen. Insbesondere beratungserfahrene Kunden wissen jedoch oft genau, was Sie hören möchten, und formulieren zeitweise schon vor der tatsächlichen Einsicht Aussagen, die als Indikatoren für eine erfolgreiche Konfrontation gelten könnten.

Im dritten Schritt des konfrontativen Gesprächs wird mit dem Kunden gemeinsam auf hypothetischer Basis ein Gegenentwurf zum ursprünglichen Situationsverlauf konstruiert. Nur so kann verhindert werden, dass nach einer erfolgreichen und meist auch äußerst anstrengenden Phase der Konkretisierung und Anreicherung als einziges Ergebnis das Gefühl von Verzweiflung und Ausweglosigkeit darüber bleibt, dass Vergangenes nicht ungeschehen gemacht werden kann. Sie geben dem Kunden deshalb die Gelegenheit, mittels systemischer Techniken hypothetisch die Uhr zurückzudrehen, die Situation in ihrem Anfangsstadium nochmals vorzufinden und zu schildern, wie er sich jetzt verhalten würde. Als Hilfestellung kann dem Kunden dienen, sich in die Situation eines anderen Menschen zu versetzen, der ihm nahesteht und gerade eine sehr ähnliche Situation erlebt hat: „Stellen Sie sich vor, Ihre beste Freundin kommt zu Ihnen und erzählt Ihnen…. Was würden Sie Ihrer Freundin raten? Was würden Sie Ihr vielleicht anbieten?“. Diese Technik bietet den Vorteil, dass die Kunden auf Distanz zur eigenen Person gehen, dabei trotzdem neue Entschlüsse konkret formulieren können. Vor allem für Kunden, die große Probleme mit drohendem Gesichtsverlust haben, eignet sich diese Methode für die vorangegangene Phase der Konkretisierung, wenn es um die Entwicklung von Empathie für Dritte geht.

Der vierte Schritt in der Konfrontation beschäftigt sich mit der Übertragung des hypothetischen Gegenentwurfs in konkrete Vorhaben. Diese gemeinsam entwickelten Maßnahmen dienen der konkreten Umsetzung der gebotenen und geforderten Einstellungs- und Verhaltensänderungen des Kunden. Die Vorhaben führt der Kunde mit oder ohne Begleitung von Ihnen bis zur jeweils nächsten Sitzung durch. Die Vorhaben können unterschiedlich gestaltet sein: Der Kunde kann beispielsweise jemanden um eine Aussprache bitten oder einen Antrag in die Wege leiten. Bereits der Entwurf dieser Vorhaben wird so lange im Detail ausgearbeitet, bis ein realistisches, greifbares und konkretes Handlungspaket für den Kunden entstanden ist.

Der konstruktive Gesprächsabschluss mittels eines abschließenden Feedbacks ist der fünfte und letzte Schritt. Die Kunden haben nach eingestandenen Fehlern das Bedürfnis, sich in den Augen Dritter zu rehabilitieren. In dieser Situation stehen Sie für den „Dritten“. Deshalb ist es wichtig, zum Abschluss jedes Gespräches dem Kunden eine Rückmeldung zu geben. Er soll mit der Gewissheit das Gespräch verlassen können, dass er weiß, was Sie jetzt über ihn denken. Daher geben Sie eine Rückmeldung darüber, wie Sie ihn im Verlauf der Sitzung erlebt haben, was Ihnen imponiert hat, was Sie beunruhigt hat oder noch beschäftigt. Mehr denn je ist nach dem konfrontativen Gespräch eine anteilnehmende und auch eine distanzwahrende Kundenbeziehung wichtig. Zu dieser professionellen Beziehung gehören Achtsamkeit und Empathie, Anerkennung und Wertschätzung genauso dazu wie das Aussprechen von Kritik oder auch Trost und die Ermunterung und die Überzeugung, dass sich der Kunde ändern kann.

6. Bewältigung sicherheitskritischer Ereignisse

Wenn die Ebene einer Diskussion verlassen wird und ein Konflikt in Richtung eines sicherheitskritischen Ereignisses heranwächst, geschieht dies in der Regel in Form einer sich steigernden Entwicklung (▶ C. 1. Entstehung einer sicherheitskritischen Situation). Eine zentrale Aufgabe, die in diesem Fall zunächst allein Ihnen zufällt, ist die Einschätzung des Ereignisses. Sie klassifizieren eine sicherheitskritische Situation in ihrer Schwere und daraus ergeben sich dann in der Folge Handlungsnotwendigkeiten. Dies bezieht sich auf den Zeitpunkt des Handelns (sofort oder zeitverzögert), die akute Situation (benötige ich Unterstützung) und die Zukunft (wie handelt die Behörde künftig in Bezug auf diesen Kunden). Es bietet sich an, nach einem allen Beschäftigten bekannten System zu arbeiten, bei dem Situationen in vier unterschiedliche Kategorien eingeordnet werden (Abb. 28).

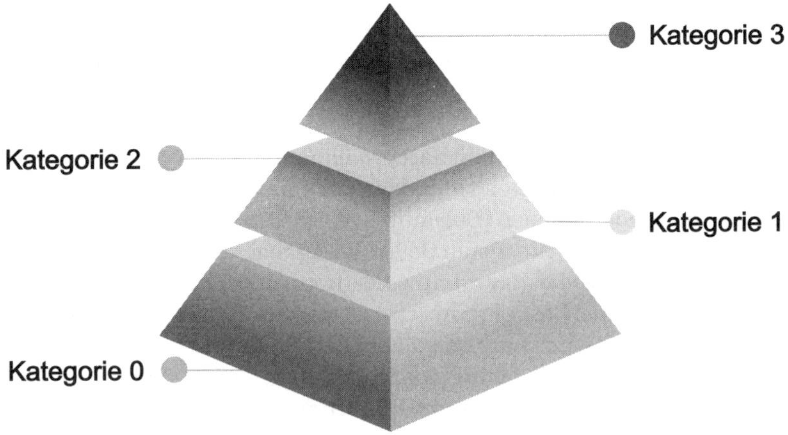

Abb. 28 Sicherheitsrelevante Kategorien

Dabei ist es von der persönlichen Tagesform, den persönlichen Fähigkeiten der betroffenen Person und anderen Umständen abhängig, wie bedeutend ein solches Ereignis empfunden wird. Und dieses subjektive Empfinden ist das Entscheidende. Denn es geht in erster Linie um Ihre Gesundheit und Ihr Wohlbefinden. Bedenken Sie bitte auch, dass Sie im ersten Moment regelmäßig allein und ohne sofortige Hilfe der Situation ausgesetzt sind. Das bedeutet, dass es zunächst völlig einerlei ist, ob die gerade stattfindende Situation ein Fall für den Sicherheitsdienst oder die Polizei wäre. Die ersten Maßnahmen und Entscheidungen müssen Sie treffen. Die Kategorien unterstützen Sie bei der Bewertung und den daraus abzuleitenden Verhaltensweisen. Sie geben darüber hinaus der Behörde Hinweise zu möglichen Verbesserungen. Die Kategorien sind in nur wenigen Ereignissen eindeutig. So ist der Einsatz von Waffen gegenüber Menschen zuverlässig der Kategorie 3 zuzuordnen. Eine ausgesprochene Drohung wird jedoch von unterschiedlichen Menschen möglicherweise unterschiedlich bewertet.

Die höchste Ereignisstufe 3 (rot) beinhaltet alle hochkritischen Ereignisse (Einsatz von Waffen, Bombendrohungen, Überfälle, Amoktaten), die ohne jegliche Absprache oder Verzögerung die sofortige und unverzügliche Einbindung der Polizei verlangen. Eine sichere Lösung ohne deren Beteiligung erscheint nicht möglich.

Die Ereignisstufe 2 (orange) erstreckt sich auf konkrete Bedrohungen („Wenn nicht..., dann...“; „Ich weiß, wo Du wohnst.“; „Kommen Deine Kinder immer sicher zu Hause an?“; „Ich weiß, wo Dein Auto steht.“), körperliche Gewalt (Anspucken, Handgreiflichkeiten, Festhalten, Schläge, Tritte) und auch die Durchsetzung eines missachteten Hausverbotes bzw. eines Platzverweises. Im Fall von Bedrohungen meint „konkret“ einem bestimmten Menschen gegenüber. Das eröffnete Bedrohungsszenario muss nicht konkret benannt sein. Hierdurch werden regelmäßig Straftatbestände verwirklicht.

Die Ereignisstufe 1 (gelb) umfasst Sachbeschädigungen (Akten zerreißen, Kabel aus der Wand reißen, Bildschirm auf den Boden werfen), allgemeine verbale Aggressionen (Beleidigungen, Beschimpfungen), komplette Verweigerungshaltungen, distanzloses Verhalten; es müssen durch die Handlung nicht unbedingt Straftatbestände verwirklicht worden sein. Ereignisse ab der Stufe 1 (gelb) aufwärts sollten grundsätzlich intern gemeldet werden. Wenn Sie mit der Fertigung einer Meldung zögern, bedenken Sie bitte, dass dies nur Ihre individuelle Einschätzung ist. Der Kunde kann dieses Verhalten auch bei anderen Beschäftigten zeigen und in vielen Fällen versetzt nur die Masse von Meldungen die Institution dazu in die Lage, weitergehende Maßnahmen wie ein Hausverbot zu ergreifen.

Die Ereignisstufe 0 (grün) schließt die – durch Menschen geprägten – auch kontroversen und stressbeladenen Situationen ein, die keine Straftatbestände verwirklichen und die von den Beschäftigten gelöst werden können. Mit zunehmender Lebens- und Berufserfahrung gelingt es, selbst unter hoher Arbeitsbelastung, mit den vorhandenen kommunikativen Fähigkeiten diese Situationen zu bewältigen. Das bedeutet jedoch nicht, dass Sie diese Situation erdulden oder allein bewältigen müssen. Und es bedeutet auch nicht, dass Sie nicht möglicherweise dennoch über das Verhalten eine Meldung erstellen. Das hängt von der Person des Kunden und dem konkreten Auftreten ab. In der Tabelle (Tab. 9) sind Verhaltensweisen aufgeführt, die in einer Behörde zwischen Kunden und Beschäftigten auftreten könnten. Es ist zunächst menschlich verständlich, Ereignisse der Stufen 0 und 1, insbesondere Grenzübertritte oder leichte Aggressionen „wegzulächeln", als „Versehen" zu bewerten und damit versuchen zu ignorieren. Nicht selten hilft dies auch für den akuten Moment. Dieses Handeln entsteht aus dem Willen heraus, keine unangenehmen Gespräche führen zu wollen, mit dem Arbeitsvorgang abschließen zu können (weil weitere Kunden warten) oder persönlicher Unfähigkeit, Konflikte offen anzusprechen. Der Kunde wird aus dem zögerlichen Verhalten sofort seine Lehren ziehen: Nämlich das er sich despektierlich verhalten kann, ohne dass er Folgen zu erwarten hat.

Tab. 9 Interpretation sicherheitskritischer Situationen

Beispielhafte Situation	**0**	**1**	**2**	**3**
Kunde packt einen Bonbon aus und wirft das Papier auf den Boden	0			
Kunde zerknüllt einen Antrag und wirft ihn in die Ecke		1		
Kunde zerknüllt einen Antrag und bewirft Sie damit		1		
Kunde zündet einen Antrag an				3
Kunde erscheint (unüblich) unangemeldet	0			
Kunde ist stark alkoholisiert	0			
Kunde weigert sich, das Büro zu verlassen			2	
Kunde wartet allein im Büro und durchwühlt dabei den Schreibtisch				3
Kunde spuckt Sie an			2	
Kunde wechselt im Gespräch bewusst und provozierend auf Du		1		
Kunde beginnt ein Gespräch mit einem Du	0			
Kunde verlässt stumm, unangekündigt oder unerwartet das Büro	0			
Kunde verweigert sich (Unterschriftsleistung, Auskünfte o. ä.) im Büro	0			
Kunde droht mit Körperverletzung (Schläge)			2	
Kunde droht mit Selbstverletzung oder Suizid				3

Tab. 9 Interpretation sicherheitskritischer Situationen

Beispielhafte Situation	**0**	**1**	**2**	**3**
Kunde droht mit Beschädigung Ihres Fahrzeuges			2	
Kunde zeigt unzumutbares Verhalten (Exhibitionismus)			2	
Kunde zeigt unzumutbares Verhalten (Ructus, Flatulenz)	0			
Kunde bedroht Sie per E-Mail			2	
Kunde versperrt Ein- und Ausgänge im Büro oder Flur			2	
Kunde verweist auf Kenntnis über Angehörige (Namen, Alter)		1		
Kunde schreit, beleidigt am Telefon		1		
Kunde schreit, beleidigt im Büro		1		
Kunde droht mit Tötung eigener Angehöriger				3
Kunde schlägt, greift, fixiert, rempelt Sie (an)			2	
Kunde weigert sich, Platz zu nehmen	0			
Kunde versucht, sich offenbar zur Nachtzeit einschließen zu lassen			2	
Kunde droht mit Brandbeschleuniger				3
Kunde hantiert mit einem mitgeführten Messer				3
Kunde (Handwerker) trägt einen Werkzeughammer am Gürtel		1		
Kunde beginnt, Sie mit dem Smartphone zu fotografieren	0			

Wenn am Ende des Prozesses möglicherweise noch das Ergebnis steht, dass dem Willen eines Kunden entsprochen wird, finden deutliche Lernprozesse aufseiten des Kunden statt: Trete ich nur nachdrücklich genug auf, bekomme ich, was ich will. Dieser Lernzyklus darf unter keinen Umständen ausgelöst werden, weil er das Verhältnis auf der Beziehungsebene zwischen diesem Kunden (sowie jedem, dem er davon erzählt) und der gesamten Institution nachhaltig beeinflusst.

Die sich aus der Kategorisierung ergebenden Verhaltensweisen haben das Ziel, die zeitlich unmittelbare Auflösung bzw. Trennung der Konfliktparteien herbeizuführen. Dieser Fall tritt dann ein, wenn der Kunde nicht mehr verhandelbar ist und sprachliche Deeskalation mit dem Ziel der Kundenzufriedenheit gescheitert ist. Ereignisse der Stufen 0 und 1 lassen sich in der Regel durch Sie selbst oder im Kreis der unmittelbar betroffenen Beschäftigten, ggf. mit Unterstützung der unmittelbaren Vorgesetzten lösen. Ereignisse der Stufen 2 und 3 führen zur Alarmierung eines vorhandenen Sicherheitsdienstes und/oder der Polizei. Daraus lässt sich der Grundsatz ableiten, dass sich in den Stufen 0 und 1 Beschäftigte untereinander direkte Unterstützung und (Selbst-)Hilfe leisten, während in den

Stufen 2 und 3 zunächst die Alarmierung des Sicherheitsdienstes und/oder der Polizei erfolgen muss. In einem zweiten Schritt erfolgt dann lageangemessene Unterstützung und Hilfe für die betroffenen Personen. Dieser Grundsatz verfolgt das Ziel der Sicherheit für alle Beteiligten.

6.1 Änderung der Ziele

Setzen Sie bitte voraus, dass zwischen Ihnen und dem Bürger alle Bemühungen einer empathischen Kommunikation gescheitert sind und Deeskalationstechniken keine oder nur geringe Wirkung zeigen. Sie wollten einen Konflikt einvernehmlich beilegen, dies gelingt jedoch nicht, da der Bürger nicht auf Sie eingeht. Empathische Kommunikation und auch noch die konfrontative Kommunikation verfolgen in erster Linie das Ziel der Kunden- und Beschäftigtenzufriedenheit, auch wenn Sicherheitsaspekte im Hintergrund Beachtung finden (Abb. 29).

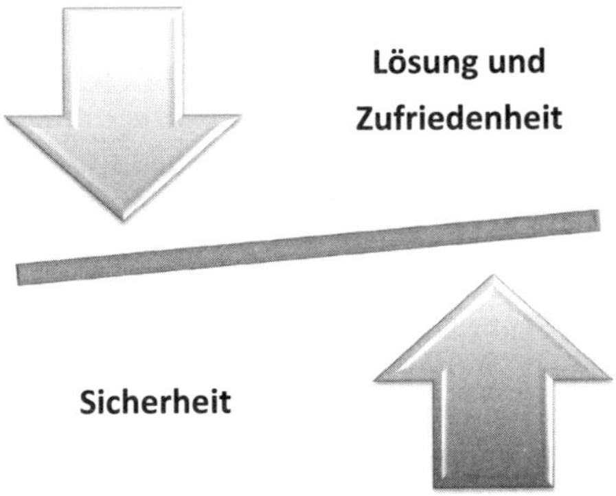

Abb. 29 Zielsetzung im Dialog

Dies ändert sich jedoch ab dem Zeitpunkt, an dem Risikomarker (▶ B. 2.2.2 Hinweis auf eine Eskalation) entdeckt werden und sich der Charakter der Begegnung zwischen Ihnen und dem Kunden ändert. Der Kunde oder Bürger wird zum potenziellen Gegner, Gefährder oder Täter. Und Sie sind nicht mehr länger in der Funktion des Dienstleisters einer Behörde, sondern potenzielles Opfer. Die unmittelbare Folge sollte sein, dass Sie Ihre innere Zielsetzung hin zu einem vorrangigen Sicherheitsdenken verändern (Abb. 30). Diesen Schritt sollten Sie dringend als Einbahnstraße ansehen und damit im Interesse Ihrer eigenen Sicherheit ab diesem Zeitpunkt als unumkehrbar betrachten.

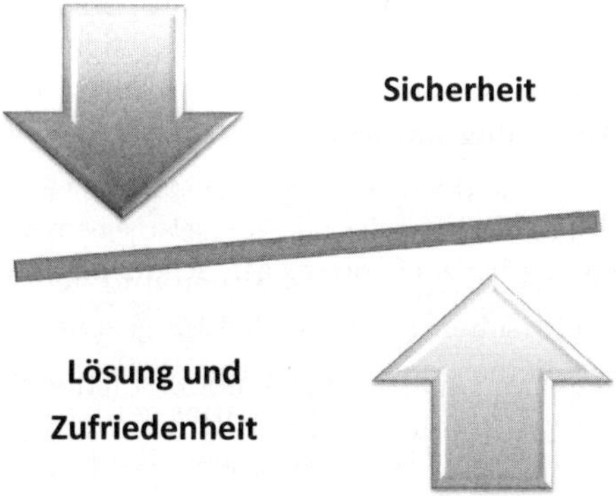

Abb. 30 Zielsetzung im Konflikt

Es besteht die Möglichkeit, dass Sie einen solchen gedanklichen Umschwung als zu massiv oder zu plötzlich empfinden. Vielleicht sagen Sie sich, dass noch nichts Ernstes passiert sei, oder Sie finden eine Entschuldigung für das Verhalten des Kunden (aufgeregt, alkoholisiert). Bleiben Sie jedoch bei dem vorherigen Gedankenmuster „Kunde und Sachbearbeitung" werden Sie auch weiter in diesem Muster handeln. Das wird dazu führen, dass Sie sich in dem Machtverhältnis zu Ihrem Gegenüber weiter nach unten bewegen (▶ B. 2.3 Faktor Macht), und kann einen dramatischen Ausgang nach sich ziehen. Denken Sie bitte daran, dass Sie bereits alle kommunikativen Mittel ergebnislos angewandt haben. Bezogen auf ein Konflikt-Handlungsmodell (Abb. 31) befinden Sie sich jetzt kurz hinter dem Übergang auf der rechten Seite im gelben Bereich.

Abb. 31 Konfliktverlauf

Sobald das Ziel in Richtung Sicherheit geändert wird, sind die Beweggründe des Konfliktgegners für sein Verhalten unwichtig. Es ist von größter Bedeutung, sein aktuelles Verhalten zu analysieren und zu bewerten, anstatt Zeit damit zu verbringen, die Gründe dafür zu erforschen. Durch die Schaffung einer mentalen Distanz zu den persönlichen Beweggründen des Gegners wird Freiraum für die Nutzung eigener geistiger Ressourcen geschaffen, die in den jetzt kommenden Phasen des Konflikts von entscheidender Bedeutung sein können.

> Die Identifizierung von Risikomarkern in Verbindung mit einem Gefühl der Unsicherheit kann dazu führen, dass das primäre Ziel in einem Konflikt von einer einvernehmlichen Lösung hin zum vorrangigen Schutz der eigenen Sicherheit verschoben wird.

Die virtuelle Grenze kann auch dadurch überschritten werden, indem unangenehme Gefühle auftreten. Während Kinder und Jugendliche in der Regel noch sensibler für diese Gefühle sind, neigen Erwachsene dazu, sie zu ignorieren. Diese Tendenz wird durch Faktoren wie Ihren emotionalen Zustand, die Interaktion mit dem Konfliktpartner und vorherige Erfahrungen beeinflusst, die uns dazu verleiten können, unsichere Verhaltensweisen anzunehmen. Daher die dringende Bitte, dass Sie sich auf Ihre Gefühle verlassen, insbesondere, wenn es ungute Gefühle sind. Bei aller Zurückhaltung, die uns die Gesellschaft und unsere Sozialisation im Umgang mit Gefühlen im beruflichen Bereich auferlegt, ist jedoch gerade das ungute Gefühl in der Situation einer der verlässlichsten Faktoren, der einen Menschen vor einer Gefahrensituation warnen könnte. In unserem Körper passieren in einem solchen Moment Dinge, die nicht unbedingt zu den Aufgaben unserer Zeit passen. Unsere Empfindungen führen zu einer Adrenalinausschüttung, höherem Blutdruck und erhöhtem Muskeltonus und dadurch können wir schnell fliehen oder kämpfen. Unsere Kultur hat an dieser Stelle regulative Elemente entwickelt, die dazu führen, dass wir dann beispielsweise unbeweglich vor einem Menschen sitzen bleiben, weil wir vor seinen Wutausbrüchen Angst haben. Opfer erkennen in einer rückblickenden Betrachtung nicht selten, wie sie vom Täter manipuliert wurden und dass sie schon frühzeitig ein Unbehagen spürten, dieses jedoch nicht beachteten. Manchmal deshalb, weil Täter im Plauderton mit viel Details agieren oder unerbetene Versprechen abgeben, die das Opfer in eine Gesprächsfalle locken. Es ist zur Erhöhung der eigenen Sicherheit wichtig, dieses ungute Gefühl zu beachten und damit die eigene Intuition ernst zu nehmen. Dabei geht es nicht darum, in ständiger Besorgnis zu leben, sondern gelassen auf die vorhandenen Instinkte zu vertrauen.

> Achten Sie auf die eigenen Emotionen und nehmen Sie sie ernst, um die eigene Sicherheit zu gewährleisten.

Ob Ihnen der folgende Gedanke gefällt oder nicht: Faktisch entscheidet der Kunde über den Verlauf des Konflikts innerhalb einer sicherheitskritischen Situation mit. Und das ist sogar mehr als eine Beteiligung an der Entscheidung. Leider wird dieser Verlauf in der Betrachtung von Konfliktsituationen häufig ausgeblendet. Der Kunde lässt sich von Ihnen steuern oder er will es nicht. Sie befinden sich jedoch bereits jetzt an einem Punkt im Konfliktverlauf, an dem Sie alle Ihnen in diesem Moment zugänglichen Methoden einer kommunikativen Konfliktlösung ausgeschöpft haben (Abb. 32). Und Sie haben damit keine Wirkung erzeugt. Die Wahrscheinlichkeit ist damit sehr hoch, dass es sich bei diesem Kunden um eine Person handelt, die sich nicht steuern lassen möchte.

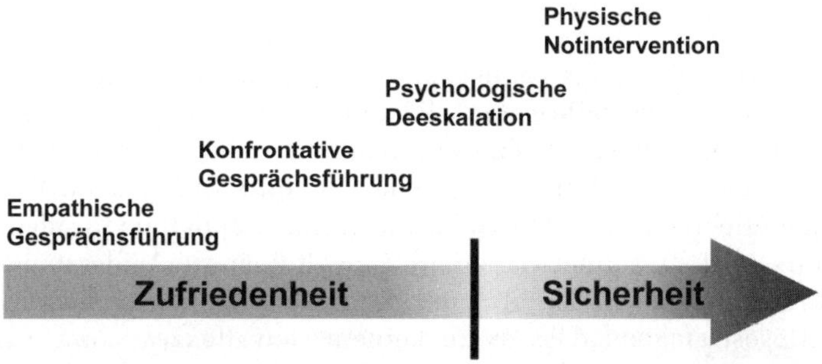

Abb. 32 Interventionsformen im Konflikt

Selbst bei einer bekannten Person ist es für niemanden möglich, die tatsächlichen Beweggründe und damit die aktuelle Bereitschaft zur Gewalt mit absoluter Gewissheit einzuschätzen. Daher stellt sich die ernste Frage, warum Sie als ein vom Konflikt betroffener Mensch nach Ausschöpfung aller kommunikativen Mittel weiterhin in den bisherigen Handlungsmustern verhaftet bleiben sollten. Vielleicht nur deshalb, weil es noch eine geringe Wahrscheinlichkeit geben könnte, dass das Gegenüber sich von sich aus dafür entscheidet, nicht zur Gewalt überzugehen. Vergleichen Sie die Situation mit dem freiwilligen Durchqueren eines Flusses, weil die Wahrscheinlichkeit, von einem Krokodil angegriffen zu werden, gering ausgeprägt ist. Sie würden dennoch nicht in den Fluss steigen. Und weil diese Ungewissheit zur tatsächlichen Gewaltbereitschaft, insbesondere in der andauernden Situation, nicht ausgeräumt werden kann, bleibt Ihnen zum Erhalt der eigenen Sicherheit nichts anderes übrig, als den Konfliktpartner so zu behandeln, als wäre er absolut gewaltbereit. Sie greifen dazu auf weniger zustimmungsbedürftige Interventionsformen wie die psychologische Deeskalation oder die physische Notintervention zurück (Tab. 10).

Tab. 10 Interventionsformen und deren Eigenschaften

Interventionsform	Vorrangige Ziele	Beeinflussbarkeit des Kunden
Empathische Gesprächsführung	Kunden- und Mitarbeiterzufriedenheit	Hoch bei hoher Kooperation Gering bei geringer Kooperation
Konfrontative Gesprächsführung	Mitarbeiterzufriedenheit	Gering bei geringer Kooperation Sehr gering bei Widerstand
Psychologische Deeskalation	Sicherheit Mitarbeiterzufriedenheit	Gering bei Widerstand
Physische Notintervention	Sicherheit	Sehr gering bei Widerstand

Dieses Denken schützt Sie vor der Gefahr, die Situation zu unterschätzen. Sollten Sie an dieser Stelle gedanklich argumentieren, dass Sie bislang in ähnlichen Situationen auch ohne eine solche Annahme keine ernsten Folgen zu verzeichnen hatten, dann ziehen Sie bitte in Betracht: Während der bisher erlebten Konflikte hatte der aggressiv handelnde Kunde nie die ernsthafte Absicht, seinen Willen mit Gewalt über alle Widerstände hinweg durchzusetzen. Es lag also mitunter nicht an den herausragenden Konfliktlösestrategien, dass es zu keinem Gewaltexzess kam, sondern schlichtweg daran, dass der Kunde letztlich nicht zur Gewalt bereit war.

Es ist unvermeidbar, dass es in Konfliktsituationen Unsicherheit darüber gibt, inwieweit der Gegner tatsächlich zu Gewalt bereit ist. Um die eigene Sicherheit zu gewährleisten, sollten Sie sich daher so verhalten, als ob der Gegner absolut gewaltbereit wäre.

Ein einfaches menschliches Handlungsmuster besteht darin, dass Sie in jeder Situation prüfen, ob wir dieses Ereignis schon einmal erlebt haben. Wenn das so sein sollte, greifen Sie auf Ihren Erfahrungsschatz und die vorhandenen Fertigkeiten zurück. Diese Sozialkompetenzen oder auch deren Mangel haben sich im Kontext von sozialen Interaktionen entwickelt und werden durch das soziale Umfeld wie Familie, Freunde, Schulen, Vereine, Universitäten und den Arbeitsplatz geprägt. Mit der Zeit bilden sich feste soziale Verhaltensmuster heraus, die immer wieder angewendet werden, da sie sich in der Vergangenheit als wirksam erwiesen haben und in ähnlichen Situationen weiterhin erfolgreich sind. Begegnen Sie einer unvorhergesehenen, sicherheitskritischen Situation, in der keine bekannten Handlungsmuster zur Verfügung stehen, da keine Verknüpfung mit einer ähnlichen Erfahrung vorliegt, müssen Sie sich auf die nächste Ebene der Reaktion verlassen, die auf die emotionalen Bedürfnisse und Instinkte abzielt. Das bedeutet, dass Sie nach einer Reaktion suchen, die Erfolg verspricht und auf diese emotionalen Bedürfnisse und Instinkte abzielt. Die Konsequenz davon ist, dass in ungewohnten und kritischen Situationen, in denen keine spezifischen Handlungsmuster verfügbar sind, Menschen auf bekannte Verhaltensweisen aus ihrer Vergangenheit in harmlosen Konflikten zurückgreifen. Das bedeutet, dass Sie soziale Programmierungen aus früheren Erfahrungen wie Höflichkeit, Kompromissbereitschaft, Fragen- und Antwortmuster, Erklärungen und Drohungen heranziehen, um das Verhalten des Gegners zu beeinflussen. Dies geschieht, weil diese Verhaltensweisen in der Vergangenheit oft erfolgreich waren. Diese Strategie kann erfolgreich sein, wenn die Gegner keine bösartigen Absichten haben, jedoch unwirksam bleiben, wenn es sich um ernsthafte Täter handelt und sie unbeeindruckt von sozialen Verhaltensweisen bleiben.

Nach Feierabend

Ein Mitarbeiter steht nach Feierabend vor der Stadtverwaltung und wartet auf seine Freundin, die ihn abholen möchte. Zwei offensichtlich alkoholisierte Jugendliche mit Bierdosen kommen hinzu, rauchen zunächst eine Zigarette, tuscheln miteinander und sprechen ihn dann an:
„Hey Du Vollpfosten, hat der Laden schon zu?"
Antwort: „Nein, der ist noch zehn Minuten offen."
„Bist Du ganz allein hier?"
Antwort: „Ich wüsste nicht, was Euch das angeht."
„Du Arschgesicht, wie redest Du denn mit uns? Willst Du eine auf die Fresse haben?"
Antwort: „Nein, will ich nicht und jetzt lasst mich in Ruhe."
„Ach ja, jetzt will es in Ruhe gelassen werden, das kleine Opfer."
Antwort: „Was wollt Ihr von mir? Ich bin kein Opfer."
„Das werden wir ja gleich sehen. Jetzt zeigt uns das Opfer erst mal, was es in den Taschen hat."
Antwort: „Ihr sollt mich in Ruhe lassen. Was habe ich Euch denn getan?"
„Du hast uns gar nichts getan. Aber wir tun Dir gleich was. Los, Taschen leer machen."
Antwort: „Wenn ihr mich jetzt nicht in Ruhe lasst, rufe ich die Polizei."

In dieser Situation (▶ Nach Feierabend) gab es eine Reihe Risikomarker (Alkohol und antisoziales Verhalten durch fortwährende Beleidigungen und Drohungen) und dennoch versucht die betroffene Person, durch Antworten und das Zeigen einer fortwährenden Gesprächsbereitschaft die Situation zu bewältigen. Ob ihm die Drohung am Ende tatsächlich weiterhelfen würde und die Jugendlichen ruhig zusehen werden, wenn er versuchen würde, die Polizei zu verständigen, kann bezweifelt werden. Die

Herausforderung an dieser Stelle besteht darin, dass die von Ihnen gesammelten sozialen Erfahrungswerte bislang Ihr Zusammenleben mit anderen Menschen geregelt und erleichtert haben. Sie machen Menschen und Situationen berechenbarer, beruhen auf Geben und Nehmen und sind ein zentrales Prinzip unserer Gesellschaft. Auch in Konflikten können damit Vertrauen und Beziehung gestärkt werden. Das funktioniert allerdings ausschließlich dann, wenn beide Seiten den Standpunkt des anderen einnehmen wollen oder können. Diese Regeln und Erfahrungswerte, die in Konfliktsituationen zur Anwendung kommen, in denen sich beide Konfliktpartner gegenseitig akzeptieren, sind insbesondere:

- Körperhaltung ist offen und unvoreingenommen
- Unsicherheiten werden mit einem Lächeln überspielt
- Lachen wird sprachbegleitend eingesetzt
- Blick zum Gegenüber, um Interesse zu zeigen
- Kooperatives und entgegenkommendes Verhalten
- Höfliche und freundliche Sprache (Grüßen, Verabschieden, Bedanken, Bitten)
- Beantwortung von Fragen
- Erklärung von Verhaltensweisen
- Entschuldigen von Fehlverhaltensweisen
- Nutzung von Ausreden, um persönliche Verletzungen zu vermeiden
- Einsatz von Drohungen in der klassischen „Wenn-dann“-Kombination

Mit der Drohung werden im Grunde negative Verhaltensweisen erfolgreich in Konflikten eingesetzt. Sie kann von der betroffenen Person je nach Situation als nötigend, ja fast erpresserisch wahrgenommen werden. Sie ist jedoch ein unverändert fester Bestandteil in Erziehungs- und Bildungseinrichtungen, in der Arbeitswelt und der Gesellschaft. Im Prinzip gibt es einen Konfliktpartner, der eine mächtigere Ausgangsposition hat und diese bewusst einsetzt, um den anderen zu einem bestimmten Verhalten zu bewegen:

- Erziehung von Kindern: Wenn ein Kind sich nicht an Regeln hält, können ihm bestimmte Privilegien entzogen werden.
- Arbeitsplatz: Wenn ein Mitarbeiter Regeln bricht, kann er abgemahnt oder entlassen werden.
- Partnerschaft: Wenn ein Partner sich nicht an Absprachen hält, kann es zu Konsequenzen wie z. B. Trennung kommen.
- Behörde: Wenn ein Bürger nicht alle Formulare für einen Antrag vorlegt, wird der Antrag nicht bearbeitet.
- Schule: Wenn ein Schüler die Hausaufgaben nicht macht, erhält er eine schlechte Zensur.

- Geschäftswelt: Wenn ein Unternehmen Gesetze bricht, kann es zu Strafen wie z.B. hohen Geldbußen kommen.
- Verkehr: Wenn jemand gegen Verkehrsregeln verstößt, kann es zu Strafen wie Bußgeldern oder Punkten in Flensburg kommen.
- Sport: Wenn ein Athlet Regeln bricht, kann er disqualifiziert oder gesperrt werden.
- Wohnen: Wenn ein Mieter Regeln bricht, kann es zur Kündigung des Mietverhältnisses kommen.
- Freizeit: Wenn jemand Regeln in einem Verein bricht, kann es zum Ausschluss aus diesem kommen.
- Reisen: Wenn ein Passagier gegen die Regeln einer Fluggesellschaft verstößt, kann es zur Ablehnung des Fluges kommen.

Das in Konflikten und in herkömmlichen Konversationen ohnehin eingesetzte Lachen oder Lächeln dient schon seit Urzeiten der Kommunikation und soll Zugehörigkeit sowie positive Bindung anzeigen. Auch heute noch steht Lachen und Lächeln am Ende von Sätzen, zeigt Wohlbefinden und soll Kooperationsbereitschaft erzeugen. Damit gilt, dass ein zugänglicher Konfliktpartner mit Lachen oder Lächeln erreicht werden kann. Ist er jedoch nicht mehr zugänglich, verkehrt sich der Einsatz des Lachens in das Gegenteil. Bestenfalls geht die andere Person nicht darauf ein und zeigt keine Kooperation, schlimmstenfalls wertet sie es als Schwäche, Unterwerfung oder sogar Provokation. Fatal ist in jedem Fall die Wirkung auf die Umwelt: Unbeteiligte, die vielleicht noch überlegen, ob sie in der Situation helfen sollten, werden das Signal tendenziell fehldeuten und als Entspannung bewerten.

> Vermeiden Sie in sicherheitskritischen Situationen das Lachen oder Lächeln. Bleiben Sie unter allen Umständen ernst.

6.2 Sicheres Verhalten

Sie wissen jetzt, dass die sozialen Programme des Alltags nicht unbedingt hilfreich sind, wenn Sie sich in einer sicherheitskritischen Situation befinden. Was sind nun jedoch die Verhaltensweisen, die zu einer sicheren Lösung beitragen? Es kann nicht häufig genug erwähnt werden: Alle versuchten einvernehmlichen Lösungswege sind ergebnislos gescheitert. Ab jetzt kommt es nur noch darauf an, eigennützig zu handeln, um Ihren eigenen Vorteil zu bewahren oder zu erreichen und damit Ihre Gesundheit zu schützen. Ob der Kunde zufrieden ist, steht keinesfalls mehr im Vordergrund. Es kommt ab diesem Zeitpunkt vielmehr darauf an, dass Sie Verständnis für die zugrunde liegenden menschlichen Prozesse entwickeln, Ihr eigenes Erfahrungs- und Handlungsrepertoire erweitern, Vorgehensweisen wählen, die so strukturiert sind, dass die dafür erforderliche Gedächtnisleistung minimiert wird, kreative Lösungen zulassen und standardisierte Lösungen als Rückfallebene parat haben. Bevor wir konkret werden, betrachten Sie bitte die folgenden Fragen und beantworten sie für sich:

- Möchten Sie Lösungen, die nur an bestimmten Orten, zu bestimmten Zeiten oder in bestimmten Situationen wirksam sind?
- Möchten Sie Lösungen, die nur bei bestimmten Kunden funktionieren?
- Möchten Sie Lösungen, die davon abhängig sind, dass Ihnen eine dritte Person hilft?
- Möchten Sie Lösungen, die das Risiko erhöhen?

Gerade mit Blick auf die letzte Frage sind es gerade nicht die gegenteiligen Verhaltensweisen der sozialen Programme, die in einer sicherheitskritischen Situation gezeigt werden sollten (unhöflich, unfreundlich), weil dies gefahrenerhöhend wäre. Es muss jede Aktivität danach bewertet werden, ob sie bei der anderen Person Impulse setzt, die zu einer Eskalation führen. Sollte sich eine Situation an einem Punkt befinden, an dem schnell offensichtlich wird, dass die zur Verfügung stehenden Kommunikationsstrategien erfolglos sind (▶ Nach Feierabend), ist es hilfreich, jedes denkbare Handeln an der letzten Frage abzugleichen (Abb. 33).

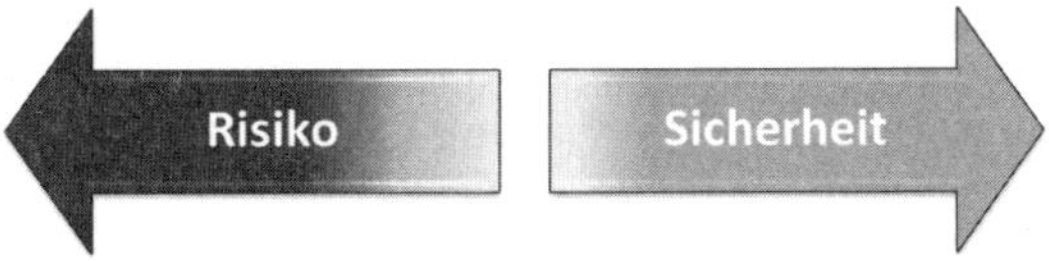

Abb. 33 Risikoabwägung

Auch wenn während herkömmlicher Konflikte innerhalb der sozialen Programme die „Ich-Botschaften" in Verbindung mit Äußerungen zur eigenen Gefühlsebene und positiven Formulierungen für Verständnis beim Konfliktpartner sorgen oder ein sanftes Berühren des Konfliktpartners im Rahmen der nonverbalen Kommunikation als positiv wahrgenommen wird, muss das nicht für eine sicherheitskritische Situation (▶ Nach Feierabend) gelten. Würde in irgendeiner Phase des Konfliktverlaufs die als Opfer betrachtete Person einen der beiden Täter sanft berühren, um positiv wahrgenommen zu werden, oder würde er höflich und zuvorkommend von seinen Gefühlen sprechen, um mit einer positiven Formulierung Verständnis zu erzielen („Ich fühle mich von euch bedroht, bitte haltet euch zurück und ich wünsche mir, das ich unbehelligt hier stehen kann.“) – was wäre die wahrscheinliche Reaktion der beiden Jugendlichen und in welche Richtung hätte sich die Person mit dieser Aussage entwickelt? Solche Ansätze der empathischen Gesprächsführung für weit fortgeschrittene Konflikte zu nutzen, erhöht die Gefährdung und geht unverständlicherweise davon aus, dass sich der Konfliktgegner mit diesen Kommunikationsmustern manipulieren lassen würde. Oder anders: Sie versuchen in solchen Augenblicken auch keine Hypnosetechniken einzusetzen. Bitte betrachten Sie die folgenden Ausführungen stets unter dem Blickwinkel eines möglichst sicherheitsorientierten Herangehens an die Situation.

6.3 Allein mit dem Kunden

Die wahrscheinlichste Ausgangssituation einer sicherheitskritischen Situation ist, dass Sie sich allein mit dem Kunden im Büro oder an einem anderen Ort befinden. Die Wahrscheinlichkeit ist deshalb höher, weil eine solche Situation für eine Machtdemonstration des Kunden die günstigste Ausgangssituation ist (▸ 2.3 Faktor Macht). Eine bilaterale Situation ist auch deshalb wahrscheinlicher, weil sie in vielen Behörden die übliche Begegnungsform zwischen Verwaltung und Bürger darstellt. Im weiteren Verlauf erfolgen dann Darstellungen für Situationen mit mehreren Beteiligten, die sich entweder von Anfang an in der Situation befinden oder die als helfende Personen hinzukommen. Neben der Änderung Ihrer Zielhierarchie von Kundenzufriedenheit hin zu Ihrer eigenen Sicherheit verfolgen Sie die Absicht, die Situation so weit unter Kontrolle zu halten, dass eine physische Gegenwehr nicht erforderlich wird. Dafür gilt grundsätzlich, dass Sie Ihr Verhalten so schnell wie möglich anpassen. Zu Beginn der Situation können Sie mit hoher Wahrscheinlichkeit auf alle Ihre Fähigkeiten zugreifen. Um aus dem reaktiven Bereich des Handelns herauszukommen und die Kontrolle über die Situation zu erhalten oder zu behalten, müssen Sie frühzeitig handeln. Sie stehen vor der neuen und schwierigen Aufgabe, eine sicherheitskritische Situation zu bewältigen. Die immer stärker werdende Erregung reduziert die Leistungsfähigkeit des Gehirns und je länger die Situation andauert, desto stärker werden Stimme und Sprache beeinträchtigt. Das erhöht den Stress weiter, kann zu Überreaktionen führen und Lösungen werden nicht mehr erkannt.

Besteht zwischen Ihnen und dem konfliktbereiten Kunden ein größtmöglicher Abstand, ist dies aus mehreren Gründen hilfreich. Körperliche Distanz kann dazu beitragen, dass sich die Beteiligten des Konflikts:

- besser auf die Lösung des Problems konzentrieren können; wenn sich zwei Personen in unmittelbarer Nähe befinden, kann es schwierig sein, sich auf das Problem zu konzentrieren und Lösungen zu finden, da die Emotionen hochkochen können;

- besser auf ihre Körpersprache und Gestik konzentrieren können; wenn sie voneinander entfernt sind, kann dies dazu beitragen, dass sie besser verstehen können, was der andere möchte und fühlt;
- entspannen und ihre Emotionen beruhigen und somit eher in der Lage sind, konstruktiv miteinander zu kommunizieren. Ansonsten kann dies dazu führen, dass sie sich bedroht fühlen und ihre Wut und Angst steigt.

Dieser Abstand zu einer potenziellen Gefahr ist ein sehr einfaches und gleichzeitig wirksames Handlungsmuster. Stehen Sie auf dem Bahnsteig und ein Zug fährt durch, stehen Sie vor einem großen Feuer oder droht an der Stelle etwas von einem Baum zu fallen, treten Sie zurück, um einen angemessenen Abstand zur Gefahrenquelle aufzubauen. Wenn Sie das tun, zeigen Sie klar auf nonverbaler Ebene an, dass Sie Ihre Distanzzone gewahrt haben möchten. Dabei gilt die einfache Regel, dass je weniger Interesse Sie an einem Austausch haben, desto weiter möchten Sie von der anderen Person entfernt sein. Demgegenüber wird von aggressiven und gewaltbereiten Menschen die Distanzunterschreitung, bis hin auf wenige Zentimeter, als bewusstes Mittel genutzt, um den anderen zu verängstigen und zu beeinflussen. Um diesen Abstand zu erreichen, sollten Sie zu dem frühestmöglichen Zeitpunkt alles daransetzen, das unmittelbare Umfeld der sicherheitskritischen Situation zu verlassen. Dabei sollten Sie sich nicht von dem Gedanken leiten lassen, dass das Büro „Ihr" Büro sei und die andere Person dieses zu verlassen habe. Es geht um Ihre Sicherheit und damit sind alle anderen Überlegungen zu Etikette, Datenschutz oder Sicherung von Eigentum zweitrangig. Nutzen Sie dazu einfachste Erklärungen oder Ausreden, die möglichst schlüssig erscheinen. Diese könnten sich auf Teile der Kundenakte beziehen, Druckerpapier oder Tonerersatz für den Drucker, ein Dienstsiegel, besondere Formulare, Geldmittel, ein Informationsblatt, ein notwendiger Toilettengang oder das Anbieten eines Getränkes sein (Abb. 34).

Abb. 34 Kommunikationsmöglichkeiten

Ansätze wie Kollegen oder die Leitungsebene dazu zu holen, selbst unter dem Vorwand einer Beratung oder Entscheidung, kann zur Eskalation beitragen, weil die weiteren Personen als eine zusätzliche Gefahr eingestuft werden könnten – was sie ja auch tatsächlich darstellen sollen. Selbst wenn Ihnen in der Situation absolut nichts einfallen sollte, bestünde immer noch die Möglichkeit, ohne jegliche Ankündigung stumm aufzustehen und schnellstmöglich das Büro zu verlassen. Gelingt es Ihnen nicht und wird Ihnen der Weg versperrt, bleibt Ihnen der Versuch, über eine körperliche Intervention an der anderen Person vorbeizukommen oder sich im Büro zurückzuziehen und eine Alarmierung von Helfern durchzuführen. Das erfolgt entweder offen über Lärm und laute Rufe oder mittels einer vorhandenen Alarmierungseinrichtung. Je nach Vorlauf können Sie sich auch dazu entscheiden, sich auf Ihren Platz zurückzuziehen und von dort eine verdeckte und stumme Alarmierung durchführen, sofern Sie über solche technischen Einrichtungen verfügen.

Die gezeigte Körpersprache (▶ B. 3.1 Nonverbale Kommunikation) sollte auf die andere Person eindrucksvoll, energisch und entschlossen wirken. Wesentlichste Elemente sind dabei die Blickrichtung, die Hinwendung zu der anderen Person und eine ernste Gesichtsmimik, damit durch ein Lächeln keine missverständlichen Signale gesendet werden. Niemand kann es gelingen, eine Gefahr verlässlich einzuschätzen oder einen Angriff abzuwehren, wenn von der Person weggeschaut wird. Es kommt dabei darauf an, die Person in ihrer Gesamtheit wahrzunehmen. Verändert sie ihre Position, kommen weitere Risikomarker wie nervöse Bewegungen hinzu und vor allen Dingen: Was macht der Konfliktgegner mit seinen Händen? Während wir innerhalb herkömmlicher Kommunikation aus Gründen der Höflichkeit dem anderen in die Augen oder in das Gesicht schauen, muss dies innerhalb sicherheitskritischer Situationen anders sein. Die Hände müssen immer wieder visuell unter Kontrolle gebracht werden. Hat die Person bereits etwas in den Händen, ergreift sie etwas oder verändert sie auffällig die Position der Hände?

Im sprachlichen Bereich lassen sich mit einfachsten Techniken wirkungsvolle Erfolge verzeichnen. Dazu sind keine Fantasie oder schwierig umzusetzende paradoxe Anmerkungen erforderlich. Ihre Sprache soll lediglich vermitteln, was Sie von Ihrem Gegenüber genau in diesem Moment erwarten. Je intensiver der Konflikt ausgestaltet ist, desto kürzer und deutlicher sind Ihre Anweisungen. Sie orientieren sich an den Qualitätsmerkmalen Kürze, Verständlichkeit und Einfachheit. Sie heben das „Sie“ hervor und wiederholen Ihre Anweisungen, wenn es notwendig erscheint. Sie sprechen so laut, dass Sie auch von umstehenden oder in der Nähe befindlichen Dritten verstanden werden und nutzen eher kurze Sätze. Das bringt für beide Seiten Vorteile mit sich. Sie erhöhen die Wahrscheinlichkeit, dass Sie verstanden werden, und Sie schonen Ihre eigenen kognitiven Ressourcen, indem Sie nicht immer wieder neu überlegen müssen, was Sie als Nächstes sagen sollten. Für die allermeisten Situationen, die sich in Ihrem Tätigkeitsbereich ereignen können, lassen sich bereits heute Standardformulierungen finden, die Sie nutzen können. Es fällt dem Kunden, der die Situation verursacht auch schwerer, aus wenigen wohlüberlegten Worten oder Sätzen ein subjektiv schwaches Bild über Sie zu entwerfen. Vielmehr bekommt er bei Beachtung aller hier erwähnten Aspekte ausschließlich neutrale oder machtvolle Signale gesendet. Die Reduktion der Sätze kann dazu führen, dass zu einem bestimmten Zeitpunkt auf Einwortsätze wie „Nein“ oder „Stopp“ geschwenkt wird. Die Vorstufe könnten Kurzsätze sein wie „Hören Sie auf.“ oder „Bleiben Sie weg.“. Bleibt das Vorgehen dennoch ergebnislos und lässt die Gegenseite nicht locker, ziehen Sie in Betracht, die sprachliche Kommunikation vollständig einzustellen und zu schweigen. Dabei erzeugt Schweigen eine mindestens gleichwertige, wenn nicht sogar stärkere Wirkung als Sprache. Ihnen steht damit ein abgestuftes sprachliches System zur Verfügung (Abb. 35), mit dem Sie auf jede Situation lageangepasst und auf Ihre individuellen Vorlieben abgestimmt reagieren können.

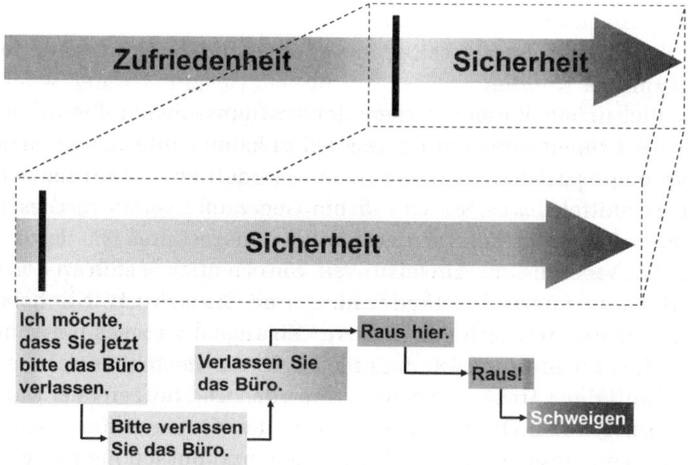

Abb. 35 Effiziente Sprachmuster

Innerhalb der sicherheitskritischen Situation ist es zudem von größter Bedeutung, dass Sie authentisch wirken, um bei Ihrem Gegenüber als echt und glaubwürdig wahrgenommen zu werden. Ihre Verhaltensweisen sollten dabei Ihrem inneren Erleben entsprechen. Authentizität zu erreichen, erfordert eine bewusste Auseinandersetzung mit eigenen Verhaltensweisen und inneren Haltungen. Verhaltensweisen, die von anderen kopiert wurden, sind zu vermeiden und stattdessen sollten Sie das sagen und tun, was der eigenen inneren Haltung entspricht. Dabei ist es wichtig, sich bewusst zu sein, dass es soziale Rollen gibt, die eine gewisse Angleichung erfordern, jedoch sollten Sie nicht Ihre eigene Identität aufgeben. Authentizität wird erreicht, indem das eigene Selbst betrachtet wird, Sie auf die eigenen Vorlieben und Werte achten und bestehende Stärken ausbauen. Dies führt zu einer stärkeren Individualisierung und persönliche Kompetenzen entwickeln sich weiter. In Konfliktsituationen sollte jeder Beteiligte so echt wie möglich wirken, auch wenn dies bedeutet, Angst oder vermeintliche Schwäche zu zeigen. Dies kann Dritte dazu bewegen, zu helfen und das innere Gleichgewicht zu stabilisieren, anstatt zu versuchen, etwas vorzuspiegeln, was nicht der Wahrheit entspricht und von dem anderen als zusätzliche Schwäche interpretiert werden kann.

Wenn es Ihnen gelungen ist, auf dem kreativen Weg – unter einem Vorwand – oder auf dem konfrontativen Weg das Büro zu verlassen, führt Sie je nach Ausgangssituation der Weg sofort zum nächsten Telefon, um die Polizei zu verständigen, zum Sicherheitsdienst, zu Vorgesetzten oder zu Kollegen. Sie entscheiden in dem Fall, dass keine Unterstützung von außen erforderlich ist, unter Beratung, ob es die Ausgangssituation und die Person des Kunden zulässt, ob Sie das Gespräch unter Beteiligung eines Kollegen, eines Vorgesetzten oder des Sicherheitsdienstes fortsetzen oder ob eine Neuterminierung geboten erscheint oder ob sogar andere Maßnahmen ergriffen werden müssen. Je nach Fallgestaltung wird bei einer Fortsetzung des Gespräches dem Kunden offen erklärt, dass jetzt ein Kollege, Vorgesetzter oder der Sicherheitsdienst dazukommt, um einen friedlichen Verlauf sicherzustellen. Sie können auch hier in weniger heiklen Fällen einen Vorwand benutzen, um die Anwesenheit des weiteren Kollegen zu erklären, wie z.B. der neue Kollege, der diesen Geschäftsvorgang noch nicht kennt und sich das jetzt einmal anschauen soll. Über die Anwendung der vorab genannten Elemente des frühzeitigen Handelns, der größtmöglichen Distanz, ausdrucksvoller Körpersprache, effizienten Sprachmustern und hoher Authentizität hinaus müssen Sie dringend vermeiden, bestimmte Elemente zu nutzen, die innerhalb herkömmlicher sozialer Interaktion gelegentlich angewendet werden (Abb. 36).

Beleidigungen

Berührungen

Drohungen

Abb. 36 Risikoerhöhende Verhalten

Beleidigungen oder andere Provokationen werden zu keiner Abflachung des Konfliktes führen, weil sie offen die Machtposition der anderen Person angreifen. Berührungen sind unter allen Umständen zu vermeiden, da sie die unmittelbare Vorstufe zu einem körperlichen Konflikt darstellen können. Diese Grundregel hat erst dann keine Gültigkeit mehr, wenn im nächsten Schritt eine körperliche Auseinandersetzung beabsichtigt ist. Während Drohungen im Bereich herkömmlicher Konflikte eine geübte und anerkannte Praxis darstellen, sind sie im Bereich sicherheitskritischer Situationen als risikoerhöhend zu bewerten. Mit ihr kann eine Eskalation gestartet werden. Sie greift in die Machtposition der anderen Person ein und ist in ihrer Wirkung vollständig davon abhängig, ob die andere Person darauf eingeht.

Mit diesem Schritt wird die Kontrolle über die Situation auf den Konfliktgegner übertragen. Die Drohung soll nur dazu dienen, die andere Person dazu zu bringen, sich Ihrem Willen zu beugen. Die häufigste Drohung dürfte die Ankündigung sein, Vorgesetzte, den Sicherheitsdienst oder die Polizei zu verständigen. Unabhängig davon, dass das Überraschungsmoment aus der Hand gegeben wird, bedeutet die Ankündigung noch lange nicht, dass auch tatsächlich eine Verständigung erfolgen kann. Denn das müsste die andere Person widerstandslos zulassen; und selbst wenn es möglich ist, diese Verständigung durchzuführen, vergeht Zeit, bis die zur Hilfe angeforderte Institution vor Ort eingetroffen ist.

Vermeiden Sie in sicherheitskritischen Situationen unbedingt Beleidigungen, Berührungen oder Drohungen gegenüber dem Konfliktgegner.

6.4 Verhalten im Team

Eine häufig auftretende Teamsituation könnte in der öffentlichen Verwaltung darin bestehen, dass sich zwei oder mehr Mitarbeiter mit dem Kunden im Büro befinden. Ab einem bestimmten Moment nimmt der zunächst unbeteiligte Mitarbeiter wahr, dass sich eine sicherheitskritische Situation abzeichnet. Eine Pflicht zur aktiven körperlichen Hilfeleistung besteht nicht. Gleichwohl ist das Holen von Hilfe zumutbar; eine Verletzung dieser Pflicht kann strafrechtliche Folgen haben. Grundvoraussetzung für ein funktionierendes Hilfeschema durch eine im Büro anwesende zweite beschäftigte Person ist eine Absprache untereinander. Werden in der Vorbereitung auf ein Kundengespräch sicherheitsrelevante Aspekte deutlich, weisen Sie – auch wenn das Gespräch grundsätzlich allein geführt werden könnte – den zweiten Beschäftigten auf diese Aspekte hin und treffen eine Absprache dahin gehend, ob der zweite Beschäftigte das Büro bei normalem Gesprächsverlauf verlassen darf. Befinden sich zwei Beschäftigte in einem Büro, muss der Verlauf eines Kundengesprächs im Hinblick auf sicherheitskritische Entwicklungen auch von dem Unbeteiligten verfolgt werden. Verläuft – unabhängig von vorherigen Einschätzungen – ein Gespräch so, dass der Eindruck einer sicherheitskritischen Entwicklung entsteht, kann in Abhängigkeit der konkreten Situation der zweite Beschäftigte entweder

- kommentarlos oder unter Verwendung eines passenden Vorwands das Büro verlassen und Hilfe organisieren oder
- mit dem betroffenen Kollegen unter Verwendung eines passenden Vorwands das Büro verlassen.

Die zweite Variante wird mit hoher Verlässlichkeit nur dann funktionieren, wenn dieses Verfahren zuvor zwischen ihnen beiden eingehend erörtert wurde. Die Verwendung von Codewörtern oder -sätzen, um diesen Vorgang auszulösen, ist nicht zu empfehlen. Werden Sie unter Nutzung eines Vorwands aufgefordert, dem Kollegen bei dem Verlassen des Büros zu folgen, beteiligen Sie sich ohne Diskussion oder Nachfragen. Eine Klärung kann sofort nach Verlassen des Büros erfolgen. Befindet sich der zweite Beschäftigte in einem Nachbarbüro und kann den Gesprächsverlauf verfolgen, besteht die Möglichkeit eines Anrufs in dem Büro, um den angerufenen Beschäftigten unter Verwendung eines Vorwands zum Gehen aus dem Raum aufzufordern. Dieser Anruf kann in geeigneten Fällen durch eine vorbereitete E-Mail (▶ D. 9.3 Muster Notfall-E-Mail) ausgelöst werden. Dieses Verfahren ist jedoch nur bedingt erfolgversprechend, da es nicht nur die Absendemöglichkeit voraussetzt, sondern auch das Lesen der Nachricht Bedingung für ein Gelingen ist. Alternativ kann der Kollege den Raum betreten, einen Vorwand nutzen und den betroffenen Beschäftigten aus dem Büro bitten.

Über vorhandene Alarmierungssysteme, Hilferufe oder auch möglicherweise die laute Auseinandersetzung innerhalb eines Büros können ebenfalls andere Beschäftigte auf eine sicherheitskritische Situation aufmerksam werden. Die dann erforderliche Hilfeleistung durch Dritte von außerhalb des Büros verlangt ein abgestimmtes Vorgehen, um die Sicherheitsinteressen aller Beteiligten zu wahren. Dies beginnt damit, dass ein unbedachtes Hineinstürmen in den Raum zu vermeiden und durch verantwortungsbewusste Beschäftigte aktiv zu verhindern ist. Die Situation in dem Raum kann sich in jeder Sekunde in jede Richtung ändern. Daher ist es ohne weitere Information aus dem möglicherweise geschlossenen Büro unbekannt, welche Art von sicherheitskritischem Ereignis in diesem Raum vorherrscht, wenn der Raum betreten wird. Mit hoher Wahrscheinlichkeit ist es so kritisch, dass es dem betroffenen Beschäftigten im Raum nicht möglich war, den Raum zu verlassen. Unverändertes Ziel ist daher auch hier, den betroffenen Beschäftigten aus dem Raum zu evakuieren und eine Klärung der Situation außerhalb des Büros herbeizuführen. Der Kunde mit seinen möglicherweise noch vorhandenen fachlich-inhaltlichen Bedürfnissen hat zunächst keine Bedeutung mehr.

Es ist ausdrücklich nicht das Ziel, mit einer Personenmehrheit im Raum einen so großen psychischen Druck auf den Kunden auszuüben, dass er von seinen Absichten Abstand nimmt, einlenkt und sich wieder steuern lässt. Dieser gedankliche Ansatz setzt wieder voraus, dass der Kunde sich fügt, und überträgt die Kontrolle der Situation an den Kunden, der bis zu diesem Zeitpunkt alles getan hat, um unter Beweis zu stellen, dass er sich nicht unterordnen wird. Es ist bekannt, dass dieses Vorgehen vermutlich täglich in Behörden praktiziert wird und zum vermeintlichen Erfolg führt. Dieser Erfolg tritt jedoch nur deshalb ein, weil sich der aggressive Kunde dazu entscheidet, seine Interessen zurückzustellen. Aus Sicherheitsgründen kann vor diesem Vorgehen nur entschieden gewarnt werden.

Das Büro sollte durch Helfer grundsätzlich nicht allein betreten werden. Die Stärke und Überlegenheit gegenüber dem Kunden entstehen durch die Demonstration von Verbundenheit und Geschlossenheit einer Gruppe von Menschen und das einheitliche gemeinsame Ziel, den betroffenen Kollegen aus der Situation zu evakuieren. Der Kunde hat das Problem, dass er die Leistungsfähigkeit der Gruppe nicht einschätzen kann und sich dadurch verunsichert fühlt; jeder Einzelne in der Gruppe hingegen fühlt sich geschützter und stärker, als wenn er allein auftreten würde. Hierfür reichen – auch vor dem Hintergrund der Bürogrößen – drei bis vier Helfer aus. Es ist hilfreich, dass eine Person die Koordination übernimmt. Diese Person hat die Aufgabe, weitere Gruppenmitglieder festzulegen, wenn diese bereits vor Ort sind, oder diese zu bestimmen, wenn diese z. B. aus dem nahe gelegenen Büro geholt werden müssen. In dem hier gewählten Grafikbeispiel werden im beruflichen Kontext Menschen, die sich vor einem Büro, aus dem Geschrei ertönt, auf dem Flur versammelt haben (Abb. 37), Gruppenmitglieder bestimmt und Ihnen Aufgaben zugewiesen.

Nutzen Sie gezielt die Stärke der Gruppe, um die Situation für den Gefährder zu erschweren.

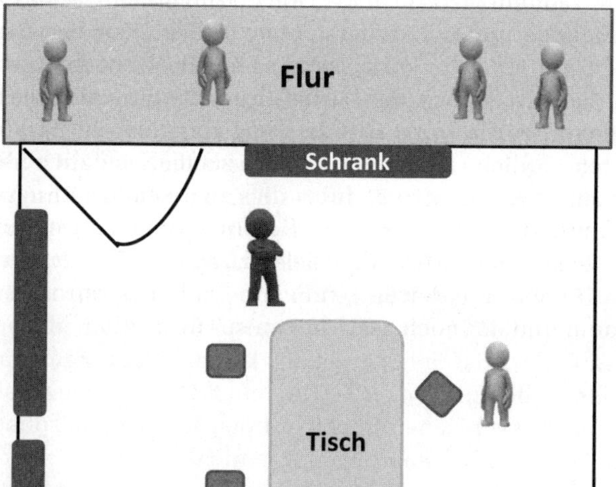

Abb. 37 Bürosituation nach Alarmierung

Nicht zufällig decken sich diese Aufgabenstellungen (Abb. 38) mit den Aufgaben, die in sonstigen Hilfeleistungssituationen wie bei Unfällen anfallen und erledigt werden müssen, um einem Opfer Hilfe zu leisten. Die vier Aufgaben sind:

1. Klassifizieren und ständiges Beobachten der Lage
2. Sicherung der Gruppe durch ablenken des Kunden
3. Hilfeleistung für den Kollegen durch evakuieren
4. Anfordern der Polizei, wenn notwendig

Dabei gilt der Grundsatz, dass es keinen Wechsel zwischen den Aufgaben geben sollte, damit keine Irritation erzeugt wird. Naturgemäß ist nicht jede Gruppe von helfenden Kollegen gleich leistungsfähig. Sie unterscheiden sich in Größe, Gewicht, Geschlecht, verbalem Ausdrucksvermögen und in ihren sonstigen Kenntnissen und Fertigkeiten. Es gibt möglicherweise akute gesundheitliche Einschränkungen und im Beruf kommen hierarchische Einflüsse hinzu. Die für normale Arbeitsabläufe geltenden Regeln, wie dass die Teamleitung die Regeln festlegt oder vorrangig kommuniziert, können je nach Konstellation außer Kraft gesetzt werden, weil es zeitlich dringend ist oder die Situation ungünstig erscheint. Diese Möglichkeit eines abweichenden sozialen Gruppenprozesses muss unbedingt im Vorfeld einer sicherheitskritischen Situation erörtert werden, weil er sonst Hemmungen im Ablauf verursachen wird. Je besser sich die Gruppenmitglieder untereinander kennen und je mehr Vorwissen sie haben, desto besser sind die Voraussetzungen für ein koordiniertes Vorgehen. Keinesfalls ist jedoch ein beständiges Training erforderlich. Wäre dies zutreffend, würde keine Hilfeleistung von Laien im Straßenverkehr funktionieren. Sollten Gruppenmitglieder glauben, mögliche Verhaltensvorschläge zu lange abzuwägen, führt dies zu einem Leistungsverlust der Gruppe, der mit klaren einheitlichen Regeln vermieden werden kann. Erfahrungen zeigen, dass wenn die Zielsetzung der Hilfeleistung verstanden wurde, innerhalb von wenigen Sekunden eine Absprache der Helfer vor dem Raum und der noch geschlossenen Tür möglich ist.

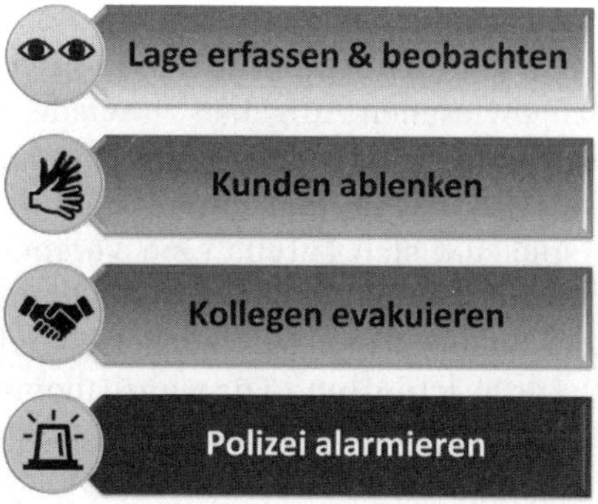

Abb. 38 Aufgaben in der Gruppe

Mit dieser Aufgabenverteilung entsteht aus einer unkoordinierten und ziellosen Anordnung von Personen, die sich vor dem Büro versammelt haben, eine Gruppe von Menschen, die einem in Not befindlichen Kollegen gezielt und überlegt Unterstützung zukommen lassen können. Eine solche Zuweisung von Aufgaben dauert in einem Team, das die Aufgaben bereits im Vorfeld eines solchen Ereignisses besprochen und sich vergegenwärtigt hat, sechs bis zwölf Sekunden. Spontane Teams benötigen für eine Einweisung zwischen 30 und 50 Sekunden.

Die gezielte Verteilung von Aufgaben, orientiert an einem gemeinsamen Ziel, ist die wichtigste Voraussetzung für eine erfolgreiche kollegiale Unterstützung.

Innerhalb fest bestehender beruflicher Arbeitsteams sollten keinesfalls Vorabsprachen für den Ereignisfall getroffen werden; denn es lässt sich nicht vorhersagen, wer zu welchem Zeitpunkt an welchem Ort sein wird, und eine zu frühe Festlegung führt dazu, dass sich die Teammitglieder nur mit ihrer eigenen Aufgabe beschäftigen und das Gesamtkonzept vernachlässigen („Ich muss ja nur die Polizei anrufen."). Wenn bei der Einteilung im Ereignisfall Gruppenangehörige versuchen, das kommende Geschehen in dem Büro vorauszusagen und unterschiedliche Folgehandlungen zu konzipieren, sollte dies auf angemessene Art und Weise unterbunden werden.

Das folgende Handlungsmuster umfasst bereits nahezu alle Denkmodelle, weshalb solche Überlegungen in der Nothilfesituation zu viel Zeit verschwenden würden. Die Einflussnahme auf solche Personen sollte in angebrachter Form erfolgen, da die Gefahr besteht, dass sich die Helfer innerlich oder tatsächlich aus dem Prozess zurückziehen, weil sie die Kritik als zu massiv empfinden. Günstig ist es, in solchen Fällen immer wieder auf das Ziel einer schnellstmöglichen Evakuierung des in Not befindlichen Kollegen hinzuweisen. Die Gruppenmitglieder sollten auch aufgefordert werden, die ihnen zugewiesenen Aufgaben zu wiederholen, um sicherzustellen, dass das notwendige Verständnis erzielt wurde. Es ist nach wie vor unklar, wie sich die Situation in dem Büro tatsächlich darstellt, und in dem grafischen Beispiel hat sich bereits eine Veränderung ergeben: Der Kunde hat sich um den Tisch des Sachbearbeiters herum bewegt, sich diesem genähert und der Sachbearbeiter ist zurückgewichen (Abb. 39) – was jedoch nicht durch eine geschlossene Tür wahrgenommen werden kann.

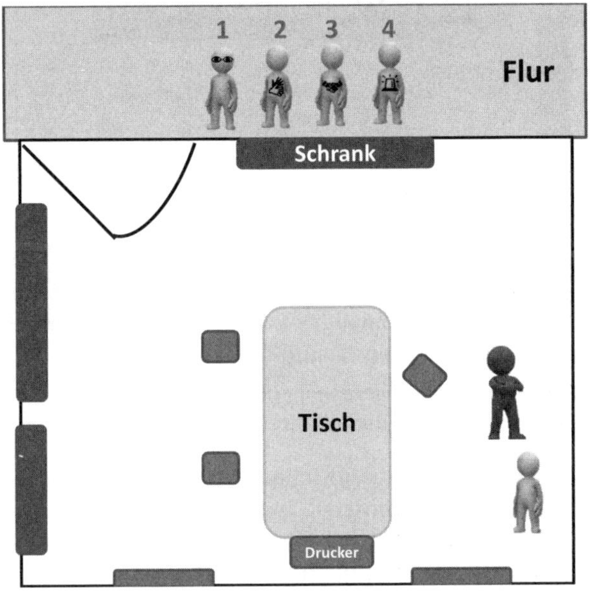

Abb. 39 Bürosituation vor Betreten des Büros

Bei der Aufgabenverteilung und der in diesem Beispiel gewählten Lage geht es zunächst nur darum, das Handlungsmodell zu erläutern; es lässt sich auch auf andere Konstellationen einer sicherheitskritischen Situation in dem Büro anwenden. Nach der Aufgabenverteilung betritt die helfende Gruppe mit so vielen Gruppenmitgliedern wie unbedingt erforderlich das Büro, lenkt den Täter ab und evakuiert den bedrohten Kollegen ohne sich weiter um den Täter zu kümmern oder sonstige Tätigkeiten in dem Raum zu verrichten (Abb. 40). Die jeweiligen Laufwege der Gruppenmitglieder sind dabei möglichst direkt, es wird auf größtmögliche Distanz zum Kunden geachtet und die Geschwindigkeit ist so hoch wie möglich. Das Betreten des Büros erfolgt dabei naturgemäß durch die Gruppe nacheinander durch die Tür in der Reihenfolge der Aufgaben. Die Tür bleibt während der Unterstützungsleistung ununterbrochen geöffnet.

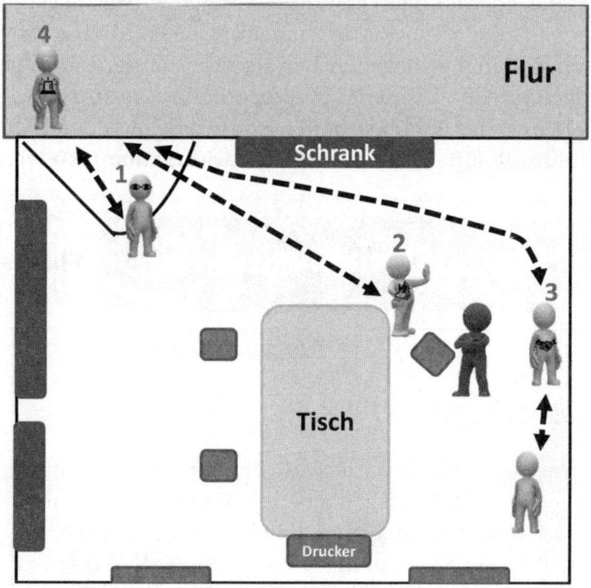

Abb. 40 Bürosituation während der Evakuierung

Die erste helfende Person hat im gesamten Ablauf eine wichtige Schlüsselposition. Sie beobachtet vorwiegend, koordiniert die Gruppe, greift bei unvorhersehbaren Verläufen ein und hat damit die verantwortungsvollste Position, insbesondere wenn die Situation insgesamt risikoreicher ist. Es können sich für die erste Person drei Grundszenarien (Abb. 41) in dem Büro darstellen, nachdem sie Einblick gewinnt:

- Die Situation ist wider Erwarten ruhig und die Position des Kunden und des Mitarbeiters im Raum ist unauffällig.
- Die Situation ist nach Erwartung eskaliert und möglicherweise befinden sich Kunde und Mitarbeiter nicht an ihren erwarteten Positionen.
- Die Situation ist völlig eskaliert und stellt sich in erster Betrachtung für jeden, der den Raum betritt, höchst gefährlich dar.

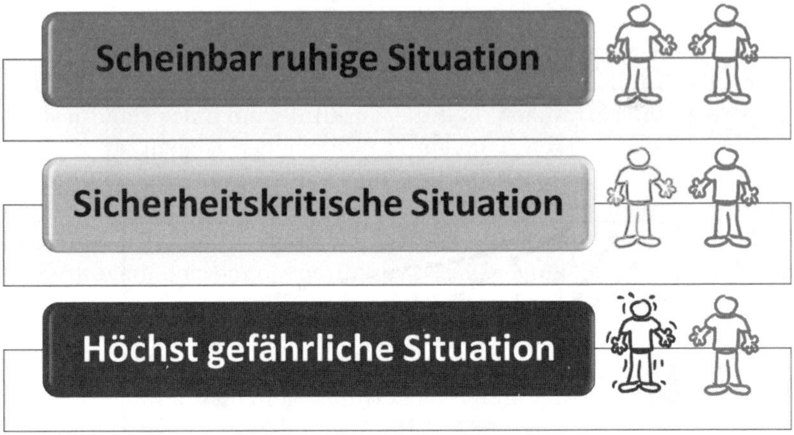

Abb. 41 Situation nach Türöffnung

Diese erste Person hat damit die Aufgabe, zu entscheiden, ob im ersten Fall versucht wird, den Kollegen aus dem Raum zu sprechen, im zweiten Fall die Evakuierung freigegeben wird oder im dritten Fall das Büro überhaupt betreten wird. In dem sehr seltenen Fall, dass die Gefährdung in dem Raum so hoch sein sollte, dass ein Betreten des Büros hohe Gefahren für die Gruppe hervorruft, muss die Evakuierung unterbrochen, die Gruppe am Betreten des Büros gehindert und sofort die Polizei und der Rettungsdienst verständigt werden. Es muss abgewogen werden, ob die Tür offengelassen oder wieder geschlossen wird. Steht der Kunde beispielsweise mit dem Rücken zur Tür und bemerkt daher die Türöffnung und die Nachschau nicht, spricht das eher für ein Schließen der Tür. Wirkt der Kunde massiv auf den im Raum befindlichen Kollegen ein, könnte entschieden werden, die Tür offen zu lassen und von dort aus den aggressiven Kunden laut anzusprechen, um seinen Handlungsablauf zu unterbrechen. Dabei muss damit gerechnet werden, dass sich der aggressive Kunde der Gruppe zuwendet und auf diese zukommt. Sollte er bewaffnet sein, bliebe der Gruppe nur noch die Flucht. Diese Lageentwicklung zu durchdenken ist unangenehm, stellt jedoch in diesem Lageverlauf das in letzter Konsequenz sicherste Verhalten für die Gruppe dar.

Das Freigeben einer Evakuierung im zweiten Fall der Eskalation erfolgt nicht durch mündliche Kommunikation gegenüber der Gruppe, sondern schlicht durch das eigene Betreten des Raumes. Während der anfänglichen visuellen Kontrolle der Lage in dem Raum, die sich auf den Aufenthaltsort des Kunden, dessen Hände und Verhalten konzentriert, steht die erste Person im Türrahmen, hält die Türklinke mit einer Hand fest und blockiert mit der anderen Hand am Türrahmen den Zugang für die Gruppe. Entscheidet die erste Person, dass die Evakuierung durchgeführt werden kann, lässt sie den Türrahmen los und betritt den Raum so weit wie gerade notwendig, damit die nächsten Gruppenmitglieder den Raum gleichfalls betreten können. Dieses Verfahren – ohne sich umzudrehen – hat den Vorteil, dass der Kunde ununterbrochen weiter beobachtet werden kann, und lenkt durch die fehlende Sprache nicht zu früh die Aufmerksamkeit des Kunden auf die Tür.

Ist die Situation im Raum scheinbar ruhig, kann dies daran liegen, dass die Eskalation abgeflacht ist, im Fall einer elektronischen Alarmierung ein Fehlalarm vorliegt oder eine Drohung ausgesprochen wurde, die den Kollegen ruhiggestellt hat. Nimmt die erste Person aus seiner Beobachterposition im Türrahmen diese scheinbar ruhige Lage wahr, wird der Mitarbeiter in dem Büro angesprochen und vor das Büro gebeten. Auch hier gelten wieder die kreativen Ideen, um den wahren Grund zu verschleiern (Code für den Farbkopierer, Schlüssel für den Siegelschrank oder Fachfrage, die nur er beantworten kann). Die Situation wird dann vor der Tür geklärt und im Fall eines Fehlalarms erfährt der Kunde weder etwas von der verursachten Aufregung noch über die vorhandenen Sicherheitsmechanismen. Reagiert der Kollege in dem Büro nicht auf die Ansprache, weil er möglicherweise unter Schock steht, wird die Evakuierung sofort freigegeben.

Die zweite helfende Person betritt sofort nach der ersten Person der Gruppe den Raum, wenn diese den Zugang freigegeben hat. Sie richtet ihre Aufmerksamkeit auf den Kunden und spricht ihn an. Diese Ansprache hat nicht den Sinn einer fachlichen Erörterung oder Situationsklärung, sondern dient lediglich der Ablenkung des Kunden von dem betroffenen Beschäftigten im Büro. Dieser Helfer muss unbedingt alle Regeln beachten, die für eine direkte Auseinandersetzung gelten (▶ C. 6.3 Allein mit dem Kunden), und er schützt mit seiner Aktivität alle anderen Gruppenmitglieder sowie den von Aggression betroffenen Kollegen. Er muss den Kunden unentwegt beschäftigen, indem er idealerweise in Bewegung bleibt und in Verbindung mit der fortgesetzten Ansprache alle wichtigen Sinneskanäle des Kunden blockiert.

Die dritte Person aus der Gruppe, die den Raum betritt, muss in dem Bewusstsein handeln, dass es dem Kollegen zuvor nicht gelungen ist, sich selbstständig aus der Situation zu bewegen. Daher ist es Ziel des zweiten Helfers, den betroffenen Kollegen aus dem Raum zu evakuieren. Um keine Zeit durch Ansprachen zu verlieren, auf die möglicherweise durch Schock nicht reagiert wird, sollte die Person sofort auf den betroffenen Beschäftigten zugehen und diesen mit einem Griff an den Arm, die Hand, Schulter oder den Oberkörper beim Verlassen des Raumes unterstützen. Der dritte Helfer schützt dabei sich selbst und den zu evakuierenden Kollegen. Jedes Zögern der zweiten oder dritten helfenden Person unterstützt den Täter, weil es ihm Reaktionszeiten schenkt und schadet damit dem Ziel der Gruppe.

Die vierte helfende Person bleibt während des gesamten Vorgangs vor der Tür und informiert erforderlichenfalls eigenständig bzw. auf Aufforderung der im Raum befindlichen Helfer den Sicherheitsdienst, Rettungs- und Hilfsdienste oder die Polizei. Dies geschieht in den Zeiten von Smartphones vermutlich auf diesem Weg. Daher ist es wichtig, dass alle Beteiligten, die sich zu einer Hilfeleistung bewegen, ihr Mobiltelefon mitführen. Die vierte Person sollte so weit weg sein, dass sie halbwegs ungestört telefonieren kann, größtmögliche Distanz hält und gleichzeitig so nah an der Situation ist, dass sie die wesentlichen Lageveränderungen registrieren kann. Sie hält auch weitere Beschäftigte davon ab, das Büro zu betreten. Erforderlichenfalls werden durch diese vierte Person oder weitere Helfer bereits Verschluss- oder Evakuierungsanordnungen gegenüber anderen Beschäftigten oder Kunden gegeben.

Wenn die dritte helfende Person und der betroffene Beschäftigte den Raum verlassen haben, bricht der zweite Helfer den Dialog mit dem Kunden sofort ab und verlässt ebenfalls den Raum; der erste Helfer folgt sofort (Abb. 42). In allen geschilderten Fällen wird außerhalb des Büros, in dem sich das sicherheitskritische Ereignis abgespielt hat, entschieden, wie weiter vorgegangen wird: Alarmierung externer Hilfe und Gesprächsende oder die Fortsetzung des Gesprächs unter bestimmten Bedingungen. Zuvor sollte eine rasche Kontrolle erfolgen, ob alle Beteiligten unversehrt zusammen sind und möglicherweise Erste Hilfe zu leisten ist. Je nach Situation sollte sich weiter von dem Büro entfernt werden, statt sich nur auf den Flur vor das Büro zu bewegen.

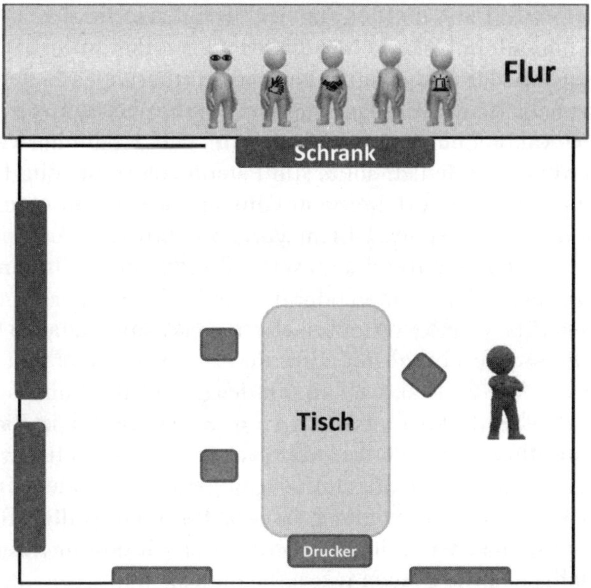

Abb. 42 Position nach Evakuierung

Der aggressive Kunde, der jetzt plötzlich keinen Konfliktgegner mehr hat, wird wahrscheinlich eine Rückzugshaltung einnehmen. Ein entschlossen handelndes Helferteam stellt eine Bedrohung dar und es ist unwahrscheinlich, dass er sich ihm stellen wird. Es ist möglich, dass er den Ort des Geschehens verlässt, jedoch kann es auch zu randalierendem Verhalten im Gebäude kommen. Es sollte vermieden werden, ihn festzuhalten oder einzuschließen und stattdessen Distanz zu ihm aufgebaut werden. Die helfenden Personen haben keine Strafverfolgungsaufträge und sollten ihre eigene Sicherheit nicht durch den versuchten Schutz von Büromöbeln oder Computern gefährden. Es besteht jedoch eine Verantwortung gegenüber anderen Personen im Gebäude, daher sollten entsprechende Warnungen ausgesprochen werden. Eine Ausnahme kann nur dann gelten, wenn durch die Flucht der Person weitere und höhere Gefährdungen entstehen würden. Wenn durch ein versuchtes Einsperren oder die Überwältigung des Kunden eine erhöhte Gefahr für die Helfer besteht, dann existiert keine Verpflichtung für ein solches Handeln.

Sollten sich größere Gruppen als vier Helfer finden, können zusätzliche Aufgaben verteilt werden, wie Schaulustige fernhalten, als weitere Beobachter den Druck auf den aggressiven Kunden erhöhen, andere Kunden aus dem unmittelbaren Umfeld wegführen, Bereiche absperren oder Rettungsdienste oder die Polizei zum Büro lotsen.

Ist das helfende Team kleiner als vier Personen, erhöht sich die Aufgabenlast der handelnden Menschen. Bei drei Personen sollte die Koordinationsaufgabe mit der Aufgabe des Notrufs verbunden werden, weil bei dieser Person die größte Distanz zu dem Kunden besteht, sie den ausgeprägtesten Überblick hat und grundsätzlich auch die ruhigste Aufgabe.

Sind es zwei helfende Personen, sollte der Notruf unbedingt vor einem Einschreiten durchgeführt werden. Die dann koordinierende Person übernimmt in einem solchen Fall auch die Sicherung und Ablenkung des aggressiven Kunden, während die zweite Person den bedrohten Kollegen aus dem Büro evakuiert.

Sollten Sie alleine sein, wird der sofortige Notruf vorausgesetzt und im Raum auf die strikte Einhaltung aller Regeln einer bilateralen Auseinandersetzung geachtet (▶ C. 6.3 Allein mit dem Kunden). Während der Täter mit Worten abgelenkt wird, entwickeln Sie sich körperlich in Richtung des Kollegen und führen diese Person sofort aus dem Büro, ohne sich auf einen ernsthaften inhaltlichen Dialog mit dem aggressiven Kunden einzulassen.

Bei allen Varianten von weniger als vier Personen sollten Sie sehr gewissenhaft abwägen, ob nicht aus Sicherheitsgründen in jedem Fall vor einem Einschreiten die Polizei informiert wird.

7. Im Außendienst

Sind Sie im Außendienst eingesetzt, entfallen zahlreiche unterstützende Elemente, die Ihnen in einer Liegenschaft der Behörde zur Verfügung stehen. Es gibt Behördenmitarbeiter, die allein Kunden aufsuchen und andere, die grundsätzlich zu zweit unterwegs sind. In beiden Fällen sollten Sie – gerade wegen der ungünstigeren Ausgangssituation – besonders auf die Elemente achten, die Ihre Sicherheit erhöhen. Auf Seiten des Arbeitgebers sollte geprüft worden sein, ob die Art Ihrer Tätigkeit die Ausstattung mit Schutzausrüstung rechtfertigt. Dabei könnte es sich um stich- oder schusssichere Westen, Schutzhandschuhe, Taschenlampen oder mobile Kommunikationsmittel handeln. Auch Uniformierung oder Teiluniformierung (z.B. Jacken, Überziehwesten mit Aufschrift oder Logo) erzeugen grundsätzlich positiv gefahrenreduzierende Wirkung.

- Informieren Sie sich zur Person oder zu dem Objekt, das Sie betreten werden.
- Hinterlassen Sie auf der Dienststelle einen Plan, wo Sie sich für wie lange aufhalten werden; übermitteln Sie Planänderungen.
- Nutzen Sie erforderlichenfalls sofort dienstlich gelieferte Alarmierungssysteme, z.B. über das Smartphone und halten Sie diese auf dem neuesten Stand.

- Bleiben Sie immer erreichbar. Erbitten Sie eine ständige Erreichbarkeit einer Ansprechperson in der Behörde.
- Sollten Sie über eine dienstliche Schutzausrüstung verfügen, nutzen Sie sie.
- Vermeiden Sie, wenn möglich, Kundenbesuche zu dunklen Tageszeiten.
- Führen Sie immer eine Lichtquelle (kleine leistungsstarke Taschenlampe) mit sich.
- Vermeiden Sie, wenn möglich, die Nutzung von Privatfahrzeugen. Nutzen Sie Dienstfahrzeuge zumindest dann, wenn Sie Eskalationspotenzial vermuten.
- Wenn Sie zu zweit mit einem Pkw unterwegs sind, führt jeder einen Autoschlüssel mit sich. Der Pkw kann zu Ihrem ersten Schutz- und Rückzugsort werden.
- Kündigen Sie Ihren Besuch grundsätzlich immer an; achten Sie auf die Stimmung des Kunden.
- Ist Ihnen der Kunde unbekannt, nutzen Sie Ihren Dienstausweis, um sich zu erkennen zu geben. Übergeben Sie sofort eine Visitenkarte.
- Erzeugen Sie eine möglichst positive Grundstimmung. Bedenken Sie, wie es für Sie wäre, wenn der „Mitarbeiter vom Amt" in Ihre Wohnung kommt – möglicherweise gegen Ihren Willen.
- Achten Sie beim Betreten des Objektes auf weitere Personen, Eingänge, Ausgänge und in der Wohnung auf Gegenstände oder Hunde, die gegen Sie genutzt werden könnten.
- Das Erscheinungsbild und das bisher gezeigte Verhalten sagt nichts über das Verhalten während Ihres Besuches aus; auch vermeintlich harmlose Anlässe bieten Gefahrenpotenzial.
- Kehren Sie den Kunden grundsätzlich nie den Rücken zu; gehen Sie leicht seitlich. Lassen Sie den Kunden, wenn möglich, vorausgehen.
- Seien Sie während des Besuches durchgehend aufmerksam und achten Sie immer darauf, wo sich die Sie umgebenden Personen befinden.
- Gehen Sie immer davon aus, dass sich – auch entgegen einer Ankündigung – weitere Personen in der Wohnung befinden.
- Rechnen Sie mit Solidarisierungseffekten, wenn Sie Sanktionen aussprechen; wenn möglich, vermeiden Sie, Sanktionen vor Ort festzulegen.
- Prüfen Sie, ob unter Umständen von vorneherein die Einbindung der Polizei im Rahmen der Amtshilfe angezeigt ist.
- Fühlen Sie sich unsicher, brechen Sie den Besuch unter einem Vorwand sofort ab. Je nach Eskalationsstufe lassen Sie hierzu bewusst eine Mappe, Tasche o.ä. in der Wohnung zurück, um den Eindruck zu verstärken, dass Sie „nur kurz zum Pkw gehen, um etwas dort Vergessenes zu holen".

8. Notintervention

Der Erfolg von empathischer oder konfrontativer Gesprächsführung und allen anderen Deeskalationstechniken während eines anwachsenden Konfliktes ist letztlich von der Beeinflussbarkeit des Kunden abhängig. Ist er wenig oder nicht beeinflussbar oder hat er für sich die Entscheidung zur Gewalt oder massiven Drohung getroffen, bleiben Ihnen nur noch Techniken der Notintervention. Ziel ist es dann, dass Sie die Situation weitgehend kontrollieren und Gefahren für die eigene Gesundheit minimieren. Wenn Personen aggressiv sind, so spielt es in der Akutsituation für die Notintervention keine Rolle, ob sie dies tun, weil sie sich zuvor provoziert gefühlt haben, unter Drogeneinfluss stehen, eine seelische Störung vorliegt oder der Täter von vorneherein diesen Vorsatz hatte. Kommt es zu einer massiven Eskalation, so muss die erste akute Phase mit hoher Wahrscheinlichkeit allein bewältigt werden. Kollegen, ein Sicherheitsdienst oder polizeiliche Einsatzkräfte erreichen den Tatort nur zeitverzögert. Es lässt sich auch nicht vorhersagen, dass es sich um eine bestimmte Örtlichkeit handeln wird, an der eine körperliche Notintervention erforderlich wird. Auch wenn die Wahrscheinlichkeit sehr hoch ist, dass es sich um das eigene Büro handelt, können Übergriffe auch im Flur, Treppenhaus, Aufzug, am Empfang, während des Außendienstes oder auf einem Parkplatz stattfinden. Zeitlich wird sich eine solche Situation zwar wahrscheinlich während der Arbeitszeit ereignen; sie kann sich jedoch auch außerhalb der regulären Arbeitszeit ereignen. Es lässt sich auch nicht vorhersagen, wie das Kräfteverhältnis zwischen Angreifer und Verteidiger sein wird. Die Techniken, auf die in einem solchen Fall zurückgegriffen wird, sollten daher orts-, zeit- und personenunabhängig sein. Dabei wird in diesem Kapitel von einem Angriff ausgegangen, der nur noch durch eine physische Gegenwehr abzuwenden ist. Unabhängig davon, welche Techniken die angegriffene Person wählt, sie alle sind bei Vorliegen der entsprechenden rechtlichen Voraussetzungen durch den Notwehrtatbestand (▶ C. 11. Rechtliche Aspekte im Konfliktfall) abgesichert.

Je mehr Stress in einer Situation empfunden wird, desto stärker schränkt sich Ihr Handlungsspielraum neurobiologisch ein (Abb. 43). Neben der Feinmotorik werden sprachliche Fähigkeiten in einem fortgeschrittenen Stressstadium regelmäßig begrenzt, da es die kognitiven Ressourcen beeinträchtigt, die für die sprachliche Verarbeitung erforderlich sind. Die Situation kann auch dazu führen, dass ein Mensch schnell und impulsiv handelt, anstatt sorgfältig und bewusst zu sprechen. Die Person kann Schwierigkeiten haben, klare und zusammenhängende Sätze zu bilden.

Diese Gegebenheiten lassen den Schluss zu, dass empathische Kommunikationslösungen eher dann zum Ziel führen, wenn die Eskalation im Gespräch noch nicht eingetreten ist.

Die körperliche und geistige Kapazität ist in stark bedrohlichen Situationen extrem reduziert.

Scheitern deeskalative Techniken oder greift Sie ein Kunde direkt an, bleiben Ihnen als Laien letztlich nur noch körperliche Notinterventionstechniken zur physischen Gegenwehr. Diese Notintervention bedeutet, einen Laien in die Lage zu versetzen, einen physisch überlegenen Gegner zu überwinden. Dies setzt eine Handlungsunfähigkeit des Angreifers voraus, die so lange andauert, bis Hilfe naht oder Sie selbst flüchten können. Diese Notintervention sollte wiederum mehrere Ziele erfüllen: Sie muss die Auseinandersetzung schnell beenden. Schwächliche Abwehrversuche wie ein Wegschubsen oder von Ihnen eingesetzte Hebel- oder Festhaltetechniken beenden keine Auseinandersetzung (▶ Im Außendienst) und bergen unter Umständen ein hohes Verletzungsrisiko. Solche Abwehr- und Verteidigungstechniken sind nur dazu gedacht, Angriffe abzuhalten.

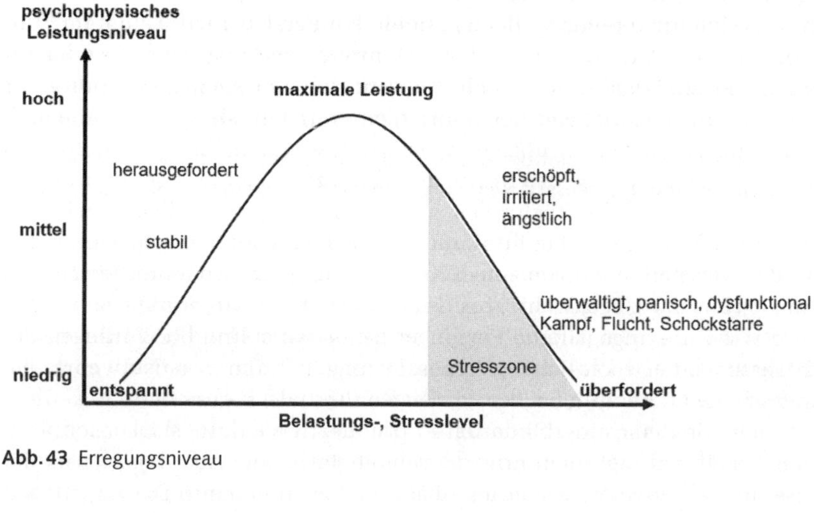

Abb. 43 Erregungsniveau

Im Außendienst

Ein Außendienstmitarbeiter überprüft die Wohnsituation eines Leistungsempfängers. Die Situation eskaliert, der Bürger greift den Außendienstmitarbeiter körperlich an. Diesem gelingt es, den Angreifer abzuwehren und auf dem Boden zu fixieren. Was folgt dann?

- Er muss all seine Kraft aufwenden, um den Angreifer zu immobilisieren. Sein Erschöpfungszustand wird immer größer. Die Zeitdauer der Auseinandersetzung steigt. Wenn er den Gegner wieder loslässt, hat dieser erneut beide Hände frei und kann ungehindert weiter angreifen.
- Der Überraschungseffekt einer Gegenwehrbereitschaft ist weg.
- Eine Unterstützung ist nur schwerlich anzufordern.
- Eine sichere Flucht erscheint so nicht möglich.

Massive Techniken hingegen, wie Schläge gegen den Kehlkopf oder Stiche in die Augen, können zum Tod oder zu schwersten Verletzungen führen und bringen eine hohe Anwendungshemmung für den Verteidiger mit sich; in der Regel können solche Techniken auch nur sehr eingeschränkt wirksam trainiert werden. Sollte sich eine Person von einer Hebel- oder Festhaltetechnik beeindrucken lassen und ihren Angriff beenden, ist dies immer eine Entscheidung der angreifenden Person. Möchte sie den Angriff fortsetzen, wird sie es tun. Die Kontrolle der Situation liegt unverändert bei ihr. Daraus lässt sich ableiten, dass ein Angriff nur mit einer Verteidigung beendet werden kann, die den Angriff endgültig beendet.

> Notintervention bedeutet die Anwendung von Techniken, die weitgehend ohne Einsatzhemmung eingesetzt werden können und zu einem schnellen Sieg führen.

Um einen Menschen kampfunfähig zu machen, bedarf es einer gezielten Attacke verletzlicher Stellen am Körper (Vitalpunkte). So würde ein Schlag auf die Ohren, unter die Nase, ins Genick, auf den Plexus Solaris oder in die Genitalien zu einem Abbruch jeglicher motorischen Handlung führen. Um sich einer für alle Personen gleichen Lösung zu nähern, müssen auch die körperlichen Bedingungen der beteiligten Personen berücksichtigt werden. Mögliche Größenunterschiede lassen alle Angriffe auf die Kopfregion wegfallen, weil das Ziel nicht erreicht werden kann oder der Weg so weit ist, dass die Verteidigung wiederum abgewehrt werden kann. Ein Angriff auf den Plexus Solaris ist zwar leicht möglich, wirkt jedoch bei dicker Bekleidung ebenso wenig wie bei sehr muskulösen oder adipösen Menschen. Demnach bleibt als Zielregion einer Notintervention nur der Genitalbereich. Wird dieser Bereich angegriffen, zeigt sich unabhängig vom Geschlecht eine unmittelbare Trefferwirkung. Um einen hohen Automatismus zu erreichen, lassen sich vielfältige Übungsszenarien erstellen, bei denen die Tritte oder

Schläge in die Luft, gegen Pratzen, Sandsäcke oder Dummys ausgeführt werden. Selbst das direkte Agieren am Trainer ist möglich, wenn dieser eine Schutzausrüstung trägt. Dadurch lassen sich viele praktische Möglichkeiten und ein hoher Übertrag in den Ernstfall erreichen. Besondere Fitness oder eine hohe Beweglichkeit sind nicht erforderlich.

Besteht bei frontalen Angriffen die Wahl, so sind gezielte Tritte günstiger als Schläge. Neben den Reichweitenvorteilen, die sich durch das Bein ergeben, ist der Fuß auch in der Regel vom Schuh geschützt. Dies reduziert Verletzungen. Es ist beim Tritt unerheblich, ob das Bein mit dem Spann, dem Schienbein oder dem Knie den Gegner trifft. Kniestöße verlangen nach einer sehr großen Nähe und sollten nur dann eingesetzt werden, wenn durch eine Umklammerung von vorne keine andere Möglichkeit besteht. Erfolgt ein Angriff von hinten, kann dies lebensbedrohlich sein. Diese Attacke gilt es sofort zu beenden, beispielsweise durch einen Schlag nach rückwärts, am eigenen Bein vorbei, in die gegnerischen Genitalien. Es ist nicht zu empfehlen, weitere Techniken zu trainieren, da sie kaum Wirkung erzielen (Ellenbogen nach hinten in den Bauch eines Adipösen rammen) und dann zur Konfusion beim Verteidiger führen können.

> Ein Tritt oder Schlag in die Genitalien kann einen Angriff wirksam und dauerhaft beenden.

Notintervention gegen bewaffnete Angreifer

Eine wie auch immer geartete Verteidigung gegen einen bewaffneten Gegner ist selbst für geübte Profis aus Kampfsport, Sicherheitsbehörden oder Militär lebensgefährlich. Der glückliche Zufall eines potenziellen Sieges steht in keinem Verhältnis zu dem immensen Risiko schwerster Verletzungen beim Scheitern. Möchte ein Gegner nur materielle Dinge oder behördliche Handlungen erzwingen, sollten diese sofort herausgegeben oder die Handlungen erfüllt werden. Rechtlich entfalten unter Zwang gegebene Willenserklärungen keine Wirkung. Ausnahmen für eine Gegenwehr gelten hier nur im Fall massiver Gewalttaten, bei denen das eigene Leben oder die körperliche Gesundheit in Gefahr gerät (▶ C. 10. Massive Gewalttaten).

Einsatz von Hilfsmitteln

Gefühle der Angst, Unsicherheit oder der Unfähigkeit, sich selbst zu verteidigen, können dazu führen, dass sich Menschen mit Hilfsmitteln ausstatten, die sie bei ihrer Verteidigung unterstützen sollen. Dabei kann prinzipiell in zwei Gruppen von Hilfsmitteln unterschieden werden. Solche, die Aufmerksamkeit von anderen Bürgern oder Kollegen herstellen (Trillerpfeife, Alarmgeber, taktische Taschenlampe), und solche, die zur direkten Täterabwehr

(Reizgas, Pfefferspray, Elektroschocker, Verteidigungsstock) geeignet sind. Erstere sollen durch laute Geräusche und Lichteffekte den Angreifer zum Abbruch des Angriffs bewegen. Gleichzeitig sollen sie andere Personen auf die Situation aufmerksam machen und zu Hilfe rufen. Da der Täter nicht weiß, ob und wie viele Menschen darauf reagieren, wird er verunsichert und könnte den Ablauf unterbrechen. Je früher ein Gerät eingesetzt ist, desto wahrscheinlicher wird ein Abbruch. Die zweite Kategorie beinhaltet alle Waffen und Hilfsmittel, die den Täter schädigen und einen Abbruch hervorrufen können. All diese Gegenstände sollten legal sein, regelmäßig beübt werden, auf Funktionsfähigkeit überprüft werden (Haltbarkeit, Batterien) und müssen stets mitgeführt werden. Trotz aller Umsicht und eines regelmäßigen Anwendungstrainings besteht immer noch ein Restrisiko, dass der Täter an das Hilfsmittel gelangt und gegen den Eigentümer einsetzt.

Alarmgeber sind daher als unkritisch anzusehen. Sie schaffen Aufmerksamkeit bei der Bevölkerung im Freien und bei den Kollegen am Arbeitsplatz. Auch können sie nicht bei Verlust schädigend gegen das Opfer eingesetzt werden. Wenn solche batteriebetriebenen Geräte bereitgehalten werden, sollte deren Zustand regelmäßig überprüft werden (Abb. 44). Der Einsatz von Pfefferspray ist zwar kritischer zu betrachten, jedoch hochwirksam und sollte der Täter an das Sprühgerät gelangen, führen die Wirkstoffe zu keinen Dauerschäden oder gar lebensbedrohlichen Verletzungen. Andere Hilfsmittel sind nicht zu empfehlen und optimalerweise ist die eigene Handlungskompetenz so gut ausgebildet, dass auf den Einsatz von Hilfsmitteln verzichtet werden kann.

Abb. 44 Signalgeber mit defekten Batterien

9. Suizidankündigungen

Der telefonisch oder in Gegenwart von Beschäftigten angekündigte Suizid oder erweiterte Suizid (Mitnahmesuizid gegenüber Kindern o. ä.) verlangt sofortiges Handeln in Form einer unverzüglichen Information der Polizei. Ca. 80 % der Suizidanten kündigen ihre Tat vorher an; Einschätzungen hinsichtlich der Ernsthaftigkeit lassen sich daraus nicht ableiten. Suizid bzw. Suizidversuche sind meist multikausal. Je nach Schätzung werden ca. 90 % aller Suizide in westlichen Gesellschaften auch auf das Vorhandensein einer psychischen Störung zurückgeführt. Suizid kommt insbesondere bei Psychosen, insbesondere mit paranoiden Wahnvorstellungen und Halluzinationen, Depressionen und manisch-depressiven Störungsbildern gehäuft vor. Suchterkrankungen, Persönlichkeitsstörungen und chronische Schmerzen spielen ebenfalls eine gewichtige Rolle. Inzwischen finden über 10 % aller Suizide mittels Schusswaffe oder gemeingefährlicher Stoffe statt. Der Suizid wird neben anderen Ansätzen als eine Möglichkeit in Betracht gezogen, persönliche Probleme zu lösen. Die Differenzierungs- und Steuerungsfähigkeit des Menschen ist bereits eingeschränkt, wenn es zu Androhungen oder Ankündigungen kommt. Die unterschiedlichen Phasen lassen sich nicht exakt trennen, sodass auch eine endgültige Entscheidung schon gefallen sein kann, die in der Folge zu einer trügerischen Gelassenheit und Ruhe führt, die von Beobachtern als fehlende Ernsthaftigkeit eingeschätzt werden kann. Psychische Störungen und Krankheiten, situative Krisen oder Substanzmittelgebrauch können Ursachen sowie gefahrenerhöhende Umstände sein, die zu:

- veränderter Bewusstseinslage,
- Unempfindlichkeit gegenüber Schmerz und Reizstoffen,
- Entwicklung unerwarteter Kräfte,
- Rache- und Bestrafungsgedanken,
- unerwarteten irrationalen Verhaltensweisen,
- aggressiven, fremdgefährdenden Impulsen,
- Stimmungsschwankungen mit intensiven emotionalen Reaktionen

führen können.

Das Verhalten von Suizidgefährdeten birgt aufgrund seiner Unberechenbarkeit und eingeschränkten Vorhersehbarkeit in jeder Fallkonstellation besondere Gefahrenmomente. Insbesondere aus der Art der geplanten Selbsttötung können sich Gefahren für Unbeteiligte ergeben. Die Verwendung von Haushaltschemikalien zur Produktion tödlicher Gase oder die Nutzung von Brandbeschleunigern stellen solche Methoden dar, die zu einer erheblichen Gefährdung weiterer Personen führen können. Eine weitere Form des Suizids stellt die „Tötung durch Polizeibeamte“ dar.

Ziel der suizidgefährdeten Person ist es, eine Bedrohungssituation herzustellen, sodass die Polizei mit potenziell tödlich wirkendem Einsatz der Schusswaffe reagieren muss. Die Gefährdung entsteht durch das aggressive Potenzial, das Suizidanten im Ergebnis gegen sich selbst richten möchten. Leben hat für sie ab einem bestimmten Punkt keinen Wert mehr. Je nach Motivlage beabsichtigen sie, das aggressive Potenzial auch gegen andere einzusetzen (Rache; Bühneneffekte; instrumentell, um eine Gewalthemmung gegen sich selbst zu überwinden). Sie können sich dazu auch provoziert fühlen, wenn sie sich in ihren Freiheitsgraden beschnitten sehen oder direkt angegriffen fühlen. Es kommt dabei nur auf die subjektive Bewertung des Suizidanten an – nicht auf den guten Willen des Helfenden. Der Gefährdungsgrad unterliegt einer andauernden Veränderung und auch die Motivlage kann sich verändern.

Nach der Information an die Polizei kann es zu nicht vermeidbaren Kontakten mit dem potenziellen Suizidanten kommen. Eine Kommunikation sollte mit den Zielen der Stabilisierung und des Zeitgewinns erfolgen. Eine aktive Kontaktaufnahme sollte Fachkräften überlassen bleiben. Gesprächskontakte, die von dem Suizidanten gesucht werden, sollten aufrechterhalten werden. Ein Wechsel von Kontaktpersonen sollte grundsätzlich nicht stattfinden. Eine Ablösung erfolgt durch Fachkräfte der Polizei. Die Person ist von anderen Beschäftigten oder anderen Kunden möglichst zu isolieren. Sind aufgrund der Aktenlage Bezugspersonen bekannt, können diese als Informationsquelle und im besonderen Einzelfall als Vermittler von Bedeutung sein. Da keine Hintergründe bekannt sind, sind deren Daten der Polizei zur Verfügung zu stellen. Eine Kontaktaufnahme zu den Bezugspersonen durch Beschäftigte hat zu unterbleiben; sollten weitere Bezugspersonen anwesend sein, sind diese aus dem Gefahren- und Wahrnehmungsbereich der suizidalen Person fernzuhalten.

10. Massive Gewalttaten (Amok)

Leider ergeben sich – zwar selten – jedoch immer wieder Situationen in öffentlichen Verwaltungen, die schwerste Verletzungen oder den Tod von Beschäftigten verursachen. Ob diese Situationen strafrechtlich als Körperverletzung mit Todesfolge, Totschlag oder Mord gewertet werden oder kriminologisch als fortgesetzte Tötungshandlung, Mehrfachtötung, Attentat oder Amok bezeichnet werden, ist für die von der Tat betroffenen Personen in der akuten Situation einerlei. Prinzipiell handelt es sich bei den vorgenannten Phänomenen um versuchte oder vollendete Mehrfachtötungen mit zunächst unklarem Motiv; final ist es meist nur dem Täter bekannt. Daher finden sich hier auch keine definitorischen Auseinandersetzungen, sondern Empfehlungen zum möglichst sicheren Umgang mit dem vermutlich schwierigsten sicherheitskritischen Ereignis im Arbeitskontext überhaupt.

Obwohl solche Ereignisse immer wieder (Tab. 11) auftreten, stellt sich die Frage, inwieweit angemessene Handlungs- und Bewältigungsstrategien für diese Taten im Bereich der beruflichen Gewaltprävention am Arbeitsplatz berücksichtigt werden. Ein fundiertes Training, veranlasst durch den Arbeitgeber, findet eher nicht statt und hinzu kommt das gedankliche Hemmnis des Arbeitnehmers, sich tiefergehend mit einem solch emotionalisierenden Thema auseinanderzusetzen. Dabei könnte allein die gedankliche Auseinandersetzung mit den empfehlenswerten Verhaltensweisen die Wahrscheinlichkeit eines verletzungsfreien Ausgangs für betroffene Beschäftigte erhöhen.

Tab. 11 Massive Gewalttaten

Ort	Zeitraum	Vorfall
Jobcenter Frankfurt am Main	2011	Eine 39-jährige aggressive Frau greift die hinzugerufene Polizistin mit einem Messer an und wird erschossen.
Jobcenter Neuss	2012	Ein 52-jähriger Mann tötet eine Mitarbeiterin mit zwei Messern.
Amtsgericht Dachau	2012	Ein 54-jähriger Mann erschießt einen Staatsanwalt im Gerichtssaal.
Privatwohnung Karlsruhe	2012	Ein 53-jähriger Mann erschießt einen Gerichtsvollzieher, den Schlüsseldienstmitarbeiter und den Vermieter.
Jobcenter Leipzig	2013	Ein 34-jähriger Mann schlägt mit einem Hammer auf den Kopf einer Mitarbeiterin ein.
Jobcenter Rothenburg	2014	Ein 29-jähriger Mann tötet einen Psychologen und verletzt eine Mitarbeiterin schwer mit einem Messer.
Jobcenter Greifswald	2014	Ein 58-jähriger Mann schüttet Benzin auf dem Flur aus und droht es anzuzünden.
Jobcenter Erding	2015	Ein 27-jähriger Mann bedroht eine Mitarbeiterin mit einem Messer.
Jobcenter Bad Neustadt	2015	Ein 34-jähriger Mann bedroht die Mitarbeiter mit einer Handgranate.
Jobcenter Dietzenbach	2016	Ein 52-jähriger Mann verletzt einen Mitarbeiter lebensgefährlich mit einem Hammer.
Jobcenter Chemnitz	2016	Ein 29-jähriger Mann bedroht einen Mitarbeiter mit einem Messer.
Krankenkasse Schaffhausen	2017	Ein 50-jähriger Mann verletzt zwei Mitarbeiter mit einer Kettensäge.
Jobcenter Hattingen	2017	Ein 37-jähriger Mann verletzt einen Mitarbeiter mit einem Messer schwer.

Tab. 11 Massive Gewalttaten

Ort	Zeitraum	Vorfall
Agentur für Arbeit Berlin-Tempelhof	2017	Ein 44-jähriger Mann erscheint mit einer angeschalteten Kettensäge. Die Mitarbeiter können sich einsperren.
Landgericht Chemnitz	2018	Ein 63-jähriger Mann bedroht Mitarbeiter des Sicherheitsdienstes mit einem Messer.
Jobcenter Nürtingen	2019	Ein 32-jähriger Mann greift mit einem Hammer einen Mitarbeiter an und verletzt ihn leicht.
Jobcenter Bayreuth	2019	Ein 38-jähriger Mann attackiert drei Mitarbeiter mit einem Messer und verletzt alle.
Jobcenter Rottweil	2020	Ein 58-jähriger Mann verletzt eine Mitarbeiterin mit einem Messer lebensgefährlich.
Ausländerbehörde Wuppertal	2022	Ein 20-jähriger Mann verletzt eine Mitarbeiterin mit zwei Stichen eines Messers lebensgefährlich.
Rathaus Dormagen	2022	Ein 28-jähriger Mann bespritzt drei Mitarbeiterinnen mit Benzin und droht sie anzuzünden.
Ordnungsamt Würselen	2023	Ein unbekannter Mann verletzt einen Mitarbeiter mit einem Messer am Kopf.

Früherkennung

Es gibt Taten, deren Tatentschluss relativ schnell reift, andere sind vielmehr ein Ergebnis eines längerfristigen Denk- und Planungsprozesses, die sich häufig auch im Verhalten des Täters im Vorhinein bemerkbar machen. Das heißt, der potenzielle Täter gibt seine Tatabsichten im Vorhinein in verschiedenen Formen zu erkennen. Folgende Anzeichen könnten in diesem Zusammenhang zu einer frühzeitigen Identifizierung eines potenziellen Täters führen:

- Tatandrohungen in Abschiedsbriefen
- Tatandrohungen in Chats bzw. Foren sozialer Netzwerke
- Ankündigungen von Visionen gegenüber seinem sozialen Umfeld
- Wiederholte Androhungen ohne konkreten Anlass
- Vorzeigen eigener Waffen gegenüber einzelnen Personen
- Intensive Auseinandersetzung mit bereits erfolgten Gewalttaten
- Starker Konsum gewaltverherrlichender Spiele oder Filme
- Steigerung in der Eskalation eines Konflikts (Vorankündigung)
- Konglomerat aus Motiv/Anlass (z. B. Mobbing unter Kollegen) und einem zusätzlichen auslösenden Ereignis (z. B. Kündigung, Abmahnung)

Entscheidungen im Tatverlauf

Auch wenn die Tathandlung im Einzelfall in wenigen Minuten abgeschlossen sein kann, finden in diesem Zeitraum eine hohe Anzahl von

Einzelentscheidungen statt, die jeweils zur Gefahrenreduzierung oder -erhöhung beitragen können. Nunmehr sind viele Menschen bereits angesichts von Alltagsentscheidungen fast überfordert – was bedeutet das für eine hochkritische Situation, in der es um massive Folgen geht? Unter hohen psychischen und physischen Belastungen muss eine Entscheidung getroffen werden, von der die Gesundheit oder das Leben abhängt. Der dann erforderliche Entscheidungsprozess ist ein Lösungsprozess für komplexe und unbestimmte Situationen. Dieser Prozess enthält drei wesentliche Schritte: das Denken, Planen und das schlussendliche Entscheiden. Zielführend ist es, im ersten Schritt bestehende Handlungsoptionen festzustellen, wie z.B. das Flüchten aus dem Büroraum bzw. gesamten Verwaltungsgebäude oder die Option, sich im Büroraum zu verbarrikadieren. Des Weiteren muss herausgefunden werden, welche Akteure welches Ziel mit welchen Mitteln verfolgen. Damit sind zum einen die Täter, ihre Waffen und ihre Tötungsabsichten gemeint. Zum anderen jedoch auch die Rettungskräfte und Mitarbeiter, die während solch einer kritischen Situation bestimmte Anweisungen erteilen und gewisse Handlungen erwarten. Eine weitere Fragestellung wäre, wie sich die Situation perspektivisch weiterentwickelt, um möglichst passende Folgeentscheidungen zu treffen. Entscheidungsmodelle helfen an dieser Stelle, Fehler bei der Abwägung von Handlungsoptionen zu vermeiden. Ein Entscheidungsmodell ist das Problemlösungssystem (Abb. 45).

Abb. 45 Problemlösungssystem

In dem hier gewählten Beispiel werden die einzelnen Stationen, begleitet von einer fortgeschriebenen fiktiven Situation (▶ Stadtverwaltung), bis hin zur endgültigen Entscheidung dargestellt. Der detailliert beschriebene Prozess läuft in der Realität in Sekunden ab.

Stadtverwaltung

Ein schwer bewaffneter Mann stürmt eine Stadtverwaltung. Es sind Schüsse und Geschrei zu hören. Personen laufen wild durcheinander.

Zielausarbeitung

Der erste Schritt einer jeden Problemlösung sollte das Sichbewusstwerden über das angestrebte Ziel sein. Diese Zielbildung muss eindeutig und klar sein, um Widersprüche erkennen und ausbalancieren zu können. Anschließend müssen die Ziele priorisiert und evtl. in Teil- beziehungsweise Zwischenziele zerlegt werden. Die Personen müssen sich bewusst werden, dass es um den eigenen Schutz wie auch den Schutz anderer in Bezug auf Leben und Gesundheit geht. Ziel könnte damit sein, die größtmögliche Distanz für sich und andere zum Täter aufzubauen.

Modellbildung und Informationssammlung

Die nächsten beiden Schritte nach der Zielbildung sind das Informationsmanagement und die Modellbildung. In der zuvor beschriebenen Situation ist es immer notwendig, sich so viele Informationen wie nur möglich zu beschaffen. In der Praxis lässt sich diese ausgeprägte Art und Weise von Informationssammlung nicht immer realisieren, da dem Menschen in einer solchen Krisensituation meist die Zeit fehlt, um tatsächlich alle vorliegenden Informationen über den Sachverhalt mit einzubeziehen. Somit muss ein Auflösungsgrad der Informationssammlung festgelegt werden, um zu wissen, welches Ausmaß die Informationssuche haben soll. Die reine Sammlung reicht zur Entscheidungsfindung jedoch nicht aus. Die in Erfahrung gebrachten Einzelinformationen müssen nun strukturiert werden, sodass anschließend Zusammenhänge erkannt und irrelevante Informationen gefiltert werden können. Daraus sollte sich ein Bild ergeben, aus dem sich kritische Punkte sowie zu treffende Maßnahmen und eventuelle Folgen erkennen lassen. Diese Art von Verknüpfung wird Modellbildung genannt.

Stadtverwaltung I

Ein Täter stürmt von Flur zu Flur, es ist unklar, ob weitere Täter im Ein- oder Ausgangsbereich sind. Es fallen fortwährend Schüsse. Es sind Räumlichkeiten mit Verschlusssystemen vorhanden.

Die Beschäftigten müssen auf Basis der gewonnenen Erkenntnisse überprüfen, ob die Flucht weiterhin die beste Alternative ist oder aufgrund der weiteren Tatausführung und ihrer Position sowie aufgrund weiterer Informationen das Verbarrikadieren zu diesem Zeitpunkt die sinnvollste Lösungsalternative ist.

Prognose und Antizipation

Aufgrund der stattgefundenen Informationssammlung und der damit verbundenen Modellbildung sollte es nun möglich sein, den nächsten Schritt zu vollziehen, und zwar die Abgabe einer Prognose über die vorliegende Situation. Dies beinhaltet unter anderem die Entwicklungstendenzen einer gegenwärtigen Situation. Sollte ein solches Bild über die Situation bestehen, kann die weitere Planung beziehungsweise Vorgehensweise beginnen. Es werden gedanklich mögliche Handlungsschritte und alle möglichen Maßnahmen durchgegangen. Hierbei entstehen oft mehrere Handlungsoptionen, die alle als zielführend erscheinen.

Stadtverwaltung II

Die potenziellen Opfer haben sich in Büros, Besprechungszimmer oder andere zu verschließende Räume zurückgezogen. Die Schussabgaben sind weniger geworden; es ist sehr ruhig.

Die Menschen haben sich verbarrikadiert. Ab diesem Zeitpunkt müssen weitere Handlungsoptionen (Notruf absetzen, Licht ausschalten, Handy stumm schalten, Position im Raum überdenken etc.) geprüft und umgesetzt werden.

Planung, Entscheidung und Durchführung der Aktion

Letztendlich muss trotz mehrerer Handlungsoptionen eine Entscheidung getroffen und die in Betracht kommende vermutlich beste Option in die Tat umgesetzt werden. Weil es sich um einen subjektiven Auswahlprozess handelt, lässt sich erst zu einem späteren Zeitpunkt bewerten, ob es die „beste" Entscheidung war.

Stadtverwaltung III

Der Täter brüllt über den Flur, steht vor der Tür des Raumes und fordert die Opfer auf, herauszukommen.

Nun muss ein Abwägungsprozess z. B. dazu erfolgen, ob trotz Gesprächslautstärke ein Notruf abgesetzt wird. In dieser Situation könnte die nunmehr günstigste Handlungsoption sein, sich von der Tür zu entfernen, keine Geräusche von sich zu geben und auf den als dringend eingeschätzten notwendigen Notruf zu verzichten.

Effektkontrolle und Revision der Handlungsstrategie

Anschließend muss eine Selbstkontrolle des Erfolgs der Maßnahme stattfinden, um zu überprüfen, ob das angestrebte Ziel erreicht wurde oder es notwendig ist, erneute Informationen zu beschaffen. Dies könnte bedeuten, dass der Entscheider auf eine vorherige Station der Handlungsorganisation zurückkehren muss. Gleichzeitig beinhaltet dieser letzte Schritt eine Art Selbstreflexion, was bedeutet, das eigene Vorgehen vollständig zu reflektieren und, sofern es notwendig erscheint, zu verändern.

Stadtverwaltung IV

Der Täter distanziert sich wieder von der Position der verbarrikadierten Menschen.

Zu diesem Zeitpunkt muss entschieden werden, ob auf den Notruf weiterhin verzichtet wird und ob die Gefahr der Entdeckung immer noch so hoch ist, wie zuvor.

Verhaltenshinweise

Grundsätzlich und vorbeugend sollten Aufsichtspersonen für die Zugangsbereiche der Liegenschaft vorhanden sein. Außerhalb der Öffnungszeiten oder wenn Empfangsbereiche unbesetzt sind, sollten Haupteingangstüren verschlossen sein. Während des Betriebes sollte die Öffnung der unkontrollierten Türen nur nach vorheriger Einsichtnahme erfolgen. Nebeneingänge sollten generell verschlossen werden. Verhaltenshinweise für den Eintritt massiver gewalttätiger Angriffe sind:

- Umsichtiges Handeln und Sprechen zu Beschäftigten und Kunden
- Klare und eindeutige Verhaltensanweisungen an evtl. andere hilfsbedürftige Opfer
- Flucht nur dann, wenn weitgehend gefahrlos möglich
- Erste Hilfe oder Mitnahme von anderen Menschen nur dann, wenn dies ohne Lebensgefahr möglich ist
- Persönliche Gegenstände (Taschen etc.) zurücklassen
- Ist eine Flucht nicht angezeigt, Verbarrikadieren in einer sicheren Räumlichkeit
- Verschluss der Tür und zusätzlich Möbel davorschieben
- Vermeidung von Lärmerzeugung (u.a. Handy lautlos stellen)
- Nicht in der räumlichen Verlängerung von Fenstern und Türen aufhalten
- Hinter geeigneten Gegenständen auf dem Boden Schutz suchen
- Absetzen eines Notrufes
- Mobiltelefon ausschließlich für polizeilichen Kontakt nutzen
- Verbleib in der Räumlichkeit, bis die Polizei eine anderweitige Anweisung trifft

Im Fall massiver Gewalttaten gilt die Verhaltensreihenfolge:
Flucht – Verstecken – Kämpfen.

Wichtige Sofortmaßnahmen, wie das Leisten von Erster Hilfe, sollten erst nach erfolgreicher Entfernung aus dem Wirkungsbereich des Täters erfolgen. Diese Verhaltenshinweise sind nicht abschließend und müssen für jede massive Krisensituation neu bewertet werden. Der Kampf mit dem Täter ist nach der Entfluchtung und dem Verbarrikadieren die letzte von drei Handlungsalternativen. Hierbei zählt der Grundsatz, dass die Bekämpfung des Täters schonungslos, mit allen zur Verfügung stehenden Mitteln, bis zur Handlungsunfähigkeit des Täters erfolgen muss.

Räumung von Gebäuden

Das Verhalten von Menschen während der Evakuierung eines Gebäudes wird im Wesentlichen durch vier Faktoren beeinflusst: den Anlass des Aufenthaltes an einer Örtlichkeit, die Art der Gefahr, die Umwelt beziehungsweise Infrastruktur der Örtlichkeit und den Faktor Mensch.

Der **Einflussfaktor Gefahr** stellt für den Menschen einen (potenziell) schädigenden Reiz dar. Aufgrund dieses Reizes kommt es nicht nur zu einer objektiven Gefährdung, sondern auch zu einer subjektiven Gefahreninterpretation und -reaktion. Sollte der Mensch zu dem Ergebnis kommen, dass das persönliche Gefahrenrisiko hoch ist, so wird er sich schneller für ein Verlassen der Örtlichkeit entscheiden. Gleichzeitig wird die Art der Gefahr auch Grundlage für die Entscheidung sein, welchen Fluchtweg die Person einschlagen wird. Sollte die objektive Gefährdung für die Person jedoch nicht ausreichend erkennbar sein oder priorisiert sie andere Motive, so tendiert sie gegen eine rechtzeitige Befolgung von Räumungsaufforderungen.

Giftgasanschlag in der U-Bahn

Eine große Anzahl von Personen verließ 1995 in der Tokioer U-Bahn trotz Aufforderung zur Räumung nicht die Bahn, da sie glücklich darüber waren, endlich im morgendlichen Verkehr über einen Sitzplatz zu verfügen.

Die **Umwelt und Infrastruktur** spielen in Hinblick darauf eine Rolle, um welche Tageszeit es sich handelt, wie die baulichen Gegebenheiten sind, Flucht- und Rettungswege gekennzeichnet und zugänglich sind. Im direkten Zusammenhang mit der Umwelt steht der **Anlass**, also der Grund, aus dem sich ein Mensch an dieser Örtlichkeit befindet. In einem Stadion befinden sich meist Personen, die an einem Fußballspiel oder Konzert teilnehmen möchten. Der Zweck dieses Aufenthaltes ist mindestens genauso wichtig wie die Personenanzahl, denn dadurch lässt sich die Stimmung und das Verhalten der Personen ableiten.

Vierter Einflussfaktor für das Verhalten während einer Räumung beziehungsweise Evakuierung ist der **Mensch** selbst. Er reagiert sehr differenziert auf unterschiedlichste Gefahren, da jeder Mensch seine eigenen Erfahrungen mit solchen Situationen evtl. bereits gemacht hat oder eine eigene Strategie für den Umgang mit Stresssituationen besitzt. Daher kommt es zu verschiedenen subjektiven Risikowahrnehmungen und -bewertungen.

Erfahrung und Wissen können dabei auch zu Fehleinschätzungen oder falschen Entscheidungen führen. So können Menschen, die sich schon einmal in einer Gefahrensituation in Form eines Brandes befanden und nun mit dem Hintergrund einer bereits gesammelten traumatischen Erfahrung erneut in eine Gefahrensituation kommen, ein erhöhtes Angstpotenzial entwickeln und eher in eine eventuelle Handlungsunfähigkeit geraten. Zudem kann die Erfahrung zu einer Fehlentscheidung bei der Wahl des Ausganges führen, da der Mensch meist seinen Gewohnheiten nachgibt und somit in einer Fluchtsituation den ihm bekannten Eingang als Ausgang wählt, obwohl von dort die bestehende Gefahr ausgehen könnte. Auch kommt es zur Fehleinschätzung von Warn- oder Gefahrensignalen, wenn jemand zuvor wiederholt Fehlalarme erlebte. Betroffene Personen verlieren mit der Zeit den Glauben an die Echtheit, Genauigkeit und Ernsthaftigkeit des Alarmes. Eine Hilfestellung für Personen, die sich unter dem Einfluss von Stress befinden, können Beschäftigte sein, die den Personen Entscheidungen abnehmen und das Herdenverhalten bei einer Entfluchtung ordnen. Bei Gefahrenräumungen haben sich vier Grundelemente für die Gestaltung einer Aufforderung als wichtig herausgestellt:

- Signalwort wie „Gefahr“ oder „Bombenalarm“
- Information zur Gefahr und zur zeitlichen Dringlichkeit
- Handlungsanweisung wie „Verlassen Sie sofort das Gebäude!“
- Folgen der Nichtbeachtung

Damit könnte eine Räumungsaufforderung nach einer Bombendrohung wie folgt lauten: „Diese Durchsage richtet sich an alle Personen, die sich im X-Gebäude aufhalten. Wir haben eine ernst zu nehmende Bombendrohung. Verlassen Sie sofort das Gebäude über den nächstgelegenen Ausgang. Es besteht sonst die Gefahr, dass Sie verletzt werden.“

11. Rechtliche Aspekte im Konfliktfall

Ob es um Bild- und Tonaufnahmen durch Kunden, den Einsatz von Hilfsmitteln zur Verteidigung geht, die direkte körperliche Gegenwehr, das

Einsperren eines Kunden, um sich vor ihm zu schützen, oder um die Hilfeleistung gegenüber einer anderen Person. In jedem Fall tauchen rechtliche Aspekte auf, die berücksichtigt werden sollten.

Recht am eigenen Bild

Die flächendeckende Nutzung von Smartphones führt zur ständigen Möglichkeit, Ton-, Bild-, oder Filmaufnahmen zu fertigen. Der Schutz des Kunsturhebergesetzes (KUG) entfaltet sich jedoch erst dann, wenn mit einer Veröffentlichung oder Verbreitung der Aufnahmen durch Presse oder Privatperson zu rechnen ist und es sich nicht um Porträtaufnahmen handelt. Unter Bildnis im Sinne des KUG ist nicht nur eine Fotografie oder Filmaufnahme, sondern jede erkennbare Wiedergabe einer Person zu verstehen, also auch Zeichnungen, Karikaturen oder Fotomontagen. Eine Veröffentlichung bedarf der Einwilligung oder diese ist unter bestimmten Bedingungen (öffentliches Interesse, Teilnahme an einer öffentlichen Veranstaltung, Übersichtsaufnahmen) entbehrlich; diese Regel greift überwiegend nicht bei Porträtaufnahmen. Die Einwilligung zur Veröffentlichung ist erforderlich, wenn die abgebildete Person individuell erkennbar ist. Die Verletzung des höchstpersönlichen Lebensbereichs durch Bildaufnahmen nach dem Strafgesetzbuch (§ 201a StGB) spielt in diesem Zusammenhang eine untergeordnete Rolle. Dies dürfte unter normalen Umständen im beruflichen Kontext nicht zutreffen, ist jedoch im Alltag durchaus gängige Praxis; denkbar sind Aufnahmen von einer Person am Pool mithilfe von Drohnen. In öffentlichen Gebäuden wie in Verwaltungen sind hingegen Aufnahmen im Toilettenbereich denkbar. Heimliche Bildaufnahmen verstoßen hingegen grundsätzlich gegen die Persönlichkeitsrechte. Vernichtungs- oder Herausgabeansprüche bestehen zwar möglicherweise aufgrund gesetzlicher Regelungen, sind jedoch tatsächlich nur schwer durchzusetzen.

Nicht so populär, jedoch strafrechtlich geschützt ist die Verletzung des nicht öffentlich gesprochenen Wortes (§ 201 StGB). Wer dieses aufnimmt oder eine solche Aufnahme gebraucht oder verbreitet, kann mit bis zu drei Jahren Freiheitsstrafe oder mit Geldstrafe bestraft werden. Zu denken ist hier an Kunden, die ein Beratungsgespräch aufzeichnen. Diese Vorschrift soll die Vertraulichkeit und Flüchtigkeit des gesprochenen Wortes und somit den höchstpersönlichen Lebensbereich eines jeden schützen. Es schützt nicht nur die Kommunikationssphäre mit dem, der aus verwerflichen Gründen etwas verbergen will, sondern auch den unbefangenen Dialog. Wer weiß, dass seine Aussagen aufgenommen werden, der wird sich nicht frei äußern. Es besteht schlicht die Angst, etwas zu sagen, was später missverstanden oder zum Nachteil ausgelegt werden könnte. Eine solche allgegenwärtige Unsicherheit würde unsere Gesprächskultur nachhaltig stören. Neuere Rechtsprechung differenziert hier nach einer „faktischen Öffentlichkeit", bei der erkennbar weitere Personen ohne Weiteres zuhören können. Äußern Sie sich also in einem Bereich, in dem Sie damit rechnen müssen, dass die Worte von anderen vernommen werden können, werden diese Worte aufzeichnungsfähig, auch wenn Sie die Worte nur an einen bestimmten Kunden gerichtet haben.

Unterlassene Hilfeleistung

Bei Unglücksfällen und gemeiner Gefahr oder Not ist jedermann verpflichtet, die zur Vermeidung erheblicher (weiterer) Schäden erforderliche und ihm zumutbare Hilfe zu leisten (§ 323c StGB). Ein Unglücksfall ist jedes (plötzlich eintretende) Ereignis, das die unmittelbare Gefahr eines erheblichen (weiteren) Schadens für andere Menschen oder fremde Sachen von bedeutendem Wert hervorruft. Unter einer gemeinen Gefahr oder der die Allgemeinheit betreffenden Notlage sind z.B. Brände zu verstehen. Die Strafbarkeit der unterlassenen Hilfeleistung fußt auf dem Grundgedanken der mitmenschlichen Solidarität und der Erwartung an ein gewisses Mindestmaß von Hilfsbereitschaft als Teil der Gemeinschaft. Bestraft wird bereits das Unterlassen der Hilfeleistung (▸ Der Radfahrer).

Der Radfahrer

Auf dem Parkplatz der Verwaltungsbehörde stürzt ein Fahrradfahrer und bleibt verletzt liegen. Wenige Minuten später kommt ein Beschäftigter der Verwaltung vorbei, sieht den gestürzten und bewusstlosen Radfahrer und geht weiter, obwohl er ein Mobiltelefon dabei hat, mit dem er zumindest den Rettungsdienst hätte rufen können.

Die Hilfeleistung ist dann nicht erforderlich, wenn der Betroffene sich selbst helfen kann, ihm schon geholfen wird, er bereits verstorben ist oder ein Tätigwerden nach Beurteilung der Situation durch einen verständigen Beobachter sinnlos ist. Grundsätzlich kann und darf niemand zu etwas verpflichtet werden, dem er nicht gewachsen ist; die Grenzen des eigenen Leistungsvermögens sind also entscheidend für die Zumutbarkeit (▸ Grenzen des Zumutbaren). Innerhalb dieser Grenzen muss der Hilfspflichtige allerdings sofort und auf die wirksamste Art und Weise helfen.

Straftaten können auch durch Unterlassen, also durch „Nichtstun" begangen werden. Insbesondere das Nichthelfen ist strafbar, wenn es dem potenziellen Helfer zumutbar gewesen wäre, eine Hilfeleistung (und mag sie noch so gering sein) wahrzunehmen.

Grenzen des Zumutbaren

(1) Nach einem schweren Verkehrsunfall auf der Autobahn geht eines der Unfallfahrzeuge unmittelbar in Flammen auf, bevor sich die Insassen retten können. Es ist keinem der Ersthelfer zuzumuten, in das brennende Auto zu klettern, um die Personen daraus zu retten. Es sollten jedoch der Notruf gewählt und mit ggf. mitgeführten Löschmitteln erste Löschversuche unternommen werden.
(2) Eine Person stürzt unmittelbar vor einem Wasserfall in einen reißenden Fluss. Es ist niemandem zumutbar, hinterherzuspringen, um zu versuchen, die Person zu retten. Der Notruf hingegen muss gewählt und professionelle Hilfe angefordert werden.
(3) Im Einwohnermeldeamt wird ein Arbeitskollege von einem Kunden im Büro mit Benzin übergossen und der Kunde droht damit, ihn und sich selbst anzuzünden. Keiner der Kollegen oder sonstigen Anwesenden muss das Büro betreten, um einen Rettungsversuch des Kollegen zu unternehmen. Hier müssen jedoch ebenfalls Polizei und Rettungsdienste verständigt werden.

Notwehr und Nothilfe

Ein Mensch handelt in Notwehr, wenn er einen rechtswidrigen, gegenwärtigen Angriff von sich abwehrt. Von Nothilfe ist dann die Rede, wenn dieser Angriff von einem anderen Menschen abgewehrt wird. Das Notwehrrecht beinhaltet einerseits den persönlichen Schutz von individuellen Rechtsgütern: Niemand muss die Verletzung seiner Rechtsgüter durch einen Angreifer hinnehmen. Dieses Schutzprinzip gilt für Leben, körperliche Unversehrtheit, Eigentum oder auch leicht beschränkt für das Hausrecht. Andererseits tritt die verteidigende Person für den Bestand der Rechtsordnung ein: Das Recht muss dem Unrecht nicht weichen. Daher gilt auch der Grundsatz, dass Flucht keine mildere Option ist, denn das würde ansonsten bedeuten, dass jeder bei jedem Angriff versuchen müsste, immer erst wegzulaufen.

§ 32 Abs. 2 StGB

Notwehr ist die Verteidigung, die erforderlich ist, um einen gegenwärtigen rechtswidrigen Angriff von sich oder einem anderen abzuwenden.

Voraussetzung für die Ausübung von Notwehr oder Nothilfe ist das Vorliegen eines gegenwärtigen, rechtswidrigen Angriffs. Ein Angriff ist jede durch menschliches Verhalten drohende Verletzung rechtlich geschützter Güter oder Interessen. Angriffe können ausschließlich von Menschen ausgehen. Droht z. B. der Biss eines Hundes, gibt es andere Rechtsgrundlagen für die Gegenwehr. Der Angriff muss gegenwärtig sein. Gegenwärtige Angriffe stehen unmittelbar bevor (z. B. Ausholen zum Schlag), haben gerade begonnen (erster Schubser ist erfolgt) oder dauern noch an. Sie dauern grundsätzlich an, solange der Angreifer noch vor Ort ist. Im Notwehrrecht muss niemand auf unsichere Mittel zur Abwehr zurückgreifen und das Mittel sollte grundsätzlich der sofortigen Beendigung des Angriffs und der endgültigen Beseitigung der Gefahr dienen. Das eingesetzte Mittel (die Handlung) zur Verteidigung muss geeignet sein, den Angriff sofort und sicher zu beenden. Das Mittel muss allerdings auch erforderlich sein. Das bedeutet, dass das mildeste Mittel unter gleich geeigneten gewählt werden muss. Zuletzt muss die Handlung auch geboten sein. Die Gebotenheit liegt nicht vor, wenn sozialethische Einschränkungen bestehen, wie:

- ein krasses Missverhältnis (▶ Teures Wasser) zwischen Zweck und Handlung
- der Angriff eines schuldlos Handelnden
- die vorherige Notwehrprovokation

Eine familiäre Nähebeziehung ist keine sozialethische Einschränkung. Notwehr und Nothilfe dürfen selbstverständlich auch gegen Familienangehörige ausgeübt werden. Bei schuldlos Handelnden gilt folgendes Vorgehen: Ausweichen, wenn möglich, defensives Verhalten, dann jedoch verteidigen, wenn alles Vorherige wirkungslos war oder es offensichtlich ist, dass dies nicht zumutbar ist (schuldlose Person versucht, mit einem gefährlichen Gegenstand zuzuschlagen).

Teures Wasser

Ein Obdachloser entwendet an einem Straßenkiosk eine Wasserflasche und läuft weg. Der Kioskbesitzer hat eine schwere Beinverletzung, er kann dem Obdachlosen nicht hinterherlaufen und er ist zu dem Zeitpunkt allein in seinem Geschäft. Deshalb nimmt er seine Schrotflinte und gibt auf den Dieb einen tödlichen Schuss ab. Auch wenn alle Merkmale der Notwehr gegeben sind: Zwischen dem minimalen materiellen Wert der Flasche Wasser (Zweck) und der Beendigung eines Menschenlebens (zweckdienliche Handlung) besteht ein extremes Missverhältnis.

Im Rahmen der Notwehr gilt: Das Recht muss dem Unrecht nicht weichen, Flucht ist kein milderes Mittel. Die Notwehrhandlung darf und sollte der sofortigen und sicheren Beendigung des Angriffs dienen. Gegenwärtige und rechtswidrige Angriffe müssen von niemandem, auch nicht, wenn von Familienmitgliedern oder Vorgesetzten verübt, geduldet werden.

Rechtfertigender Notstand

Dieser Auffangtatbestand (§ 34 StGB) existiert parallel zur Notwehr und dabei besteht eine Notstandslage in einer gegenwärtigen Gefahr für irgendein Rechtsgut. Das, was dann von dem Helfer getan wird, darf nicht auf andere Weise abwendbar sein. Im Rahmen der Interessenabwägung muss das geschützte das beeinträchtigte Interesse wesentlich überwiegen. Am besten wird dies anhand eines Beispiels verständlich, bei dem die Notwehr oder Nothilfe nicht anwendbar ist (▶ Auf dem Dach).

Auf dem Dach

Nachdem einer Person die Bleibeberechtigung in der Bundesrepublik versagt wurde, rennt sie aus dem Büro und begibt sich auf das Dach des sechsstöckigen Amtsgebäudes. Sie droht, sich vom Gebäude zu stürzen, sollte sie nicht die Bleibeberechtigung erhalten. Kurz bevor sie sich hinabstürzt, kann ein herbeigerufener Sanitäter die Person noch am Arm fassen; durch den Ruck wird allerdings ihre Schulter ausgekugelt.

Festnahmerecht

Jedermann darf eine Person festnehmen, die während einer Tat oder kurz danach am Tatort oder in unmittelbarer Nähe gestellt wird, sofern sie entweder flüchtet oder wenn eine Identitätsfeststellung wegen Auskunftsverweigerung oder fehlenden Personaldokumenten nicht möglich ist. Es handelt sich hierbei allerdings um keine Pflicht zur vorläufigen Festnahme.

§ 127 Abs. 1 S. 1 StPO

Wird jemand auf frischer Tat betroffen oder verfolgt, so ist, wenn er der Flucht verdächtig ist oder seine Identität nicht sofort festgestellt werden kann, jedermann befugt, ihn auch ohne richterliche Anordnung vorläufig festzunehmen.

Bedenken Sie bitte, dass Sie die meisten Ihrer Kunden kennen und diese damit durch die Polizei später ermittelt werden können. Jede versuchte Festnahme, Festhalten oder Einsperren eines aggressiven Kunden beinhaltet eine Risikoerhöhung. Es ist nicht Ihre Aufgabe, einen anderen Menschen auf diesem Weg der Strafverfolgung zuzuführen.

Selbsthilfe

Ähnlich wie der rechtfertigende Notstand bestimmte Lücken des Notwehrrechts schließt, gelingt dies mit den Selbsthilferechten aus dem Bürgerlichen Gesetzbuch (§ 229 BGB). Diese Selbsthilfesituation besteht in einem fälligen zivilrechtlichen Anspruch, zu dessen Durchsetzung keine rechtzeitige hoheitliche Hilfe möglich ist und eine Gefährdung der Anspruchsdurchsetzung im Raum steht. In den typischen Fällen bezieht sich der Anspruch jedoch auf die Herausgabe einer weggenommenen Sache oder eine Geldforderung. Insbesondere ist auf die Wegnahme einer Sache oder die Festnahme des fluchtverdächtigen Verpflichteten abzustellen. Auch hier hilft ein Beispiel (▶ Langfinger unterwegs), die Bedingungen zu verstehen.

Langfinger unterwegs

Ein Verwaltungsmitarbeiter erkennt eine Person wieder, die gestern im Gebäude unterwegs war, von Zimmer zu Zimmer ging und offensichtlich zurückgelassene Wertgegenstände suchte. Kurz bevor die Person am gestrigen Tag angesprochen werden konnte, verschwand sie. Heute wird sie von dem Mitarbeiter angesprochen und festgehalten, bis die Polizei eintrifft.

Garantenpflichten

Straftaten können nicht nur durch aktives Tun, sondern auch durch ein Unterlassen begangen werden. Wer rechtlich dafür einzustehen hat, dass ein Ergebnis nicht eintritt – und damit ein Garant ist –, handelt möglicherweise strafbar. Der Garant muss die physisch-reale Möglichkeit gehabt haben, handeln und damit helfen zu können. Zudem muss das normgemäße Verhalten zumutbar gewesen sein: Ein Nichtschwimmer kann nicht dazu gezwungen sein, einen Ertrinkenden zu retten; er kann jedoch sehr wohl einen Notruf absetzen. Dem Garanten obliegen besondere Obhutspflichten für ein bestimmtes Rechtsgut, das er gegen alle oder bestimmte von außen kommenden Gefahren beschützen muss. Er wirkt wie ein „menschlicher Schutzschild“. Solche Garantenrollen sind in den verschiedensten Bereichen des Lebens zu finden:

- familiäre Verbundenheit: Eltern (auch Adoptiv- und Pflegeeltern) – Kind, Ehegatten, Großeltern – Enkel, Geschwister und sonstige Verwandte gerader Linie, solange sie in einer häuslichen Familiengemeinschaft leben
- enge persönliche Lebensgemeinschaft: mit der familiären Verbundenheit vergleichbares besonderes Näheverhältnis
- Gefahrengemeinschaften: wie eine Bergsteigergruppe; sie hat sich zusammengetan und konkludent gegenseitig versprochen, auf sie zukommende Gefahren gegenseitig voneinander abzuwenden
- vertragliche/tatsächliche Übernahme: Babysitter, Erzieher, behandelnde Ärzte, Trainer, Vereinsvorstand
- Amtsträger: Polizei, Lehrpersonal, Schulleitung, Mitarbeiter des Jugendamtes
- Verantwortliche für Gefahrenquellen wie Veranstalter, Grundstückseigentümer, Fahrzeughalter oder vorausgegangenem gefährdetem Handeln

Nichtanzeige geplanter Straftaten

Wenn ein Bürger von einer geplanten Straftat erfährt, ist er dazu verpflichtet, unverzüglich den Strafverfolgungsbehörden davon Mitteilung zu machen. Geschieht dies nicht, macht er sich selbst strafbar (§ 138 StGB). Dabei geht es nicht um die Verpflichtung der Anzeige jedweder geplanten Straftat, sondern ein Raub ist die untere Grenze in den Schweregraden der Straftaten. Einen geplanten Bonbondiebstahl muss niemand bei den Strafverfolgungsbehörden bekannt machen. Deutlich wird diese Regelung anhand eines Beispiels (▶ Nichtanzeige von Straftaten).

Nichtanzeige von Straftaten

Ein Nutzer der Plattform Twitter postet am Vorabend seiner Tat: „Ich werde morgen einen im Jobcenter killen." Den Beitrag sehen zwei seiner engsten Bekannten, die auch um seine nicht existente Steuerungsfähigkeit wissen. Keiner der beiden informiert die Polizei.
Am nächsten Morgen erscheint der Nutzer zu seinem Termin im Jobcenter und sticht nach ca. 15 Minuten Gespräch auf den Sachbearbeiter ein. Danach twittert er noch: „Drei Stiche – warte auf die Polizei."

D. Nach der sicherheitskritischen Situation

1. Stufensystem für verhaltensauffällige Kunden

Gegenüber verhaltensauffälligen Kunden, deren Verhalten in die Kategorien 0 und 1 eingeordnet werden kann (▶ C. 6. Bewältigung sicherheitskritischer Ereignisse), sollte mit abgestuften Aktivitäten im Nachgang des sicherheitskritischen Ereignisses begegnet werden, wenn dies aufgrund einer ständigen Wiederholung oder einer hohen Intensität erforderlich erscheint. Diese Empfehlung muss in der Reihenfolge nicht eingehalten werden und es ist auch möglich, weitergehende Schritte bereits mit weniger intensiven Schritten zu kombinieren.

1. Standardisiertes Schreiben mit abstrakter Erwähnung des Fehlverhaltens, Datum, Uhrzeit, dem erwünschten Verhalten – ohne Sanktionsandrohung
2. Standardisiertes Schreiben mit konkreter Erwähnung (Datum, Uhrzeit, Beschreibung) des Fehlverhaltens und dem erwünschten Verhalten – ohne Sanktionsandrohung
3. Standardisiertes Schreiben mit konkreter Erwähnung (Datum, Uhrzeit, Beschreibung) des Fehlverhaltens und dem erwünschten Verhalten – mit abstrakter Sanktionsandrohung
4. Standardisiertes Schreiben mit konkreter Erwähnung (Datum, Uhrzeit, Beschreibung) des Fehlverhaltens und dem erwünschten Verhalten – mit individueller Sanktionsandrohung
5. Einladung zu einem Konfrontationsgespräch in Gegenwart der Leitungsebene – mit abstrakter Sanktionsandrohung (in dem Gespräch – nicht schriftlich)
6. Einladung zu einem Konfrontationsgespräch in Gegenwart der Leitungsebene – mit individueller Sanktionsandrohung (in dem Gespräch – nicht schriftlich)
7. Einladung zu einem Konfrontationsgespräch in Gegenwart der Leitungsebene – mit abstrakter Sanktionsandrohung (Aushändigung eines Schreibens in dem Gespräch)
8. Einladung zu einem Konfrontationsgespräch in Gegenwart der Leitungsebene – mit konkreter Sanktionsandrohung (Aushändigung eines Schreibens in dem Gespräch)
9. Prüfung der Empfehlung Strafanzeige und Strafantrag durch den Beschäftigten
10. Prüfung der zusätzlichen Stellung des Strafantrages durch die Institution

11. Prüfung der Stellung Strafanzeige durch die Institution
12. Erteilung eines Platzverweises

Bewegen sich die Verhaltensauffälligkeiten in den Bereichen der Ereignisstufe 2 aufwärts oder wiederholen sich die Vorfälle aus dem Bereich 0 und 1, können diese Maßnahmen übersprungen werden und direkt zu folgenden Aktivitäten gegriffen werden:

1. Prüfung der Empfehlung Strafanzeige und Strafantrag durch den Beschäftigten
2. Prüfung der zusätzlichen Stellung des Strafantrages durch die Institution
3. Prüfung der Stellung Strafanzeige durch die Institution
4. Erteilung eines Platzverweises
5. Prüfung Hausverbot und schriftliche Ankündigung
6. Aussprache Hausverbot

2. Nachbereitung der Situation

> Ein Mitarbeiter eines Sozialdienstes überbringt einer Person in dessen Wohnung die Botschaft, dass sein Antrag auf einen neuen Fernseher nicht genehmigt wird. Die Person fesselt den Außendienstler an einen Stuhl, übergießt ihn mit Benzin und droht, ihn anzuzünden. Der Mann kommt körperlich unverletzt frei. Kurze Zeit später deuten sich bei ihm psychische Belastungssymptome an. Die verantwortliche Führungskraft kommentiert dies damit, dass er „sich nicht so anstellen soll", es sei „schließlich nichts passiert".

Dem Verhalten aller Beteiligten nach einer sicherheitskritischen Situation kommt eine hohe Bedeutung zu, weil hierdurch Folgeschäden ausgelöst werden können, die je nach Fallgestaltung ein größeres Schadensmaß aufweisen, als das Ereignis selbst. Während des direkten Kontaktes mit dem Gegenüber liegen die Folgen zunächst in den sofort wahrnehmbaren Auswirkungen des Handelns. Das können unmittelbare körperliche Verletzungen oder Angstgefühle im Bereich der Psyche sein.

Tritt die betroffene Person in seiner Eigenschaft als Opfer nach der Tat wieder mit dem üblichen sozialen Umfeld in Kontakt, kann durch das Verhalten dieser Menschen eine wiederholte Schädigung hervorgerufen werden. Gleichgültig hierbei, ob es sich um Freunde, Bekannte, Kollegen, Vorgesetzte oder professionelle Stellen wie Polizei, Staatsanwaltschaft, Rechtsanwälte oder ein Gericht handelt. Wenn das Umfeld mit offenen oder subtilen Fragestellungen agiert, die als Vorhaltung verstanden werden, kann dies zu einem Gefühl der Mitschuld an der Tat führen. Ziehen sich Menschen aus dem sozialen Nahraum bewusst zurück oder zeigen augenscheinliches Desinteresse, können ebenfalls psychische Schäden eintreten. Hieraus entsteht ein erstes Spannungsfeld: Ist das Nichtthematisieren eines Vorfalls nun bewusste Schonung oder Desinteresse? Weitere Spannungsfelder entstehen für die formellen Bereiche der Polizei und der Gerichte: Ohne eine intensive Befassung mit dem Verhalten ist eine Sachverhaltsaufklärung nicht möglich und letztlich bestimmt die betroffene Person darüber, wie sie diese Nachfrage empfindet. Daher ist es für die professionellen Stellen und vorgesetzte Bereiche wichtig, immer wieder die Gründe für die Fragestellungen zu erörtern und keinesfalls direkte Vorwürfe zu formulieren.

> Das soziale Umfeld kann durch sein Verhalten, insbesondere durch Vorhalte, die psychischen Schäden des Opfers verstärken.

Der erste und wichtigste Schritt nach jedem sicherheitskritischen Ereignis stellt eine zunächst kurze Nachbereitung der Situation dar. Sie findet zeitlich unmittelbar nach dem Ereignis statt. Dieses Gespräch über die Situation dient der Reflexion und ist die wichtigste Grundlage für ein daraus entstehendes Lernen. Reflexion wird als Brücke zwischen gemachter Erfahrung und Wissen betrachtet. Sie bietet zudem für Vorgesetzte die Möglichkeit, das psychologische Belastungserleben einzuschätzen und ob sich daraus weitere Handlungsnotwendigkeiten ergeben. In den Fällen, die im Kollegenkreis oder unter Hinzuziehung von Vorgesetzten abgearbeitet werden konnten, sollte die erste und in den meisten Fällen auch einzig erforderliche Nachbereitung in dem Team der betroffenen Personen stattfinden. Es ist hilfreich, sich für eine treffende Analyse an Fragen zu orientieren, die dem Gespräch eine Struktur geben; diese könnten sein:

1. Wie war die Ausgangssituation?
   Wie war der Vorlauf der kritischen Situation? Was war mir als hinzukommender Person vorher bekannt? Wie habe ich die Situation tatsächlich vorgefunden?
2. Wie haben wir die Situation erlebt?
   Wie haben wir jeweils den Ablauf wahrgenommen? Was lief gut, was lief schlecht aus jeweiliger Sicht? Wie waren die Absprachen? Wie lief die Kommunikation? Wurden Bedenken oder Gefühle geäußert?
3. Was können wir daraus lernen?
   Welche Erkenntnisse ergeben sich? Sollten diese intern weitergegeben werden? Müssen wir mit externen Beteiligten sprechen?

Der Nachbereitungsprozess sollte von der Führungskraft moderiert werden, kann jedoch auch im kleinen Kollegenkreis stattfinden. Wenn die jeweiligen Wahrnehmungen Rechtfertigungen oder Verteidigungshaltungen bei den anderen Beteiligten hervorrufen statt Betroffenheit oder Verständnis, ist die Wahrscheinlichkeit groß, dass die grundsätzlichen Feedbackregeln nicht beachtet wurden oder die Beteiligten nicht gefragt wurden, ob sie das Feedback im Moment gerade annehmen können. Unabhängig von diesem Vorgehen verfügen diejenigen Beschäftigten über die Eigenschaft der Selbstlernkompetenz, die in dafür geeigneten Fällen für sich selbst ihr Verhalten reflektieren, bewerten und erforderlichenfalls für die Zukunft modifizieren. Dies trifft beispielsweise bei niederschwelligen Ereignissen ohne Beteiligung anderer Beschäftigter zu.

> Die Reflexion über die bewältigte Situation in Form einer persönlichen oder Nachbereitung im Team ist Grundvoraussetzung für eine Verbesserung im individuellen Handeln und Basis einer lernenden Organisation.

Feedback kann nur aus einer einzelnen persönlichen Perspektive und nicht stellvertretend für ganze Gruppen gegeben werden. Beim Feedbacknehmen ist es wichtig zu beachten, dass Feedback die subjektive Sichtweise der Interaktionspartner darstellt und keine absolute Wahrheit. Diese Sichtweise kann angenommen und genutzt werden oder es kann sich dagegen entschieden werden, Konsequenzen für das eigene Handeln daraus zu ziehen. In jedem Fall ist es allerdings ratsam auch bei negativem Feedback wertschätzend und mit Dank zu reagieren, da die feedbackgebende Person sich Gedanken gemacht und die Zeit investiert hat, der feedbacknehmenden Person eine andere Perspektive auf das eigene Verhalten zu ermöglichen. Eine Feedbackäußerung sollte sich in vier Schritte gliedern:

1. Wahrnehmung
   Konkret beobachtetes Verhalten ohne Interpretation oder Bewertung
2. Wirkung
   Eigene Gedanken, Gefühle oder Handlungen ohne Vorwurf
3. Wirklich Wichtiges
   Darlegung des „Warums", das hinter der Wirkung steckt
4. Wunsch
   Konkreter, handlungsorientierter Wunsch für die Zukunft, ggf. auch als Vorschlag, Frage oder Bitte formuliert

Mit dieser Abfolge bleibt die feedbackgebende Person mehr bei sich und löst bei dem Interaktionspartner eher Betroffenheit oder Verständnis aus. Für eine sicherheitskritische Situation könnte sich eine Feedbackäußerung innerhalb eines Teams wie in dem Beispiel Fehlalarm gestalten (▶ Fehlalarm). Beachten Sie bitte, dass die Feedbackregeln sich leicht von Kundengesprächen unterscheiden. Besteht zum Gegenüber keine engere Beziehung, muss situativ entschieden werden, ob es hilfreich ist, die eigenen Gefühle anzusprechen. Der direkte Ausdruck der Gefühle ist eine Selbstoffenbarung, die vom Gegenüber ausgenutzt werden könnte. So kann es in einem Fall sinnvoll sein, seine Verärgerung über einen Kunden, der ständig ausweichende Antworten gibt, anzusprechen, in einem anderen Fall nicht. Jedoch auch dann sollten Sie die Bedeutung der Problematik betonen.

Fehlalarm

„Heute Vormittag kam es zu einer Auslösung des Alarmsystems im Zimmer von Stefan. Zu dem Zeitpunkt war ein Kunde anwesend. Wir sind dann entsprechend unserem Alarmschema mit vier Kollegen in das Zimmer und ich war die erste Person, die die Lage im Zimmer überprüft hat. Dort wirkte alles entspannt und ruhig zwischen Stefan und dem Kunden. Ich habe ihn dann gebeten, kurz vor die Tür zu kommen und mir mit dem Farbdrucker zu helfen – so wie es der Absprache im Team für eine solch unklare Situation entspricht. Stefan hat dann geantwortet: ‚Ist schon okay, ich habe aus Versehen den Alarm ausgelöst.'
Das vor dem Kunden zu sagen, entspricht nicht unseren Vorgaben, weil es unsere Alarmpläne offenlegt. Ich fühle mich nicht mehr so sicher wie vorher und bin deswegen sauer.
Mir ist unsere Sicherheit wichtig und ich halte es für wichtig, dass wir uns alle an die Sicherheitsregeln halten.
Daher möchte ich, dass wir uns alle diese Regeln noch mal vor Augen führen und dass sich beim nächsten Fehlalarm alle an die Vereinbarungen halten."

2.1 Mitteilung über Ereignisse

Die Meldung eines Ereignisses soll die Informationen erheben, mit denen eine Veränderung herbeigeführt und eine Erhöhung der Sicherheit erzielt werden kann. Daher sollte ergründet werden:

- Was ist genau geschehen? Was war die Vorgeschichte?
- Warum hat sich der Vorfall so entwickelt? Welche Mechanismen haben dabei eine Rolle gespielt? Welche Rahmenbedingungen waren wirksam (Team, Organisation, Technik)?
- Wie kann die Wiederholung bestmöglich verhindert werden?

Die Mitteilung eines sicherheitsrelevanten Ereignisses erfolgt grundsätzlich durch die beschäftigte Person, die die Feststellung getroffen hat oder von dem Ereignis betroffen war. Ist dies, z.B. aufgrund zu großer emotionaler Betroffenheit, nicht möglich, legt der unmittelbare Vorgesetzte eine oder mehrere Personen fest, die diese Meldung fertigen. Sind keine geeigneten Personen verfügbar, fertigt der unmittelbare Vorgesetzte oder dessen Vertreter die Meldung. Je nach Schwere des Ereignisses sollte die Ereignismeldung von mehreren Beteiligten (getrennt voneinander) gefertigt werden; damit ergibt sich im Nachhinein regelmäßig ein genaueres Bild der Situation.

Idealerweise wird ein Vordruck (▶ D. 9.5 Meldung sicherheitsrelevantes Ereignis) zu Verfügung gestellt. Dieser sollte – soweit möglich – vollständig ausgefüllt werden. Erforderlichenfalls sind Bilder zu fertigen und weitere Belege (z. B. Drohbriefe) beizufügen bzw. aufzubewahren (z. B. zerstörter Monitor). Bei Sachverhalten, die mit hoher Wahrscheinlichkeit keine Strafanzeige oder andere Aktivitäten gegenüber dem Kunden nach sich ziehen, kann der Vordruck in verkürzter Form ausgefüllt werden. In besonders schweren oder zeitlich dringenden Fällen erfolgt eine sofortige telefonische Meldung.

Wenn solche Verfahren eingeführt werden, fragen sich Beschäftigte, ob sie nun mehr oder weniger jeden kleinen Zwischenfall melden sollen. Die Antwort darauf ist einfach: Wenn das Ereignis ebenso zu einem Ereignis mit Verletzten hätte führen können, dann ja. Denn beim nächsten Mal könnte das bereits der Fall sein. Der Aufwand für die Meldung lohnt sich, wenn die Institution daraus etwas lernen und eine Gefahrenquelle beseitigen kann. Dies gilt, wenn das Risiko von technischen Einrichtungen oder Fehlern in der Organisation ausgeht, die behoben werden können. Ereignisse, die durch Verhaltensfehler bedingt sind, weisen auf Wissenslücken oder mangelndes Sicherheitsbewusstsein hin. Auch psychische Belastung, also Stress oder Ängste, kann eine Rolle spielen, weil sie häufig mit Unaufmerksamkeit einhergeht. Entscheidend ist gerade nicht, dass im Moment nichts Ernstes passiert ist. Entscheidend ist, dass es beim nächsten Mal für die Person oder jemand anderen anders ausgehen kann.

2.2 Auswertung und Kommunikation

Innerhalb der öffentlichen Verwaltung sollte eine zentrale Stelle festgelegt werden, die diese Meldungen sammelt und auswertet; dies könnte im Bereich des Arbeitsschutzes oder der Organisationsentwicklung sein. Die Beschäftigten dürfen die Meldungen direkt dorthin versenden, um eine Filterfunktion von Vorgesetzten auszuschließen. Je nach Vorfall könnten dort eigene Fehler verborgen werden. Die unmittelbar vorgesetzte Stelle wird dennoch nachrichtlich beteiligt, weil diese Information dort vorliegen muss. Von dort wird über die nachrichtliche Beteiligung der weiteren vorgesetzten Stellen entschieden – in Abhängigkeit von der Größe der Institution. Die zentrale Stelle ergänzt ggf. weitere Empfänger und leitet die Ereignismeldung an diese weiter. Sie initiiert und überwacht in Abstimmung mit den dafür zuständigen Organisationseinheiten erforderliche Aktivitäten und erteilt Rückmeldungen über den Bearbeitungsstand. Diese Rückmeldungen erfolgen auf Anfrage oder zum Abschluss einer Ereignismeldung.

Dieser zentralen Stelle könnten weitere Aufgaben übertragen werden:
- Fortschreibung eines vorhandenen Sicherheitskonzeptes
- Regelmäßige Unterweisungen von Mitarbeitern
- Sicherung der Qualitätsstandards betreffend die Sicherheit der Institution
- Erstellen eines Lageberichtes Sicherheit
- Kontaktstelle zum Sicherheitsdienst und der Polizei

Durch ein Lagebild Sicherheit, das bestimmten Führungsebenen zugänglich gemacht wird, lassen sich Brennpunkte in der Verwaltung erkennen, für die dann Gegenmaßnahmen getroffen werden können. Über einen „Newsletter Sicherheit" können im angemessenen Rahmen nicht nur Hinweise auf adäquate Verhaltensweisen gegeben werden, sondern auch Aufklärung zu Ereignissen innerhalb der Institution erfolgen. Sicherheitskritische Ereignisse ab einer bestimmten Stufe können nur so unter den Mitarbeitern kommuniziert werden. Stille-Post-Effekte und dramatische, realitätsfremde Annahmen über den berüchtigten Flurfunk können so vermieden und nicht zu einer zusätzlichen Verunsicherung von Beschäftigten führen.

Finden in einer Institution Seminare zum Umgang mit sicherheitskritischen Ereignissen statt, bietet es sich an, mit der Seminarleitung diese Ereignisse in einer angemessenen Tiefenstufe zu erörtern, da die Zwischenfälle oftmals durch Beschäftigte zum thematischen Gegenstand gemacht werden. Die ergriffenen Aktivitäten nach dem Eingang von Meldungen zu sicherheitsrelevanten Ereignissen bilden die Vertrauensgrundlage für die Beschäftigten, wenn es um Gefühle der Sicherheit am Arbeitsplatz oder des Rückhalts durch den Arbeitgeber geht; sie bestimmen weiterhin das Maß künftiger Meldungen durch den Beschäftigten selbst oder aller anderen Beschäftigten, wenn eine Inaktivität kommuniziert wird.

3. Langzeitschäden verhindern

Der Eintritt psychischer und physischer Reaktionen ist bei dem Erleben von Situationen, die außerhalb des persönlichen Erfahrungshorizonts liegen, sehr wahrscheinlich. Solche Ereignisse können sein:
- sehr intensiv (laut, betäubend, angsteinflößend etc.)
- unvorhergesehen und plötzlich („von einer Sekunde auf die andere")
- unausweichlich („auf den ersten Blick kein Entkommen")
- (tatsächlich) bedrohlich
- eine Gefahr oder ein Risiko bergend
- oder unberechenbar (Betroffene können nicht einschätzen, was passiert)

Je konzentrierter diese Faktoren auftreten und empfunden werden, desto stärker kann die betroffene Person physisch und psychisch beansprucht werden.

> Körper und Geist reagieren auf Ereignisse, die außerhalb unseres persönlichen Erfahrungshorizonts liegen. Ob wir wollen oder nicht.

Mögliche Krisenereignisse in diesem Zusammenhang sind:

- Das Erleben eigener oder fremder, psychischer oder physischer Verletzung
- Der (gewaltsame) Tod von Kollegen, Freunden oder Familienangehörigen
- Das Zugegensein nach einem Suizid oder Suizidversuch
- Die Gefahr des eigenen Todes oder schwerwiegender Verletzung
- Die Verwendung von Waffen oder andere exzessive Gewaltanwendung gegen Personen
- Lang andauernde chaotische Phasen, meist geprägt von Informationsdefiziten und Bedürfnisunterversorgung oder Vernachlässigung
- Lang andauerndes Empfinden von Hilflosigkeit, Verzweiflung, Angst, Panik

Kohärenz

Menschen bleiben mit einer hohen Wahrscheinlichkeit, auch bei Belastungen, gesund, wenn sie persönlich mit ihrem Kohärenzsinn zu der Überzeugung gelangen, dass „die Dinge stimmig" sind. Er setzt sich aus verschiedenen Vorannahmen zusammen: Probleme/Ereignisse haben eine bestimmte Struktur. Sie sind vorhersehbar und erklärbar. Rollen, Positionen und Abläufe des Umfelds sind **verständlich und nachvollziehbar**. Es bestehen **Kompetenzen und Strategien zur Bewältigung** des Problems. Es gibt klare Strukturen und Abläufe, über die Kontrolle empfunden wird. Auch negative Ereignisse sind bedeutend und in sich stimmig. In dem Geschehen kann trotzdem ein **Sinn** gesehen werden. Nun weisen kritische Ereignisse gerade mit Stressoren auf, die diesen Vorannahmen genau entgegenwirken. Die Situation ist wenig zu kontrollieren, gering bekannt, der Verlauf ist nicht vorhersehbar und der Mensch versteht nicht genau, warum etwas passiert. Je stärker diese Faktoren ausgebildet oder empfunden werden, desto größer ist die Beanspruchung der beteiligten Personen.

Reaktionen im Verlauf

Die Konfrontation mit Eindrücken, die bislang nicht verarbeitet wurden, beansprucht den Geist im besonderen Maß, weil der Mensch dafür kein

Verarbeitungsschema hat. Die daraus resultierende Belastungsreaktion kann sich wie folgt äußern (Abb. 46):

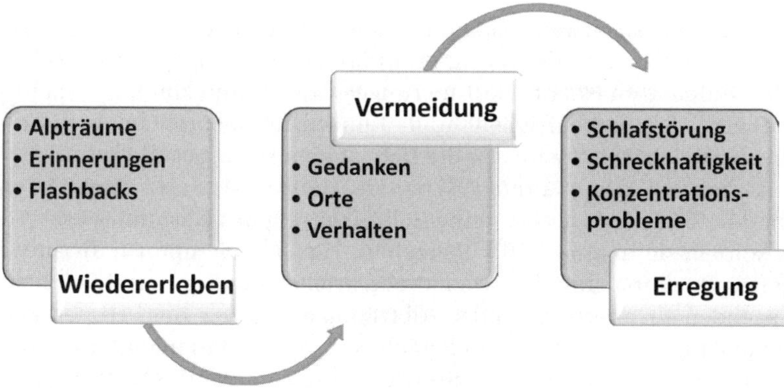

Abb. 46 Belastungsreaktionen

Entweder treten keine oder nur geringe Symptome auf und im akuten Zeitverlauf ebben die Reaktionen innerhalb von vier Wochen wieder ab. Treten sie später wieder auf (Abb. 47), kann von einer posttraumatischen Belastungsstörung (PTBS) ausgegangen werden. Das bedeutet im Einzelnen:

Neben möglichen akuten körperlichen Verletzungen durch ein Gewaltereignis kann es unmittelbar im Anschluss zu einer akuten Belastungsreaktion kommen, die auch als psychischer Schock bezeichnet wird. Sie kann wenige Minuten bis wenige Tage nach dem Ereignis auftreten. Typische Symptome hierfür sind – häufig wechselnd und gemischt – ein betäubtes Gefühl, Bewusstseinseinengung und eingeschränkte Aufmerksamkeit, Desorientierung und die Unfähigkeit, externe Reize zu verarbeiten. Auf diesen Zustand können sowohl sozialer Rückzug als auch Unruhe und Überaktivität folgen. Zumeist treten auch vegetative Zeichen wie eine erhöhte Herzfrequenz, Schwitzen und Erröten auf. Ebenso sind unspezifische somatische Symptome wie z. B. Bauchschmerzen möglich.

Wenige Tage nach der Krise bis rund vier Wochen danach kann es zu Stimmungsschwankungen, Rückzugs- und Vermeidungsverhalten (Orte, Personen, Handlungen, Gedanken), Unsicherheit, einer Manifestierung des Gefühls von Kontroll- und Sicherheitsverlust sowie Angstzuständen und Panikattacken kommen. In einigen Fällen kann auch eine dissoziative Amnesie auftreten. Hierbei tritt der Verlust der Erinnerung an das traumatische Ereignis ein; die Amnesie ist nicht durch eine organische psychische Störung bedingt, zudem ist sie in der Regel selektiv und unvollständig. Ferner kann sich eine Vertrauenskrise zu sich selbst oder zu „den Verantwortlichen" entwickeln. Fragen und Vorwürfe, wie „Wie konnte das passieren?", „Ich habe doch dies und jenes getan" oder „Wieso geschieht mir so etwas?", kommen auf. Prozesse des Wiedererlebens schlagen sich in Erinnerungen, Albträumen oder sogenannten „Flashbacks" (intensiven Nachhallerinnerungen) nieder und können zu Schlafstörungen, Schreckhaftigkeit und Konzentrationsproblemen führen. Auch die Reizbarkeitsschwelle der Betroffenen kann gesenkt sein.

Bestehen die vorgenannten Symptome länger als rund einen Monat nach dem Ereignis, ist also keine Stabilisierung des Zustandes eingetreten, können sie in eine PTBS übergehen. Typische Symptome dieser verzögerten Reaktion sind das wiederholte Erleben des Traumas in sich aufdrängenden Erinnerungen oder Albträumen, die vor dem Hintergrund eines andauernden Gefühls des Betäubtseins und emotionaler Stumpfheit auftreten. Weitere Indikatoren finden sich in Gleichgültigkeit gegenüber anderen Menschen, Teilnahmslosigkeit, Freudlosigkeit und Vermeidung von Aktivitäten und Situationen, die an das traumatische Ereignis erinnern könnten. Im Zusammenhang mit den psychischen Merkmalen kann es zu übermäßiger Schreckhaftigkeit und Schlafstörungen kommen. Der Verlauf ist wechselhaft, die PTBS kann jedoch häufig geheilt werden. In nur wenigen Fällen verläuft diese chronisch und geht in eine andauernde Persönlichkeitsstörung über.

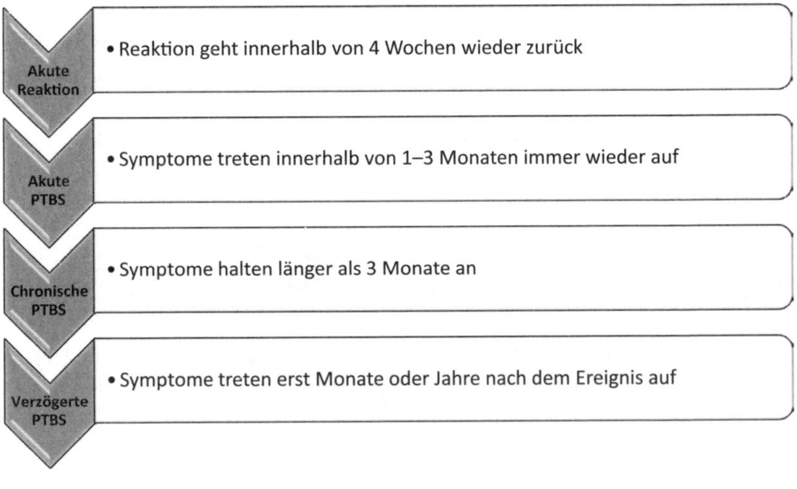

Abb. 47 Belastungsreaktionen im zeitlichen Verlauf

Schädigende Ereignisse, die von der betroffenen Person als Opfererfahrung gewertet werden, können zu unterschiedlichen Langzeitschäden führen. Schlafstörungen, Albträume bis hin zu neurotischen Erscheinungen, Ängste, Wut, Depression und sozialer Rückzug können solche Schäden darstellen. Problematisch kann es werden, wenn die betroffene Person die Zuwendung und Aufmerksamkeit anderer für sich selbst subjektiv als Belohnung empfindet. Dies kann in Einzelfällen dazu führen, dass diejenigen sich häufiger in opferproduzierende Situationen begeben.

Erfolgt hierdurch eine Reviktimisierung, kann eine Abwärtsspirale in Gang gesetzt werden. Mit jeder neuen Opferwerdung steigt die Wahrscheinlichkeit, wiederholt Opfer zu werden. Dies ist darauf zurückzuführen, dass sich die Person selbst als Opfer definiert, bei ihr ein schwaches Selbstbewusstsein und ein geringer psychischer Selbstschutz existiert, sie damit unsicher sowie devot wirkt und dadurch Hilflosigkeit erlernt, was die Opferrolle weiter verstärkt. Einer solchen Entwicklung kann durch beständige soziale Kontakte entgegengewirkt werden. Der Person muss auch deutlich werden, welche Signale sie aussendet, die sie aus Tätersicht schwach und damit geeignet erscheinen lassen.

> Langzeitschäden von betroffenen Personen kann durch professionelle Betreuung und beständige soziale Kontakte entgegengewirkt werden.

Betroffene in diesem Sinne sind nicht nur die unmittelbar betroffenen Personen. Es sind auch Zeugen, Angehörige – sowohl auf Täter- als auch auf Opferseite – und Personen, die von dem Ereignis vom Hörensagen oder medial erfahren haben und sich emotional angesprochen fühlen. Das Level der Betroffenheit divergiert von Person zu Person oder auch phasenweise bei jedem Individuum. So können auch physisch und nach außen scheinbar Unverletzte stark psychisch betroffen sein.

Schutzfaktoren

Menschen weisen eine natürliche Widerstandskraft gegen belastende Ereignisse auf (Resilienz). Sie können belastende Ereignisse und Lebenssituationen durch Rückgriff auf persönliche Ressourcen bewältigen, ohne eine psychische oder physische Erkrankung davonzutragen. Resiliente Menschen:

- bitten bei Problemen um Hilfe
- glauben, dass es Möglichkeiten gibt, mit Lebensproblemen umzugehen
- haben enge Beziehungen zu Freunden und Familienmitgliedern
- sprechen mit Freunden und Familie über das Ereignis und ihre Gefühle
- sind oft spirituell/religiös eingestellt
- helfen gerne anderen
- versuchen, dem belastenden Ereignis etwas Positives abzugewinnen

Die Widerstandskraft kann im präventiven Bereich durch unterschiedliche Maßnahmen erhöht werden:

- Verbesserung der eigenen Kenntnisse: Wissen über mögliche Aufgaben und Verantwortlichkeiten sowie erforderliche Maßnahmen
- Möglichkeiten für die Sammlung von Erfahrungen nutzen
- Ausbildungsangebote und Handlungssicherheit fördern
- Kennenlernen der anderen Teammitglieder: Rollen und Funktionen klären
- Entscheidungshilfen, soweit vorhanden einüben und nutzen
- Bekanntmachen mit den räumlichen Gegebenheiten
- Verbesserung der Gesundheit, z. B. durch Ernährung, Sport, Erholung
- Erlernen von Stressbewältigungstechniken, z. B. Entspannungsmethoden
- Prozesse überdenken und Inhalte vordenken, z. B. durch Checklisten
- Akzeptanz, Anpassungsfähigkeit und Flexibilität
- Lösungsorientiertes Denken
- Selbstkontrolle
- Aus Erfahrungen lernen, Nachbesprechungen von Ereignissen zur Verbesserung von Arbeitsprozessen nutzen
- Ressourcen- und Personalplanung, z. B. Technik auf dem neuesten Stand; Ablösung
- Balance zwischen Arbeit und Freizeit schaffen

Hilfestellung

Bei einer Hilfestellung geht es darum, den Beteiligten unmittelbar nach einem potenziell kritischen Ereignis eine erste Orientierung zu geben, mögliche Belastungen zu reduzieren, sie bei gegenwärtigen Bedürfnissen zu unterstützen und adaptives Verhalten kurz- und mittelfristig zu begünstigen. Es verbietet sich an dieser Stelle eine schriftliche Darstellung der exakten Schritte, da sie nicht in den Händen von Laien liegen sollten. Sie können jedoch anhand der folgenden Grundsätze schnell prüfen, wie professionell das Hilfesystem ist:

Zentrales Ziel ist die Stärkung des Kohärenzgefühls

Das Ereignis muss für die Beteiligten möglichst verständlich und nachvollziehbar werden. Dazu werden relevante Informationen bereitgestellt und Handlungen hinsichtlich der zugrunde liegenden Motivlage bewertet. Die Beteiligten erhalten Hilfestellung, dass sie ihr Handeln, ihren Beruf und ihre Aufgabe als wert- und sinnvoll betrachten.

Systemansatz

Neben einem proaktiven einmaligen Gesprächsangebot wird (soweit gewünscht) über einen Zeitraum von 4 bis 8 Wochen mit standardisierten

Nachkontakten unterstützt. Damit lassen sich die weiteren Entwicklungen wesentlich besser beeinflussen.

Exakte Zielgruppenbestimmung

Die Zielgruppen werden entsprechend ihrem Beteiligungsgrad getrennt unterstützt. Direktbeteiligte, dazukommende interne Helfer, Angehörige, vom Hörensagen Beteiligte oder externe Helfer werden so zusammengefasst, dass keine Menschen mit unterschiedlichem Erleben und Eindrücken in Austausch treten – und sich gegenseitig traumatisieren.

Arbeitsweise und Rahmenbedingungen

Intervention ist Standard. Intervention ist freiwillig – Zustimmung des Betroffenen. Der Inhalt ist vertraulich – für psychosoziale Fachkräfte besteht Schweigepflicht. Intervention ist aufsuchend – an dem vom Betroffenen gewünschten Ort.

Bewältigung

Um nach einer sicherheitskritischen Situation wieder in den Alltag zurückzukehren, ist es von immenser Bedeutung, das entsprechende Ereignis nachzubereiten. Eine Verarbeitung kann sowohl individuell für Einzelpersonen als auch im Team stattfinden. Jeder Mensch hat hierzu seine persönlichen Bewältigungsstrategien für traumatische Erlebnisse. Diese sollten unter allen Umständen respektiert werden. Es gilt der Grundsatz: Alles kann, nichts muss. Daraus ist insbesondere abzuleiten, dass die Wahrnehmung jeglicher Interventionsmaßnahmen und mittel- bis langfristiger Verarbeitungsstrategien auf dem Prinzip der Freiwilligkeit beruht. Ein gut gemeinter Zwang zum Gespräch kann die Situation für die Person erschweren. Eine Übersicht zu den Zielen zu unterschiedlichen Zeitpunkten findet sich in Tab. 12.

■ Individuelle Reaktionen erfordern individuelle Hilfsangebote.

Unmittelbar im Anschluss an eine Krisensituation kann eine notfallpsychologische Intervention notwendig sein. Diese kann grundsätzlich jeder leisten, da sie keiner besonderen Ausbildung bedarf, sondern viele der folgenden Interventionsmaßnahmen ohnehin vor allem durch empathische Reflexe zur Verfügung gestellt werden:

- Direkt nach dem Ereignis der betroffenen Person eine erste Orientierung geben; sind sich intervenierende und betroffene Person unbekannt, so sollte sich unbedingt vorgestellt werden.
- Der betroffenen Person verständlich machen, dass jemand da ist und sich gekümmert wird; sie soll wahrnehmen, dass sie nicht allein gelassen wird und Hilfe auf dem Weg ist.

- Drängende Fragen der betroffenen Person dürfen und sollten geklärt werden; allerdings ist dies nicht der Moment für Detailerläuterungen oder Diskussionen.
- Keine Ratschläge erteilen, die ohnehin ob der emotional aufgeladenen Situation nicht gut angenommen werden können.
- Geduldiges und aufmerksames Zuhören; dies kann auch relevant für eine eventuelle spätere Zeugenrolle sein.
- Vorhandene externe Belastungen (Lautstärke, Kälte etc.) möglichst reduzieren.
- Mögliche gegenwärtige Bedürfnisse (Wärme, etwas zu trinken oder zu essen, Anrufe etc.) unterstützen.
- Isolation vermeiden.
- Neugierige und Zuschauer wegschicken oder diese dazu auffordern, Hilfe zu leisten.
- Schlichte menschliche Zuwendung (Zuspruch, da sein, eine Berührung am Arm) – sofern denn von der betroffenen Person gewollt – ist meist schon genügend, bevor die Möglichkeit zur professionellen Hilfe besteht.

Betroffenen sollte ferner die Möglichkeit eröffnet werden – sofern sie das möchten –, ihren Dienst im Fall eines sicherheitskritischen Ereignisses vorzeitig zu beenden, um zeitnah Hilfe zu erhalten und das Erlebte verarbeiten zu können. Hierbei ist wiederum zu beachten, dass diese Option selbstverständlich nicht zwingend ist.

- Die psychologische Erste Hilfe kann von jedem geleistet werden.

Mittel- bis langfristig sollte gerade im beruflichen Kontext gewährleistet sein, dass Betroffene die Möglichkeit zu einer idealerweise zentral koordinierten psychosozialen Betreuung haben. Zu diesem Zweck sollte von Vorgesetzten Zeit, Raum und personelle Ressourcen eingeräumt werden. Psychosoziale Betreuung kann sowohl betriebs- oder behördenintern als auch durch eine externe Institution erfolgen; hier muss abgewogen werden, welche Variante im Einzelfall für sinnvoller erachtet wird. Wesentlich ist hierbei die bedingungslose Möglichkeit zur Kommunikation. Mögliche Institutionen könnten betriebliche Psychologen, Betriebsärzte mit entsprechender Zusatzausbildung, Seelsorger, Opferhilfeeinrichtungen oder Kriseninterventionsteams (KIT) sein. Letztere sind in Rettungsdiensten, Feuerwehr oder Schulen weitgehend etabliert. Andere Behörden haben aufgrund einer niedrigeren Ereignisfrequenz ein solches KIT selten verfügbar. Entsprechende Kontakte sollte die Behörde in Planunterlagen vorhalten.

Tab. 12 Bewältigungsziele

Zeitraum	Schritte	Ziele
Unmittelbar	Erstintervention	• Reduktion der Erregung • Klärung drängender Fragen • Vermeidung der Isolation • Informationen zu Belastungsreaktionen • KEINE Diskussionen, KEINE Details
Nach 1–7 Tagen	strukturierte Nachbereitung	• Möglichkeit für ausführliche Gespräche • Toleranzaufbau zu Belastungsreaktionen • Entstehung eines Gesamtbildes • Förderung der sozialen Unterstützung • Abbau von Distanz zu Helfern • Erkennen weiteren Betreuungsbedarfs
Für 4–8 Wochen	Folgeaktivitäten	• Abschluss der Gesamtmaßnahme • Erkennen weiteren Betreuungsbedarfs • Ggf. Übergang in Therapie

Langfristiges Ziel der Bewältigung sollten ein gedanklicher Abschluss der Gesamtmaßnahme sowie eine vollständige Rückkehr in den Alltag, ggf. mit dem Übergang in eine Therapie oder eine andere langfristige Betreuungsmöglichkeit sein. Eine strukturierte Nachsorgestrategie besteht daher in der Möglichkeit für ausführliche Gespräche, der Schaffung eines Gesamtbildes, der Toleranz für verschiedenartige Bewältigungsstrategien und mögliche Symptome sowie der Förderung von sozialer Unterstützung und dem Erkennen von eigenen weiteren Bedürfnissen und denen anderer Betroffener.

4. Umgang mit Medien

Mittlerweile wächst die Berichterstattung über sicherheitskritische Ereignisse innerhalb kürzester Zeit nach dem Ereignis enorm an und wird durch die Optionen, die das Internet bietet, katalysiert. Das Niveau wird über mehrere Tage beibehalten und flacht typischerweise nach ein bis zwei Wochen ab und die Aufmerksamkeit richtet sich wieder auf andere Themen.

Die Priorität für die Behörde im Umgang mit den Medien besteht darin, Gerüchten und Falschmeldungen entgegenzuwirken und die Deutungshoheit zu gewinnen. Hierbei ist ein durchdachtes Informationsmanagement entscheidend. Falls ein Ereignis mediales Interesse auf den Plan ruft, sollte eine frühzeitige Entscheidung getroffen werden, wer zu welchem Zeitpunkt möglichst professionell über das Krisengeschehen informiert. Die Informationen müssen glaubwürdig und sachgerecht sein. Es kann je nach Ereignis hilfreich sein, z.B. polizeiliche Pressestellen zur Beratung hinzuziehen.

Betroffene müssen mit Interviewanfragen rechnen; an dieser Stelle empfiehlt sich eine betriebs- bzw. behördeninterne Richtlinie zu Interviews. Unerfahrene Beschäftigte sollten an dieser Stelle eher restriktiv vor sich selbst geschützt werden. Die am Anfang möglicherweise noch als angenehm empfundene Aufmerksamkeit wird sich erfahrungsgemäß wandeln. Üblicherweise schließen sich an die ersten neutralen Berichterstattungen Fehlersuche und investigativer Sensationsjournalismus an. Der Schutz Betroffener steht dabei für die Medien nicht unbedingt im Vordergrund. Auf Interview- und Informationsanfragen sollten keine dramatisch wirkenden und medial vorbelasteten Aussagen wie „Kein Kommentar" getroffen werden; besser: „Derzeit liegen zu dieser Frage/diesem Sachverhalt keine Informationen vor." Es kann hilfreich sein, präventiv Textbausteine für verschiedene in Erwägung zu ziehende Krisensituationen zu entwerfen. Vorrang hat dabei, keine überstürzten Informationen nach außen zu geben, dennoch so schnell wie möglich mit verifizierten Informationen sogenannten „Fake News" entgegenzusteuern.

Es muss dabei bedacht werden, dass die Kommunikation einer Behörde nicht nur von der Öffentlichkeit, sondern damit auch von den Beschäftigten wahrgenommen wird. Auch wenn jede Situation anders ist und es kein einheitliches Rezept für die Handhabung einer sicherheitskritischen Situation gibt, sind eine frühzeitige Vorbereitung und eine klare Kommunikationsstrategie entscheidend, um schnell und effektiv auf ein solches Kommunikationserfordernis zu reagieren. Es haben sich folgende kurzen Grundsätze als sinnhaft erwiesen:

- pro-aktive Information
- intern vor extern
- regelmäßige Information
- Eine-Stimme-Prinzip
- Information ist Chefsache
- Gleichbehandlung der Medien
- komplementäre Information
- zentrale Aussagen festhalten
- transparente Information
- glaubwürdige Information
- über Fakten informieren
- Emotionen berücksichtigen
- Medienberichterstattung beobachten
- verständliche Sprache

Social-Media-Kanäle zu nutzen, macht nur Sinn, wenn sie konstant überwacht werden können. Es müssen jederzeit genügend versierte Beschäftigte zur Verfügung stehen, um Fragen zu beantworten, Fakten zu vermitteln und Falschmeldungen zu korrigieren.

> Mediale Kommunikation sollte ehrlich, offen und schnell sein. Betroffenheit darf gezeigt werden und alles, was gesagt wird, stimmt. Jedoch muss nicht alles gesagt werden, was stimmt.

5. Strafanzeige und dann?

Die häufigste Art, wie es zu einer Strafanzeige kommt, ist, dass die betroffene Person die Tat selbst anzeigt. Der wichtigste Grund dabei ist der persönliche Gedanke, dass der Täter bestraft wird. Je bekannter ein Täter ist, desto weniger wahrscheinlich erfolgt eine Strafanzeige. Das unmittelbare Umfeld kann das Verhalten der betroffenen Person in beide Richtungen beeinflussen: Verzicht oder Erstattung einer Anzeige. Wenn es zu dem Verzicht kommt, liegen häufig folgende Überlegungen oder Erfahrungen des Opfers zugrunde:

- Die Strafverfolgung bleibt wegen Beweisschwierigkeiten vermutlich erfolglos.
- Das Delikt ist für die Polizei nicht bedeutend genug.
- Bagatelldelikte werden vergessen.
- Die Annahme, das Verhalten (Stalking) hört von selbst wieder auf.
- Delikte werden verdrängt, um sich nicht weiter damit beschäftigen zu müssen.
- Schwierigkeiten durch den Kontakt mit Polizei und Gerichten werden erwartet.
- Konflikte werden – insbesondere im sozialen Nahraum – informell geregelt.
- Schlechte Erfahrungen mit der Polizei bei früheren Ereignissen.

Die Voraussetzung für eine Strafanzeige ist dabei das Vorliegen einer Straftat und nicht jedes Verhalten, das von anderen Menschen als verwerflich oder störend angesehen wird, stellt eine Straftat dar, die vom Staat verfolgt wird. Für die Strafverfolgung ist die Polizei oder die Staatsanwaltschaft zuständig. Daher muss bei diesen Institutionen eine Strafanzeige erstattet werden. In dem Moment, in dem sie auf mündlichem oder schriftlichem Weg von der Handlung erfahren haben, bleibt ihnen kein Spielraum mehr: Sie müssen den Sachverhalt erforschen und letztlich entscheidet nur die Staatsanwaltschaft darüber, ob und wie es weitergeht. Die Polizei muss ermitteln und ihre Ergebnisse der Staatsanwaltschaft vorlegen. Die Polizei darf kein Strafverfahren einstellen oder die Entgegennahme einer Strafanzeige verweigern. Wenn Sie als geschädigte Person auf eine Anzeigenerstattung bestehen, ist auch der Verweis der Polizei auf andere örtliche Zuständigkeiten oder eine Online-Anzeigenerstattung unzulässig. Ausnahmen gelten nur, wenn es gesetzlich untersagt ist, ein Strafverfahren zu betreiben; z.B. wenn sich die Strafanzeige gegen Kinder (bis 13 Jahre) richtet.

Nur die Staatsanwaltschaft entscheidet darüber, ob eine Straftat vorliegt oder nicht; daher ist die Polizei zur Aufnahme einer Strafanzeige verpflichtet.

Sie haben sicherlich schon davon gehört, dass jemand eine Strafanzeige „zurückgenommen" haben soll. Dies ist nicht möglich, weil es eben diese Erforschungspflicht gibt. Wenn Sie eine Strafanzeige erstatten, werden Sie zum Zeugen. Damit entstehen Rechte und Pflichten:

- Sie werden von der Polizei vernommen, müssen jedoch einer Vorladung zur Polizei keine Folge leisten. Lädt Sie die Staatsanwaltschaft vor, dann schon.
- Sie dürfen zu dieser Vernehmung eine Begleitung mitbringen. Das kann jemand aus der Verwandtschaft, dem Freundes- oder Kollegenkreis sein. Diese Person darf bei der Vernehmung dabei sein und nur in Ausnahmefällen ausgeschlossen werden. So soll eine Person, die selbst Zeuge gewesen ist, bei der Vernehmung in derselben Sache nicht dabei sein.
- Die Begleitung durch einen Rechtsbeistand ist ebenfalls möglich.
- Es gibt auch die Möglichkeit einer psychosozialen Prozessbegleitung, die sich nach Ihren Bedürfnissen richtet. Ziel ist es, Ängste abzubauen und das Opfer emotional zu unterstützen. So ist es in vielen Gerichten möglich, sich zusammen mit der Prozessbegleitung vor dem Termin den Gerichtssaal anzusehen. Prozessbegleitungen vermitteln auch weitere Hilfestellungen, wie Therapieeinrichtungen. Sie dienen ausdrücklich nicht der Aufarbeitung der Tat. Daher werden sie auch kein Gespräch über das Tatgeschehen führen. Dies ist auch deshalb wichtig, weil sie kein Zeugnisverweigerungsrecht haben. Das bedeutet, dass sie vom Gericht als Zeugen geladen werden können. Wenn Sie aufgrund einer gerichtlichen Entscheidung psychosoziale Prozessbegleitung zugesprochen bekommen, haben Sie zugleich auch Anspruch auf einen kostenfreien Rechtsbeistand.
- Sie unterliegen als Zeuge der Wahrheitspflicht und der Pflicht zur vollständigen Aussage. Dies gilt nur dann nicht, wenn Sie sich selbst belasten würden. Gegenüber Verwandten, Verlobten oder verschwägerten Personen muss niemand aussagen (sog. Zeugnisverweigerungsrecht, § 52 StPO). Wenn Sie es tun, müssen Sie jedoch die Wahrheit sagen.

- Sie müssen Ihre Personalien (Name, Familienstand und ladungsfähige Anschrift) angeben. Wenn besondere Gefährdungen bestehen, kann auf die Anschrift verzichtet werden. Für Sie als in einer öffentlichen Verwaltung beschäftigte Person gilt ohnehin, dass die Adresse der Behörde eine ladungsfähige Anschrift darstellt. Alternativ kann auch die Adresse des Rechtsbeistandes oder einer Opferhilfeeinrichtung genannt werden.
- Über all diese Rechte und Pflichten werden Sie belehrt. Das wirkt im ersten Moment so, als würde die Polizei Ihnen nicht trauen. Letztlich dient jedoch diese Belehrung Ihrem Schutz und ist daher zwingend vorgeschrieben.

Von einer Strafanzeige zu unterscheiden ist der Strafantrag. Dies ist eine zusätzliche Erklärung der geschädigten Person, dass sie die Strafverfolgung ausdrücklich wünscht. Dieser Antrag kann von der Person selbst, in bestimmten Fällen von Angehörigen oder von Dienstvorgesetzten gestellt werden. Dafür gibt es eine Frist von drei Monaten und es gibt diesen Antrag, weil es Straftaten gibt (z.B. Beleidigung, Hausfriedensbruch, einfache Körperverletzung, Sachbeschädigung), die nur dann verfolgt werden, wenn dieser Antrag gestellt wird oder von Amts wegen ein besonderes öffentliches Interesse an der Strafverfolgung besteht. Dieser Strafantrag kann jederzeit zurückgenommen werden.

Das bedeutet im Zusammenhang mit Ihrer Tätigkeit in einer öffentlichen Verwaltung, dass es für die Strafverfolgung von Vorteil ist, wenn der Dienstvorgesetzte einen zusätzlichen Strafantrag stellt. Dieser Dienstvorgesetzte ist nur der Behördenleiter oder jemand, an den diese Aufgabe delegiert ist; z.B. die juristische Abteilung. Dieser Strafantrag ist auch eine wichtige psychische Unterstützung für die geschädigte Person. Daher gilt an dieser Stelle, dass die Behörde im Zweifel einen ergänzenden Strafantrag stellen sollte. Da das Strafverfahren in seinen Details nicht der Öffentlichkeit zugänglich ist, kann hier auch nicht gelten, dass sich eine Behörde dahin gehend positioniert, dass sie keine negative Öffentlichkeitswirkung erzeugen möchte.

Und diese Unterscheidung führt auch dazu, dass nicht jede Straftat eines Bürgers in einer öffentlichen Verwaltung von jedem angezeigt werden kann. So kann der Strafantrag für einen zerstörten Computer nicht durch den Sachbearbeiter gestellt werden, weil ihm der Computer nicht gehört. Dies wäre nur durch die Behörde möglich. Umgekehrt kann die Behörde es nicht verbieten, wenn Sie als Sachbearbeiter einen Bürger wegen Körperverletzung oder Beleidigung anzeigen wollen und gleichzeitig einen Strafantrag stellen. Weil eben Sie die Person sind, die in ihren Rechten verletzt wurde.

Kommt die Staatsanwaltschaft zu der Überzeugung, dass kein öffentliches Interesse vorliegt, werden Sie als geschädigte Person einer Straftat auf den Privatklageweg verwiesen. Das kann z. B. bei Delikten wie Beleidigung oder einfacher Körperverletzung der Fall sein. Wenn das passiert, können Sie zwar den Versuch eine Privatklage starten; die Autoren empfehlen Ihnen jedoch aus Erfahrung, dass Sie sich diesen Weg aus Kostengründen eher ersparen sollten. Hinzu kommt, dass Sie sich gedanklich immer wieder – möglicherweise über Monate und Jahre – mit dem Vorfall auseinandersetzen müssen.

Eine verletzte Person kann sich einer öffentlichen Klage in Form der Nebenklage anschließen – so z. B. bei den meisten Sexual- und Körperverletzungsdelikten. Der Nebenkläger hat während der gesamten – auch der nicht öffentlichen – Verhandlung ein Anwesenheitsrecht; die Klage kann mit oder ohne anwaltliche Unterstützung bestritten werden. Es muss keine eigene Anklageschrift eingereicht werden. Dem Nebenkläger stehen erweiterte Auskunftsrechte in Form von Akteneinsicht, Fragerechte, Erklärungsrechte, Beweisantragsrecht sowie ggf. die Einlegung von Rechtsmitteln zu.

5.1 Rechtsbeistand, Schmerzensgeld und Schadensersatz

Es gibt grundsätzlich keine Pflicht, sich einen Rechtsbeistand zu nehmen. Es ist jedoch ratsam, da ein Anwalt die Rechte für den Betroffenen meist besser wahrnehmen kann. Der Rechtsbeistand darf bei jeder Vernehmung anwesend sein, er hat ein Recht auf Akteneinsicht, kann im Verfahren Beweisanträge stellen, eigene Ermittlungen zur Aufklärung des Geschehens aufnehmen und berät in allen Rechtsfragen.

Die Kosten für diese anwaltliche Unterstützung müssen zunächst grundsätzlich selbst getragen werden. Im Falle einer Verurteilung des Beschuldigten muss dieser die Kosten tragen, sofern er dazu in der Lage ist. Andernfalls ist es unter bestimmten Voraussetzungen möglich, Prozesskostenhilfe zu beantragen. Vor allem dann, wenn Sie nur ein geringes Einkommen haben oder Sie nicht in der Lage sind, Ihre Interessen selbst ausreichend wahrzunehmen. Bei Eilfällen oder besonders schweren Straftaten kann das Gericht auf Antrag unverzüglich einen Anwalt beauftragen.

Ein solcher Rechtsbeistand kann auch Schadensersatz- oder Schmerzensgeldansprüche im Rahmen des Strafverfahrens gegen den Angeklagten geltend machen; dafür ist ein Antrag nötig (sog. Adhäsionsverfahren). Jedoch zeigt die Praxis, dass selbst mit anwaltlicher Vertretung die Strafgerichte dieses Kombinationsverfahren ablehnen, weil es ihnen zusätzliche Arbeit macht. In solchen Fällen oder einer Teilablehnung bleibt nur der Weg vor ein Zivilgericht. Dieser Weg ist dann mit einem höheren Prozesskostenrisiko verbunden. Ein solcher Prozess regelt die Verhältnisse der Bürger untereinander, die Ansprüche werden jeweils selbst geltend gemacht und die Beweise müssen selbst erbracht werden.

Schadensersatz nach Hilfeleistung

Sie beobachten in der Öffentlichkeit einen Elternteil, der sein Kind schlägt, und stellen sich schützend vor das Kind. Der Elternteil zieht Sie an Ihrer Kleidung zur Seite und zerreißt dabei Ihre Oberbekleidung.

Auf Ihrer Arbeitsstelle kommt es zu einer Auseinandersetzung und Sie versuchen, die aggressive Person von anderen Beschäftigten fernzuhalten. Dabei zerstören Sie einen Computerbildschirm, der auf den Boden fällt.

Wenn Sie, einerlei ob im Urlaub, zu Hause oder sonst wo in Ihrer Freizeit Hilfe leisten und dabei selbst einen Schaden erleiden, sind sie beitragsfrei und umfassend gesetzlich unfallversichert; alternativ kann auch die Haftpflichtversicherung des Verletzten Schadensersatz leisten. Während Ihrer Tätigkeit greift der Versicherungsschutz der zuständigen Berufsgenossenschaft oder der Unfallkasse. Im Nothilfefall ist die für das betreffende Bundesland zuständige Unfallkasse oder der kommunale Unfallversicherungsträger zuständig. Ein formeller Antrag auf Leistungen ist nicht erforderlich. Die Unfallkasse ermittelt automatisch bei jedem Hilfeleistungsfall, der ihr bekannt wird; daher ist eine formlose Meldung erforderlich.

Die Leistungen umfassen unter anderem: Heilbehandlung inkl. Psychotherapie (Arzt, Krankenhaus), Fahrt- und Transportkosten, Haushaltshilfe- und Kinderbetreuungskosten, Verletztengeld (Lohnersatzfunktion), Leistungen zur Teilhabe am Arbeitsleben und am Leben in der Gemeinschaft (Wiedereingliederung), Rentenleistungen und im Todesfall Hinterbliebenenrente. Dem Nothelfer werden auch entstandene Sachschäden ersetzt, etwa verschmutzte Kleidung oder verschmutzte Autositze bei einem Transport. Ebenso kann eine in einem Nothilfefall erlittene Verletzung Schmerzensgeldansprüche auslösen – gegen den Unfallverursacher, nicht gegen den Unfallversicherungsträger. Auch Opfer von Gewalttaten haben Anspruch auf besondere Hilfe und Unterstützung durch die öffentliche Hand. Die Aufgabe übernimmt das Amt für Soziale Entschädigung (Versorgungsamt).

5.2 Täter-Opfer-Ausgleich

Der Täter-Opfer-Ausgleich (TOA) stellt eine außergerichtliche Schlichtung und Übereinkunft dar. Er dient dem Ausgleich zwischen Täter und Opfer im Sinne eines ideellen Ausgleichs von begangenem und erlittenem Unrecht. Aufseiten des Täters erfolgt eine Verantwortungsübernahme und das Opfer zeigt die Bereitschaft zu einem derartigen Ausgleich. Der TOA stellt eine eigene Art der außergerichtlichen Konfliktbewältigung dar. Gleichzeitig kann er der Staatsanwaltschaft die Einstellung des Verfahrens oder dem Gericht eine Strafmilderung oder das Absehen von Strafe ermöglichen. Gesetzliche Bestimmungen zur Durchführung des TOA existieren nicht. Die Umsetzung und Durchführung obliegen den einzelnen Bundesländern, die unterschiedliche Verfahren und Verantwortliche festgelegt haben. Die verantwortliche Stelle wird in der Regel durch die Staatsanwaltschaft (oder das Gericht) informiert; Täter oder Opfer können sich auch selbst unmittelbar an diese Stelle wenden. Wünschenswert ist die Durchführung und Moderation eines TOA durch eine unabhängige, grundsätzlich neutrale und möglichst besonders für diese Aufgabe geschulte Person als Vermittler oder Mediator. Letztlich prüft die Staatsanwaltschaft oder das Gericht die Eignung des Verlaufs und entscheidet, welche rechtlichen Konsequenzen zu ziehen sind. Übliche Ausgleichsvereinbarungen sind: förmliche Entschuldigungen, Rückgaben entwendeter Gegenstände, Schmerzensgeldzahlungen, Geschenke, Arbeitsleistungen für das Opfer, Schadensersatzleistungen oder gemeinsame Aktivitäten mit dem Opfer.

Der TOA ermöglicht dem freiwillig daran teilnehmenden Opfer, aktiv und selbst seine Interessen und seine Sicht der Tat einzubringen und deren materielle und immaterielle Folgen darzulegen. Durch das Kennenlernen des Täters, seiner Beweggründe und seiner jetzigen Einstellung zu dem begangenen Unrecht kann das Opfer unter Umständen aus der Tat resultierende Ängste besser verarbeiten. Eine vom Täter freiwillig übernommene Wiedergutmachung kann den Interessen des Opfers häufig besser entsprechen als der Weg über eine zivilrechtliche Schadensersatzforderung und die manchmal wenig erfolgversprechende Zwangsvollstreckung.

Für den Täter bietet der TOA statt der bloßen Bestrafung einen Weg zur Wiedergutmachung. Durch die persönliche Konfrontation mit dem Opfer und das unmittelbare Kennenlernen der Tatfolgen besteht die Aussicht, dass der Täter zur Einsicht in das begangene Unrecht und zu entsprechenden Änderungen im Hinblick auf sein künftiges Verhalten gelangt und dass so eine Gefahr erneuter Straffälligkeit verringert wird.

6. Meldesysteme

Vorstufen sicherheitskritischer Situationen

Der Notausgang einer Behörde wird von Beschäftigten als Abkürzung zum Verlassen des Gebäudes nach Feierabend genutzt. Die langsam zufallende Tür bietet jedem Passanten die Möglichkeit, unkontrolliert und teilweise auch ungesehen das Gebäude zu betreten.

Eine Person äußert in einem Gespräch, dass die Sachbearbeiterin ihre Entscheidung noch „bitter bereuen würde", zerreißt ein Antragsformular und verlässt das Zimmer. Die Sachbearbeiterin behält den Vorfall für sich.

Eine Person versucht offensichtlich, mit der Sachbearbeiterin zu flirten, und drängt darauf, die private Erreichbarkeit bekannt zu geben. Die Sachbearbeiterin behält den Vorfall für sich.

Die Zugangstür einer behördlichen Tiefgarage ist verkeilt, damit die Beschäftigten eine Abkürzung zur Raucherecke begehen können. Eine Mitarbeiterin wird an ihrem Fahrzeug von einer unbekannten Person verbal belästigt und körperlich bedrängt; die Person flüchtet, weil zufällig ein weiterer Beschäftigter die Tiefgarage betritt.

Unterschiedliche Experten haben sich in den letzten 100 Jahren intensiv mit dem Thema von Zwischenfällen am Arbeitsplatz beschäftigt. Alle kamen zum gleichen Ergebnis: Jedem aufsehenerregenden Einzelfall gehen Abweichungen von einem als richtig angesehenen Verhalten voraus. Diese Abweichungen können kleinere, weniger folgenreiche Ereignisse sein oder sicherheitswidriges Verhalten. Alle Überlegungen haben gemeinsam, dass diese minimalen Abweichungen eher weniger bekannt sind, weil sie verschwiegen werden oder die Betroffenen gelegentlich die Bedeutung des Vorfalls nicht erkennen. Wenn jetzt diese Fehlhandlungen gesammelt und analysiert werden, können Verbesserungspotenziale oder latente Gefahrenquellen identifiziert werden. Der jeweils von einem lauten Kunden betroffene Beschäftigte schätzt diesen Fall möglicherweise als weniger bedeutend ein. Wenn allerdings erkennbar wird, dass diese Person an unterschiedlichen Stellen in einer öffentlichen Verwaltung ein auffälliges Verhalten zeigt, können vorbeugende Maßnahmen ergriffen werden. In anderen Fällen kann durch eine systematische Sichtweise klar werden, dass selten nur eine falsche Handlung zu einem Zwischenfall geführt hat; vielmehr sind es mehrere Faktoren auf verschiedenen Ebenen, die für sich zusammengenommen erst das sicherheitskritische Ereignis ermöglichen oder eben verhindern, wie beispielsweise Hilfe durch andere, Kontrollmechanismen, eigene Aufmerksamkeit oder auch den Zufall. Dabei gibt es vier Hürden zu überwinden:

1. Beschäftigte glauben, die sicherheitskritische Situation sei Teil des Berufes und hinzunehmen und beachten sie daher nicht.
2. Beschäftigte sind der Überzeugung, dass diese Zwischenfälle ihnen oder anderen als Fehler angelastet werden und eine Bloßstellung erfolgt.
3. Meldungen sind bürokratisch und zeitaufwendig angelegt.

4. Es entsteht der Eindruck, dass die Meldungen ins Leere laufen, weil keine Rückmeldung erfolgt.

Um diesen Phänomenen entgegenzuwirken, sollte die Meldung ohne Sanktionen und vertraulich möglich sein, der Fokus auf Systemen und Prozessen liegen sowie nach einer einfachen Meldemöglichkeit auch zeitnah eine Rückmeldung erfolgen. Der Erfolg eines solchen Systems hängt damit nicht von diesem selbst ab, sondern vom Willen und den Möglichkeiten der Verantwortlichen in der Institution, Veränderungen zu initiieren. Eine sicherheitsorientierte Organisationskultur und Berichte über Zwischenfälle, Fehler und Prozessabweichungen bedingen und nähren sich gegenseitig. Je größer eine Institution ist, desto eher ergibt es Sinn, sicherheitskritische Ereignisse systematisch zu erfassen und auszuwerten.

7. Platzverweis & Hausverbot

Platzverweis oder Hausverbot?

Eine Auseinandersetzung zwischen einem Sachbearbeiter und einem Kunden eskaliert so weit, dass der Sachbearbeiter das Gespräch abbricht und den Kunden mit den Worten „Verlassen Sie sofort mein Büro, der Termin ist für heute beendet!“ des Raumes verweist.

Variante 1

Der Kunde steht auf und verlässt das Büro und das Gebäude.

Variante 2

Der Kunde steht auf und setzt sich in den Flur.

Die Variante 2 zeigt, dass der Sachbearbeiter im Grunde genommen mit dem Verweis aus dem Büro etwas anderes gemeint hat. Dieser Verweis ist die Vorstufe eines förmlichen Hausverbotes und er darf nur dann ausgesprochen werden, wenn der Hausrechtsinhaber diese Befugnis an die Beschäftigten übertragen hat. Das wird in der Praxis zunächst in den meisten Fällen nicht zu Problemen führen, da – solange sich niemand dagegen auflehnt – keine Rechtsfrage der Zulässigkeit geklärt werden wird. Dennoch bietet es sich an, dass der Rechteinhaber das Hausrecht über eine Dienstanweisung oder die Hausordnung an die Beschäftigten oder einen Sicherheitsdienst delegiert: Temporäre Platzverweise darf jeder Beschäftigte aussprechen und andauernde Betretungsverbote die Behördenleitung bzw. deren ausdrücklich Beauftragte, wie die Rechtsabteilung. Sollten Sie jetzt denken, warum so förmlich, geht doch auch so, dann bedenken Sie bitte, dass Ihnen ohne eine Beauftragung das Recht nicht zusteht, eine Person des Raumes zu verweisen. Entwickelt sich aus einer solch rechtswidrigen Aufforderung eine Handgreiflichkeit, kann das je nach Verlauf für Sie nachteilig gewertet werden. Vergleichen Sie die Situation mit einer Party von Kindern im Haus der Eltern. Und dann würden geladene Freunde der Kinder einen Platzverweis gegenüber anderen Gästen aussprechen; Sie merken auch ohne fundierte Rechtskenntnisse, dass dies nicht zulässig sein dürfte, wenn es nicht die Zustimmung der Eltern findet.

Das Hausrecht bzw. die damit verknüpften Selbsthilferechte umfassen die Befugnis, darüber zu entscheiden und durchzusetzen, wer das Gebäude oder das Gelände betreten darf oder verlassen muss. Es ermöglicht auch, das Betreten und den Aufenthalt von bestimmten Bedingungen abhängig zu machen. So könnten eine Kontrolle, die Vorlage eines Ausweises oder das Zurücklassen von Taschen am Empfang verlangt werden. Bei dem unberechtigten Aufenthalt geht es auch nicht darum, dass die Person in irgendeiner Form gewalttätig handelt. Es ist ausreichend, wenn der klar erkennbare Wille eines berechtigten Beschäftigten der Behörde dem Verweilen entgegensteht. Das beginnt bei dem spontanen Verweis aus dem Büro oder aus der Liegenschaft als kurzfristiges und endet bei dem formellen schriftlichen Hausverbot durch die Rechtsabteilung.

Die Rechtsprechung macht deutlich, dass schriftliche Hausverbote zeitlich nicht beschränkt und auch nicht begründet werden müssen. Ein solches Verbot hat vorbeugenden Charakter, der darauf abzielt, Störungen im Betriebsablauf einer Behörde zu verhindern. Dazu muss durch den Verursacher eine beachtliche und nicht nur leichte Beeinträchtigung hervorgerufen worden sein. Davon ist auszugehen, wenn Beschäftigte beleidigt wurden oder der aggressive Besucher in nicht hinnehmbarer Art und Weise reagiert und mit einer Wiederholung solcher Vorfälle zu rechnen ist.

Wenn ein solches Hausverbot erlassen wurde, beginnt häufig die Problematik. Sollte die Person auf dem Gelände oder im Gebäude angetroffen werden, ist es nicht die Aufgabe der Beschäftigten, das Hausverbot konkret durchzusetzen; hierzu ist ein evtl. vorhandener Sicherheitsdienst oder die Polizei zu verständigen.

Mustertext eines Hausverbotes

Erlassende Behörde
Adressat
Beschreibung der zugrunde liegenden Situation

Hiermit erteilen wir Ihnen mit sofortiger Wirkung ein Haus- und Gebäudeverbot bezogen auf sämtliche Gebäude sowie das Gelände der (Behördenbezeichnung) in X-Stadt.

Die Gebäude umfassen neben dem Hauptgebäude insbesondere die/das Y-Gebäude, das Gelände umfasst insbesondere das Besitztum zwischen der A-Straße und B-Straße.

Stellen wir fest, dass Sie dem Verbot zuwider das Gelände und/oder die Gebäude der (Behörde) betreten, werden wir ohne weitere Vorankündigung (erneut) Strafantrag wegen Hausfriedensbruchs gemäß § 123 StGB stellen.

Sollten Sie aus sonstigen Gründen den Liegenschaftsbereich aufsuchen wollen, ist der Besuch vorher unter Tel. 1234 anzukündigen und muss durch XYZ genehmigt werden. Die Genehmigung müssen Sie bei dem Besuch mitführen.

8. Straftaten

Regelungen und Gesetze zu Strafvoraussetzungen und Strafverfolgung werden vom Gesetzgeber geschaffen und ausschließlich vom Staat durchgesetzt; Selbstjustiz ist grundsätzlich strafbar. Bei der Frage, ob tatsächlich eine Straftat vorliegt, sind grundsätzlich drei Voraussetzungen zu beachten. Ein Täter muss den Tatbestand erfüllen, rechtswidrig handeln und seine Schuld muss ebenfalls vorliegen. Fehlt eine dieser Bedingungen, weil beispielsweise ein Rechtfertigungsgrund, wie die Notwehr, vorliegt, kann nicht bzw. muss milder gestraft werden. Sie finden hier die wichtigsten und häufigsten Straftatbestände, die im Zusammenhang mit öffentlichen Verwaltungen auftreten, damit Sie eine ungefähre Vorstellung davon erlangen, welche Handlungen mit Strafe bedroht sind. Bedenken Sie bitte, dass der Staat eine Straftat nur dann verfolgen kann, wenn er über eine Strafanzeige Kenntnis von dieser Straftat erhält.

Üble Nachrede

Üble Nachrede – § 186 StGB

Wer in Beziehung auf einen anderen eine Tatsache behauptet oder verbreitet, welche denselben verächtlich zu machen oder in der öffentlichen Meinung herab zuwürdigen geeignet ist, wird, wenn nicht diese Tatsache erweislich wahr ist, mit Freiheitsstrafe bis zu einem Jahr oder mit Geldstrafe und, wenn die Tat öffentlich, in einer Versammlung oder durch Verbreiten eines Inhalts (§ 11 Absatz 3) begangen ist, mit Freiheitsstrafe bis zu zwei Jahren oder mit Geldstrafe bestraft.

Die üble Nachrede ist das klassische „Tratschdelikt". Es wird eine Behauptung aufgestellt oder verbreitet, die nicht bewiesen werden kann. Die Behauptung muss die Ehre verletzen, womit die Verbreitung positiver nicht beweisbarer Behauptungen unbedeutend ist. Der Täter muss die Unwahrheit der von ihm behaupteten oder verbreiteten Tatsache gekannt haben.

Verleumdung

Verleumdung – § 187 StGB

Wer wider besseres Wissen in Beziehung auf einen anderen eine unwahre Tatsache behauptet oder verbreitet, welche denselben verächtlich zu machen oder in der öffentlichen Meinung herabzuwürdigen oder dessen Kredit zu gefährden geeignet ist, wird mit Freiheitsstrafe bis zu zwei Jahren oder mit Geldstrafe und, wenn die Tat öffentlich, in einer Versammlung oder durch Verbreiten eines Inhalts (§ 11 Absatz 3) begangen ist, mit Freiheitsstrafe bis zu fünf Jahren oder mit Geldstrafe bestraft.

Die Verleumdung steigert die üble Nachrede dahin gehend, dass bewusst etwas Unwahres behauptet wird und die Behauptung objektiv widerlegt werden kann. Der Täter muss die Unwahrheit der behaupteten oder verbreiteten Tatsache sicher kennen.

Beleidigung

Beleidigung – § 185 StGB

Die Beleidigung wird mit Freiheitsstrafe bis zu einem Jahr oder mit Geldstrafe und, wenn die Beleidigung öffentlich, in einer Versammlung, durch Verbreiten eines Inhalts (§ 11 Absatz 3) oder mittels einer Tätlichkeit begangen wird, mit Freiheitsstrafe bis zu zwei Jahren oder mit Geldstrafe bestraft.

Die Beleidigung stellt den Auffangtatbestand für alle anderen Ehrverletzungen dar. Sie ist die einfache Ehrverletzung in Form der Kundgabe von Missachtung, Nichtachtung oder Geringschätzung. Beispiele für diese Straftaten sind:

- Meinungsäußerungen oder Werturteile, gleich ob sie dem Verletzten oder einem Dritten gegenüber geäußert werden („Faules Beamtenpack")

- symbolische Handlungen („den Mittelfinger zeigen") oder ehrenkränkende Äußerungen (Aufforderung zum „Maul halten" in einem Gespräch mit der Sachbearbeitung)
- Angabe von Handlungen, die nicht den Tatsachen entsprechen („Die hat sich an der Portokasse bedient.")
- Formalbeleidigungen („Du Arschloch")
- ehrverletzende Tätlichkeiten (Ohrfeige, Anspucken, Vogel zeigen) als qualifizierte Form der Beleidigung

Körperverletzung

> **§ 223 Abs. 1 StGB**
>
> Wer eine andere Person körperlich misshandelt oder an der Gesundheit schädigt, wird mit Freiheitsstrafe bis zu fünf Jahren oder mit Geldstrafe bestraft.

Die einfache Körperverletzung gehört zu den am häufigsten begangenen Delikten und sie umfasst Ohrfeigen, Kratzer, Schläge, Kneifen, Stoßen, Würgen oder das Hervorrufen von Ekelgefühlen. Sind Beulen, Prellungen, offene Wunden, innere Verletzungen, Ansteckungen oder eine Bewusstlosigkeit verursacht, liegt ebenfalls eine Körperverletzung vor. Lediglich unerhebliche Beeinträchtigungen sind jedoch keine solche Straftat, wie kleinere Rempler, leichte Druckstellen am Oberarm, ein leichter Stoß vor die Brust oder bloße Befindlichkeitsstörungen.

Gefährliche Körperverletzung

> **§ 224 Abs. 1 StGB**
>
> Wer die Körperverletzung
> 1. durch Beibringung von Gift oder anderen gesundheitsschädlichen Stoffen,
> 2. mittels einer Waffe oder eines anderen gefährlichen Werkzeugs,
> 3. mittels eines hinterlistigen Überfalls,
> 4. mit einem anderen Beteiligten gemeinschaftlich oder
> 5. mittels einer das Leben gefährdenden Behandlung
>
> begeht, wird mit Freiheitsstrafe von sechs Monaten bis zu zehn Jahren, in minder schweren Fällen mit Freiheitsstrafe von drei Monaten bis zu fünf Jahren bestraft.

Diese Steigerungsform stellt auf die Gefährlichkeit der Begehungsweise ab. Es werden dabei verschiedene Möglichkeiten aufgezählt, die die Tatbegehung gefährlicher gegenüber der einfachen Körperverletzung machen. Anwendungsbeispiele können sein: Die Verwendung von Säuren oder Brandbeschleunigern, abgebrochenen Glasflaschen, Messer, Eisenstangen, Fußtritte mit Schuhen, das Einbringen von Giften in Lebensmittel in frei zugänglichen Küchenräumen, Schlagen des Kopfes gegen Wände oder das Hinunterstoßen an einer Treppe.

Nötigung

> **§ 240 Abs. 1 StGB**
>
> Wer einen Menschen rechtswidrig mit Gewalt oder durch Drohung mit einem empfindlichen Übel zu einer Handlung, Duldung oder Unterlassung nötigt, wird mit Freiheitsstrafe bis zu drei Jahren oder mit Geldstrafe bestraft.

Nötigung ist ein Delikt gegen die Willensentschließung und -betätigung. Der Mensch soll frei entscheiden können, ob er etwas tun oder lassen will bzw. wie er sein Tun gestalten will. Wenn beispielsweise in einem Einwohnermeldeamt die Sachbearbeiterin den neuen Personalausweis eines Familienmitgliedes nicht aushändigen will, weil die Vollmacht nicht vorliegt und der Kunde ankündigt: „Ich stech deine Reifen platt, wenn du mir den Ausweis nicht gibst", liegt eine Nötigung vor. Werden Sie mit bedrohlichem Verhalten blockiert oder stellt sich Ihnen jemand aggressiv in den Weg, liegen ebenfalls Nötigungshandlungen vor. Werden Sie hingegen mit einer Strafanzeige bedroht und die andere Person hätte dazu ein berechtigtes Interesse, ist dies zulässig. Legt sich jemand in Ihr Büro oder bleibt einfach nur sitzen, ist dies keine Nötigung. Zu prüfen wäre in solchen Fällen ein Hausfriedensbruch.

Bedrohung

> **§ 241 Abs. 1 StGB**
>
> Wer einen Menschen mit der Begehung einer gegen ihn oder eine ihm nahestehende Person gerichteten rechtswidrigen Tat gegen die sexuelle Selbstbestimmung, die körperliche Unversehrtheit, die persönliche Freiheit oder gegen eine Sache von bedeutendem Wert bedroht, wird mit Freiheitsstrafe bis zu einem Jahr oder mit Geldstrafe bestraft.

Wer Sie oder eine Ihnen nahestehende Person wie die Familie oder enge Freunde mit hoher Ernsthaftigkeit mit einer der aufgeführten Straftaten bedroht, macht sich strafbar. Würde jemand, nachdem ihm beispielsweise Sozialleistungen verwehrt werden, der Sachbearbeiterin des Sozialamtes drohen: „Wenn du mir das nicht bewilligst, murkse ich dich ab", läge eine Bedrohung vor.

Androhungen in einem erheblichen Ausmaß, wie etwa die wahrheitswidrige Ankündigung einer Amoktat in sozialen Netzwerken oder ein Anruf in der Behörde mit der Information, dass sich im Gebäude eine Bombe befinde, werden von anderen Delikten erfasst und werden stärker bestraft; sie können darüber hinaus Schadensersatzforderungen auslösen.

Sachbeschädigung

> **§ 303 Abs. 1 und Abs. 2 StGB**
>
> (1) Wer rechtswidrig eine fremde Sache beschädigt oder zerstört, wird mit Freiheitsstrafe bis zu zwei Jahren oder mit Geldstrafe bestraft.
> (2) Ebenso wird bestraft, wer unbefugt das Erscheinungsbild einer fremden Sache nicht nur unerheblich und nicht nur vorübergehend verändert.

Um den Tatbestand der Sachbeschädigung zu erfüllen, muss eine fremde Sache beschädigt oder zerstört werden. Eine Sache ist jeder körperliche Gegenstand; dazu gehören auch Tiere. Die Sache muss jedenfalls auch im Eigentum eines anderen als in dem des Täters stehen. Die Beschädigung ist jede nicht ganz unerhebliche Einwirkung auf die Sache, durch die die Brauchbarkeit für ihre Zwecke gemindert wird (Funktionseinbuße). Zerstört ist dagegen eine Sache, wenn ihre bestimmungsgemäße Brauchbarkeit gänzlich und dauerhaft aufgehoben wurde. Gleich der Sachbeschädigung werden auch „Graffiti"-Fälle bestraft.

Sexualdelikte

Das Strafgesetzbuch beinhalt eine Vielzahl von möglichen Tatbeständen, die sich im weitesten Sinn unter den Begriff der Sexualdelikte fassen lassen. Auch wenn solche Verhaltensweisen völlig inakzeptabel sind, stehen sie glücklicherweise nicht auf der Tagesordnung in einer konflikthaften Situation zwischen Kunden und Beschäftigten. Daher wird hier auf einzelne Delikte nicht eingegangen, sondern es wird sich auf grundsätzliche Anmerkungen beschränkt. Jede sexuelle Handlung bedarf der Zustimmung des Sexualpartners. Wo keine Zustimmung vorliegt, kann die sexuelle Handlung nicht straflos sein. Die sexuelle Handlung an einer anderen Person setzt dabei eine Berührung des Körpers (wie etwa beim Entkleiden) voraus. Es muss dabei weder Hautkontakt stattfinden, noch muss der Körper des Täters mit dem des Opfers in Kontakt gebracht werden; die Berührung mit Gegenständen genügt. Die gesetzlich verlangte Erheblichkeit setzt das Vorliegen eines sexuellen Kontaktes voraus, der bei sozialüblichen Umarmungen z. B. nicht gegeben ist. Neben solch unbedeutenden Berührungen sollen bloße Geschmacklosigkeiten so von einer Strafbarkeit ausgeschlossen werden (▶ Das Antragsformular).

Das Antragsformular

(A) Ein Kunde rollt im Anschluss an den Gesprächstermin den ihm vorliegenden Antrag zusammen und streift die Sachbearbeitung, die die Tür offenhält, mit der Papierrolle am Arm und zwinkert ihr dabei zu.

Dieses Verhalten kann zwar objektiv als Avance und je nach Individuum auch als geschmacklos gewertet werden, es unterschreitet jedoch die Erheblichkeitsschwelle, sodass hier noch keine sexuelle Handlung gegeben ist.
(B) In der gleichen Situation streift der Kunde mit dem gerollten Formular absichtlich über die Brust der Sachbearbeitung und drückt sich nah an ihr vorbei aus der Tür, obwohl sich für ihn keine Hindernisse auf dem Weg hinaus befanden. Hier läge eine sexuelle Handlung vor.

Die Grenzen zwischen den einzelnen Sexualdelikten sind nicht immer klar und gerade eine Grenze „nach unten" ist nicht eindeutig bestimmt. Sobald sich ein merkwürdiges Bauchgefühl einstellt, sollte jede Person ermutigt werden, sich an eine Vertrauensperson zu wenden und Hilfe zu suchen.

9. Serviceteil

Im Serviceteil finden sich Hinweise zu Merkblättern, Meldevordrucke und Verhaltenshinweise zu sicherheitskritischen Situationen. Bei all diesen Beispielunterlagen sollten Sie, um die Anweisungen einfach zu gestalten und die Verständlichkeit zu erhöhen:

- eine größtmögliche sinnhafte Beteiligung der behördlichen Mitarbeiter erzielen,
- die Unterlagen auf Ihre konkreten Bedürfnisse und Gegebenheiten anpassen,
- die Materialien insgesamt so kurz wie möglich gestalten,
- Aufzählungen vorrangig vor ausformulierten Sätzen wählen,
- Fachbegriffe vermeiden,
- wenn möglich, Bilder oder Symbole einfügen,
- Überschriften zur Gliederung von Abschnitten verwenden und
- die Dokumente regelmäßig aktualisieren.

9.1 Merkblatt Verhaltenshinweise

Ein Merkblatt zu Verhaltenshinweisen sollte als einseitiges Merkblatt ausgeführt sein und durch die Vertreter der Bereiche in der Behörde in einer gemeinsamen Sitzung als einheitliches Muster erstellt werden. Es sollte so aufgebaut sein, dass es grundsätzlich für jeden Bereich und jeden Mitarbeiter in der Behörde gilt. Individuelle Besonderheiten des jeweiligen Bereiches werden darin grundsätzlich nicht erfasst. Das Merkblatt ist vertraulich zu behandeln, daher nicht öffentlich und sollte dem Einblick oder Zugang durch Kunden entzogen sein. Möglicher Inhalt:

Verhalten in Krisensituationen/Notsituationen

Stand: Datum

Grundregel

Der Schutz von Beschäftigten und weiteren Kunden hat in sicherheitsrelevanten Situationen absoluten Vorrang vor der weiteren Ausübung der Tätigkeit, dem Schutz von Geld, sonstigen Wertgegenständen, Einrichtungsgegenständen oder Daten.

Vorbeugende Maßnahmen

- Grundsätzlich nur Gegenstände auf dem Schreibtisch, die für die Sachbearbeitung unbedingt notwendig sind
- Wurfgeschosse (Locher, Stiftegefäß) aus Griffbereich der Kunden entfernen
- Kein Glas oder scharfe, spitze Gegenstände (Scheren, Brieföffner) im Sicht- oder Griffbereich
- Private Fotos aus dem Sichtbereich
- Besucher in das direkte Blickfeld der Sachbearbeitung positionieren
- Fluchtwege offenhalten und deren Nähe suchen
- Alarmierungssysteme kennen und ausprobieren
- Türe offen lassen

Verhaltenshinweise während einer Krisensituation/Notsituation

- Abwägung, ob bei einer beginnenden Eskalation mit einem Vorwand (Kopie, Antragsformular, Toilettengang) der Raum verlassen werden kann
- Frühzeitige Auslösung des Alarmknopfs
- Distanz zwischen Täter und eigener Person aufbauen
- Klare, deutliche und laute Ansprache (z. B. „Verlassen Sie mein Büro!"; „Nein!"; „Stopp!")
- Mögliche Fluchtwege erkennen und frühzeitig nutzen
- Warnung von entgegenkommenden Kollegen/Kunden

Verhalten von Personen, die zur Hilfeleistung erscheinen

- Wahrnehmung oder Erkennung von Hilferufen, lauter Auseinandersetzungen oder Warnsignal (Alarm und Aufleuchten von Warnleuchte über der Tür)
- Absprache vor dem Betreten (unter 10 Sekunden! – so viel Zeit ist immer)
  - Wer spricht? – Was hat der Kunde in den Händen?
  - Nr. 1 Überblick (Hände!/Not-Stopp) [Position an der Tür]
  - Nr. 2 Täteransprache/Täterablenkung [in den Raum]
  - Nr. 3 Kollegen herausholen [in den Raum]
  - Nr. 4 Ggf. Notruf absetzen (110) [vor dem Raum]
- Keine Klärung der Situation in dem Raum
- Verbundenheit und Geschlossenheit demonstrieren
- Tür bleibt offen

- Mindestens eine/r (Letzter) bleibt an der Tür/draußen
- Beobachten und Alarmierung der Polizei (siehe Nr. 4)

9.2 Merkblatt Erreichbarkeiten im Notfall

Ein solches Merkblatt zu den telefonischen Erreichbarkeiten sollte als einseitiges Papier (DIN-A 5) ausgeführt sein und innerhalb der Behörde in einem identischen Grundmuster (Optik und Aufbau) ausgeführt werden. Die individuelle Anpassung erfolgt dann in Bezug auf den jeweiligen Bereich, insofern dies erforderlich sein sollte.
Mögliche Inhalte könnten sein:

- Notrufnummern der Leitstellen von Rettungsdienst, Polizei, Feuerwehr, Giftnotruf
- Sicherheitsdienst
- Hausmeister
- Ansprechpartner Sicherheit/Sicherheitsbeauftragte

Den Beschäftigten der Behörde wird empfohlen, die Erreichbarkeiten in den Datenspeicher ihres privaten und dienstlichen Mobiltelefons zu übernehmen.

Das Merkblatt sollte an geeigneten Stellen offen und redundant jederzeit verfügbar sein (Aushang). Wenn es durch Kunden eingesehen werden kann, ist dies unproblematisch.

9.3 Muster Notfall-E-Mail

Diese E-Mail kann im Entwurfsordner Ihres E-Mail-Programms oder anderweitig so abgelegt werden, dass sie sofort versandt werden kann. Verlieren Sie keine Zeit mit Detailergänzungen, die für die ersten Maßnahmen unbeachtlich sind. Die Situation genau zu beschreiben, erzeugt in der Regel nur Bilder, die sich möglicherweise durch das Verhalten des aggressiven Kunden im nächsten Moment schon geändert haben. Dadurch kann es sein, dass Ihre Kollegen zu entspannt auf eine sich weiterentwickelte aggressive und gefährliche Situation reagieren wollen. Der mögliche Inhalt einer Nachricht, die auf eine telefonische Drohung hin versandt werden könnte, ist:

Betreff: „Achtung! Sicherheitskritisches Ereignis" – SOFORT lesen !!!
In Bezug auf (Bereich, Stockwerk, Büronummer, Name) gibt es ein sicherheitskritisches Ereignis. Bleiben Sie unbedingt in Ihrem Büro. Der Aufenthalt der verursachenden Person(en) ist derzeit NICHT bekannt.
Informieren Sie Ihre Kolleginnen und Kollegen. Denken Sie auch an Kollegen, die außerhalb oder im Haus unterwegs sind. Fordern Sie Kunden auf, zunächst im aktuellen Aufenthaltsbereich zu bleiben.

Achten Sie auf den Verschluss der Zugänge zu Ihrem Bereich.
Diese Nachricht ist eine Sofortinformation. Sehen Sie von Anfragen zum Sachstand ab. Sie werden unaufgefordert weiter informiert. Nehmen Sie ggf. Kontakt zu Ihrer Teamleitung auf.
SIGNATUR

oder für den Fall einer direkten Bedrohung in Ihrem Büro und Sie haben entweder kein Alarmierungssystem zur Verfügung oder können es nicht unauffällig nutzen

Betreff: „Achtung! Sicherheitskritisches Ereignis in meinem Büro" – SOFORT lesen !!!
In meinem Büro (Bereich, Stockwerk, Büronummer, Name) gibt es ein sicherheitskritisches Ereignis. Ich bitte dringend um Hilfe und Unterstützung.
Informieren Sie bitte zunächst die Polizei.
Holen Sie sich Unterstützung und unterstützen dann mich beim Verlassen des Raumes.
Denken Sie an unser System:
Absprache vor dem Betreten (unter 10 Sekunden! – so viel Zeit ist immer)

- Wer spricht? – Was hat der Kunde in den Händen?
- Nr. 1 Überblick (Hände!/Not-Stopp) [Position an der Tür]
- Nr. 2 Täteransprache/Täterablenkung [in den Raum]
- Nr. 3 Kollegen rausholen [in den Raum]
- Nr. 4 Ggf. Notruf absetzen (110) [vor dem Raum]

SIGNATUR

9.4 Handlungsanweisung telefonische Drohung

Erhalten Sie von Dritten oder von der bedrohenden Person selbst eine Mitteilung, dass eine aggressive Handlung beabsichtigt ist oder dass eine Person die Behörde aufsuchen möchte, um Drohungen in die Tat umzusetzen, dann könnte eine schriftliche Handlungsanweisung auf einem einseitigen Merkblatt folgenden Inhalt haben:

Merkblatt für telefonische Warnungen oder Drohungen
Stand: Datum

1. Erfragen Sie den Sachverhalt so genau wie möglich, notieren Sie sich die Daten (wer ruft an, Erreichbarkeit) des Anrufers.
   - Trennen Sie bei der Schilderung nach Tatsache („Die besagte Person will unbedingt eine Duldung und hat hier herumgeschrien, dass er ‚alle plattmacht'") und

- Vermutung („Der ist bestimmt betrunken und hat bestimmt ein Messer“).

2. Informieren Sie sofort die Polizei. Nutzen Sie dazu ausschließlich die Notrufnummer 110. Denken Sie an die Vorwahl der „0“!
3. Beachten Sie bei der Schilderung folgende Reihenfolge:
   - WO sind Sie (WER sind WIR hier).
   - WAS ist die Situation.
     Es ist zunächst egal, wie Sie heißen oder wie Ihre Telefonnummer ist, da Ihre Telefonnummer sowieso sichtbar ist. Sie können dies jedoch gerne bestätigen oder ergänzen bzw. werden Sie zur Sicherheit vom Notruf vermutlich sowieso danach gefragt.
4. Bitte versuchen Sie dann, besser mit Unterstützung, folgende Schritte in dieser Reihenfolge zu beachten.
   - Erst-Information über Mail (cc Teamleitung etc.) und ggf. persönlich an alle im näheren räumlichen Umfeld.
   - Erst-Information über Telefon an [zentrale Stelle] (von dort erfolgt eine Information an die anderen Bereiche im Haus bzw. die anderen Mieter)
   - Erst-Information über Telefon oder persönlich an Teamleitung.
5. Besprechen Sie das weitere Vorgehen mit der Teamleitung.
6. Informieren Sie Ihre Kontaktstellen zu wichtigen Fortschritten.
7. Informieren Sie Ihre Kontaktstellen abschließend oder übergeben Sie den Fall für eine abschließende Meldung an die Teamleitung.

9.5 Meldung sicherheitsrelevantes Ereignis

Dieser Meldevordruck ist – soweit möglich – vollständig auszufüllen. Erforderlichenfalls sind Bilder zu fertigen und weitere Belege (z. B. Drohbriefe) beizufügen bzw. aufzubewahren (z. B. zerstörter Monitor).

Der Vordruck ist in seinem endgültigen Umfang abzustimmen. Dabei ist die Abwägung zu treffen, ob durch eine kürzere Fassung eine Akzeptanzerhöhung im ersten Schritt erfolgt. Damit gehen jedoch u.U. wichtige Informationen verloren, die später nicht mehr reproduziert werden können; damit wäre regelmäßig eine wiederholte Befassung mit dem Thema erforderlich, was für Betroffene belastend sein kann. Eine Strafanzeige müsste separat erstellt werden.

Die Kopf- und Fußzeile sollte auf jeder Seite gleich sein und wichtige Hinweise enthalten.

Empfehlung Kopfzeile:
Bitte füllen Sie das Formular möglichst vollständig aus. Es ist wichtig, dass jede(r) anwesende Mitarbeiter(in) ein eigenes Formular ausfüllt. Wahrnehmungen von Zeugen sind naturgemäß unterschiedlich.
Empfehlung Fußzeile:
Die unverzügliche Erstattung einer Unfallanzeige durch den Arbeitgeber beim zuständigen Unfallversicherungsträger bzw. Dienstherrn (Beamte) ist notwendig, um den Versicherungsfall zu melden.
Empfehlung Aufbau:
Meldung über ein sicherheitsrelevantes Ereignis
Bitte umgehend ausfüllen und direkt sowie auf dem Dienstweg an [Meldeadresse] senden.

1. Wahrnehmende Person
   Name, Vorname, Erreichbarkeit, Organisationseinheit
2. Bedrohte Person(en) [wenn von 1. abweichend]
   Name, Erreichbarkeit, Organisationseinheit
3. Ereignis
   Datum/Uhrzeit/Zeitraum, Ort, ggf. angekündigt für Datum/Uhrzeit/Zeitraum
4. Aufenthaltsort der Person zu Nr. 1 (falls abweichend zu Nr. 3)
5. Art des Ereignisses:
   Körperlicher Übergriff, Beleidigung, Drohung mit Gewalt, Sachbeschädigung, Sonstiges (Freifeld)
6. Kommunikationsweg
   Persönlich, Telefon, E-Mail, Brief/schriftlich
7. Verletzungen der Betroffenen Ja/Nein
   Beschreibung der Verletzungen, erfolgte Behandlungen
8. Wurde die Polizei informiert? Ja/Nein
   Wer, wann, welche Polizeidienststelle (Ansprechpartner mit Erreichbarkeit), Aktenzeichen der Polizei
9. Wurden Vorgesetzte informiert?
   Wer, wann
10. Maßnahmen der Vorgesetzten
    Wer, wann, was
11. Täter(in)
    Name, Vorname, Geschlecht, Adresse, Erreichbarkeit, Geburtsdatum, Geburtsort, Beruf, Staatsangehörigkeit, ggf. anonyme/unbekannte Quelle
12. Sofortmaßnahmen
    Wer, wann, was

13. Vorfallschilderung
Kurz, sachlich, ohne Wertung, Wer hat was, wie, wann getan, womit, ggf. warum
14. Nutzung einer Waffe? Ja/Nein
Welche, nähere Umstände (insofern nicht unter Nr. 13 beschrieben)
15. Sind Sie oder Beteiligte arbeitsunfähig oder krank gemeldet? Ja/Nein
Wer, voraussichtlich wie lange
16. Wissen Sie, ob die/der Täter(in) früher in solche Vorfälle verwickelt war?
Wann ca., Beteiligte
17. Wissen Sie, ob gegen den Täter bereits ein Hausverbot besteht?
18. Was könnte aus Ihrer Sicht getan werden, um solche Vorfälle zu vermeiden?

Vielen Dank für Ihre Meldung!
Sie tragen damit zur Sicherheit im Bereich des [Behörde] bei.
Sie erhalten in der Folge eine Eingangsmeldung und zu gegebener Zeit eine Rückmeldung zu Ihrer Meldung. Sollte Ihnen die Zeit zur Rückmeldung zu lange dauern, stehen wir Ihnen jederzeit für Fragen zu Ihrer Sicherheit zur Verfügung.

9.6 Bomben- und Anschlagsdrohungen

Öffentliche Einrichtungen und Gebäude wie auch öffentliche Veranstaltungen mit starker Frequentierung gehören zu den beliebten Zielen für Bomben- oder Anschlagsdrohungen. Mit der Drohung werden regelmäßig zwei Bereiche betroffen sein; zum einen die Unterbrechung des gewohnten behördlichen Geschäftsablaufs, zum anderen die Gefährdung von Leben, körperlicher Unversehrtheit oder erheblicher Sachwerte bzw. die Verbreitung von Ängsten. Ein überlegtes und sachlich orientiertes Handeln verfolgt das Ziel, bei möglichst geringer Beeinträchtigung die größtmögliche Sicherheit zu erreichen. Die Drohung geht nicht notwendigerweise bei den Personen in den bedrohten Objekten ein, sondern können auch bei Dritten erhoben werden, wie in Zweigniederlassungen oder der Presse. Schriftliche (z. B. Briefe) oder digitale Bombendrohungen sind Spurenträger. Sie sollten gesichert, nicht verändert und möglichst wenig berührt werden. Die persönliche Einschätzung des Empfängers ist für die Bewertung der Ernsthaftigkeit von großer Bedeutung. Die Bewertung darf nie durch Laien vorgenommen werden. Die Kontaktaufnahme mit der Polizei ist für die Sicherheit aller Beschäftigten unabdingbar.
Allgemein ist zu sagen, dass Formulierungen

- mit unrealistischem Inhalt („Bei Ihnen explodieren gleich 100.000 Kilo Dynamit"),

- ohne zeitliche Angabe („Gleich geht im Jobcenter eine Bombe hoch"),
- ohne konkrete räumliche Angabe („Bei Ihnen explodiert gleich was")

die Ernsthaftigkeit abschwächen.

Je konkreter die Angaben („Wir haben an der Information im Landratsamt eine Tasche abgelegt, die um 11:30 Uhr ferngezündet wird"), desto mehr bestärkt dies die Ernsthaftigkeit. Machen Sie sich gedanklich mit der Möglichkeit einer solchen Drohung vertraut, dies hilft im Ereignisfall, besonnener zu reagieren. Es gelten folgende Grundregeln bei der Entgegennahme eines Drohanrufs:

- Gespräch möglichst aufzeichnen
- den Anrufer nicht unterbrechen
- auf Hintergrundgeräusche achten
- Angaben des Anrufers bewusst falsch wiederholen, um ein Weitersprechen zu erreichen

Falls der Täter keine Angaben machen will, kann der Vorwand, nicht zuständig zu sein und Versuche weiterzuvermitteln, ebenfalls Zeit gewinnen. Das Stellen konkreter Fragen, um Detailwissen abzuschöpfen oder den Täter zu verunsichern, kann hilfreich sein. Scheinbar Nebensächliches kann später wichtig werden und helfen, die Bombe zu finden und den Täter zu ermitteln. Ein Merkblatt zur Entgegennahme von Bombendrohungen findet sich im folgenden Kapitel. Wenn die Kontaktaufnahme mit der Polizei erfolgt ist, können – je nach Lageeinschätzung – folgende Anweisungen durch die Polizei erfolgen:

- Verschluss von Eingängen
- Errichten von Ein- oder Ausgangskontrollen
- Unterstützungsbitte der Polizei durch Beschäftigte (z. B. bei Räumung)
- Eigenverantwortliche Absuche im Gebäude in Absprache mit der Polizei
- keine Berührung verdächtiger Gegenstände
- kein Feuer, Rauchverbot
- kein Betrieb von Funkgeräten, Blitzlichtern, Mobiltelefonen
- Festlegung und Auslösung von Entfluchtung
- Bereithalten von Evakuierungsplänen
- Schutz von Eigentum durch Verhinderung von Plünderungen

Die Polizei handelt an dieser Stelle nach dem Prinzip, dass die Gefährlichkeit des angedrohten Mittels keine nachlässige Behandlung zulässt. Wird die Ernsthaftigkeit verneint, beschränken sich die weiteren Schritte auf die Ermittlung des Täters. Wird davon ausgegangen, dass die Bedrohung real sein könnte, erfolgen in abgestufter Weise Absuchen, Durchsuchungen, Teilräumungen oder Evakuierungen des gesamten Gebäudekomplexes.

9.7 Evakuierung

Wird auch ohne Hinzuziehung oder vor dem Eintreffen der Polizei entschieden, dass das Gebäude teilgeräumt oder komplett evakuiert wird, ist zu beachten:

- Als Fluchtwege werden in der Regel öffentlich zugängliche Bereiche eines Gebäudes (z.B. Treppenhäuser, Flure usw.) genutzt. Diese Örtlichkeiten sind auch dem Täter zur Ablage der Sprengvorrichtung zugänglich. Daher müssen zunächst die unmittelbaren Fluchtwege und der Evakuierungsraum gründlich nach Sprengvorrichtungen durchsucht werden, um ein Hineinlaufen der zu Evakuierenden in den Bereich einer abgelegten Bombe zu verhindern.
- Sicheres und bestimmtes Auftreten der eingewiesenen Hilfskräfte beschleunigen den Evakuierungsvorgang. Üblicherweise dürften Brandhelfer oder sonstige Ersthelfer für diese Aufgabe vorgesehen sein. Dazu ist es erforderlich, diesem Personenkreis geeignete Fortbildungen zu diesem Thema zukommen zu lassen.
- Zusätzlich sind die weiteren Beschäftigten bzw. ständigen Benutzer einzuweisen.
- Schränke und Schubladen sollen nicht abgeschlossen sein sowie alle Fenster und Türen möglichst geöffnet werden.
- Jeder Beschäftigte führt eine Nachschau vor Verlassen des Arbeitsplatzes durch, um verdächtige Gegenstände festzustellen.
- Alle Gegenstände werden gemeldet, die nicht dem Arbeitsbereich zugeordnet werden können.
- Alle elektrisch betriebenen Geräte werden ordnungsgemäß ausgeschaltet.

9.8 Durchsuchung

Für eine Absuche oder Durchsuchung steht häufig nur eine begrenzte Zeit zur Verfügung. Insbesondere dann, wenn in der Drohung der Explosionszeitpunkt konkret bezeichnet wurde, muss die Durchsuchung systematisch und koordiniert ablaufen. Es können unterschiedliche Durchsuchungsformen gewählt werden:

- Diskrete (verdeckte) Durchsuchung ganzer Gebäude oder bestimmter Teilbereiche durch eingewiesenes Personal
- Offene Durchsuchung ganzer Gebäude oder bestimmter Teilbereiche durch Beschäftigte oder ständige Benutzer
- Offene Durchsuchung ganzer Gebäude oder bestimmter Teilbereiche durch die Polizei

Die beiden erstgenannten Formen können bereits Bestandteile von Evakuierungsmaßnahmen sein. Vorteile der beiden ersten Durchsuchungsarten sind insbesondere:

- Der ständige Benutzer eines Objektes kann im Gegensatz zu ortsunkundigen Personen eine Überprüfung des Objektes auf mögliche sprengstoffverdächtige Gegenstände schneller und effizienter durchführen.
- Es ergeben sich weniger Prüffälle für die eingesetzten Entschärfer als bei der Durchsuchung durch Ortsunkundige.
- Ein Zeitverlust durch die Anfahrt der ortsunkundigen Durchsuchungskräfte entfällt.
- Die Durchsuchung kann daher in einem wesentlich kürzeren Zeitraum abgeschlossen werden.

Eine offene Durchsuchung durch Polizeikräfte könnte dann in Betracht kommen, wenn die Zahl der Beschäftigten im Verhältnis zur Größe des abzusuchenden Objektes oder Areals nicht ausreicht, um eine zeitnahe und effektive Durchsuchung durchzuführen, oder wenn aufgrund neuer Erkenntnisse (z. B. zusätzliche Hinweise des Täters in einem zweiten Anruf) nach einer bereits abgeschlossenen Durchsuchung eine erneute Nachsuche durchgeführt werden muss. Auch bei einer Durchsuchung durch die Polizei kann es erforderlich sein, dass die Maßnahme durch Ortskundige unterstützt wird.

Vorgehen bei einer Durchsuchung

Das Objekt sollte in Suchbereiche eingeteilt werden. Dabei werden die Schwerpunkte situationsabhängig gesetzt und orientieren sich daran, wie leicht ein Täter diesen Bereich betreten und dort einen Gegenstand ablegen hätte können. Mögliche Suchbereiche könnten sein:

- Außenbereiche
- Gebäudeeingänge
- Foyer, Flure, Toilettenräume, Empfangsräume usw.
- Treppen und Aufzüge
- nicht gesicherte Abstell- und Kellerräume
- ungesicherte Versorgungsschächte in Gebäuden

Bei einer Drohung mit genauer Ortsangabe ist dieser Ort zuerst zu durchsuchen. Sofern durch den Täter eine genaue Zeit angegeben wurde, ist das Objekt 15 Minuten vorher oder bei einer geringeren Zeitspanne sofort zu evakuieren. Grundsätzlich soll die Durchsuchung des Gebäudes analog zu den Zugangsmöglichkeiten eines Täters durchgeführt werden, nachdem die Außenbereiche als durchsucht gemeldet wurden. Erst wenn in allen Stockwerken die Öffentlichkeitsbereiche für durchsucht erklärt wurden, beginnt die Durchsuchung der sonstigen Innenräume. Durchsuchte Bereiche sollten durch festgelegte Zeichen wie Klebeband oder vorbereitete Schilder gekennzeichnet werden, um anzuzeigen, dass dort bereits eine Durchsuchung erfolgt ist.

Durchsuchung von Räumen
Beim Betreten eines Raumes ruhig und vorzugsweise mit geschlossenen Augen in den Türrahmen stellen, um auf ungewöhnliche Geräusche (Ticken, Zischen u.ä.) zu achten und ihre Quelle zu orten. Danach erfolgt die optische Erfassung des Raumes in den Bereichen:

- Fußboden
- bis Hüfthöhe
- bis Augenhöhe
- oberhalb Augenhöhe

Bei der anschließenden Durchsuchung ist darauf zu achten, dass Zündauslösevorrichtungen verborgen angebracht sein können und durch Unachtsamkeit die Sprengvorrichtung explodieren kann. Daher sollten lose verlegte Teppiche nicht betreten und Möbelstücke, Vorhänge, aufgehängte Bilder und sonstige Objekte nicht bewegt werden. Nach einer Bombendrohung kann jeder Gegenstand, sofern er in einem bestimmten Bereich als nicht dorthin gehörig erkannt wird, die angedrohte Bombe sein. Die Sprengvorrichtung sieht möglicherweise wie ein gewöhnlicher Gegenstand aus und wird selten die Aufschrift „Bombe“ tragen.

Fund eines verdächtigen Gegenstandes
Falls ein Gegenstand aufgefunden wird, der verdächtig ist, ist zu beachten:

- Insofern noch nicht geschehen, sofort die Polizei alarmieren.
- Nicht rauchen.
- Keine Mobiltelefone und Funksprechgeräte in den Bereich des sprengstoffverdächtigen Gegenstandes bringen oder in dem Bereich betreiben.
- Die Größe eines verdächtigen Gegenstandes lässt keine Rückschlüsse auf dessen Gefährlichkeit zu. Selbst explosive Ladungen im Grammbereich können Menschen schwer verletzen oder töten.
- Nie davon ausgehen, dass der gefundene verdächtige Gegenstand der einzige ist. Seine mögliche Auffälligkeit soll unter Umständen von weiteren hinterlegten Gegenständen ablenken.
- Keinerlei Veränderungen an dem Gegenstand vornehmen. Das Berühren, Bewegen, Drehen, Öffnen oder Hochheben kann Leben kosten. Nichts auf den verdächtigen Gegenstand legen, werfen oder schütten.
- Wenn der Gegenstand dennoch bewegt, aufgenommen oder transportiert wurde, so darf nicht davon ausgegangen werden, dass der Gegenstand ungefährlich ist. Daher haben alle weiteren Veränderungen oder Berührungen zu unterbleiben.

- Alle Personen entfernen sich aus dem Bereich des verdächtigen Gegenstandes.
- Bis zum Eintreffen der Polizei sollten weitere Informationen gesammelt werden, die bei der Beseitigung der Gefahr hilfreich sind:
  - Welche Umstände führen zu der Einschätzung, dass es sich bei dem Gegenstand um eine Sprengvorrichtung handeln könnte?
  - Wo befindet sich der verdächtige Gegenstand?
  - Wer hat den Gegenstand gefunden?
  - Wann ist er entdeckt worden?
  - Wie lange liegt er bereits dort?
  - Wie sieht der verdächtige Gegenstand aus?
  - Sind verdächtige Geräusche oder Gerüche wahrnehmbar?
  - Wurde der Gegenstand bewegt, aufgenommen oder transportiert?
  - Sind Evakuierungsmaßnahmen durchgeführt worden? Wenn ja, wohin?
  - Welche Absperrmaßnahmen sind eingeleitet worden und von wem?
  - Welches Gesamtergebnis der Durchsuchungsmaßnahmen liegt bisher vor?
  - Sind alle Versorgungsleitungen am Fundort des verdächtigen Gegenstandes abgeschaltet?
  - Gibt es andere Gefahrenquellen in der Nähe des verdächtigen Gegenstandes?
  - Welche Zeugen stehen zur Verfügung?
  - Gibt es Täterhinweise?
  - Wurden unbekannte Personen vor dem Auffinden des verdächtigen Gegenstandes festgestellt?

Diese Informationen sind der Polizei unverzüglich nach ihrem Eintreffen mitzuteilen.

9.9 Verdächtige Postsendungen

Sprengstoffsendungen (in seltenen Fällen auch Brandsatz- oder Giftbriefe) werden von Straftätern mit oder ohne extremistischen Hintergrund versandt. Das rechtzeitige Erkennen solcher Briefe kann Leben retten oder die Beschäftigten vor schweren gesundheitlichen Schäden bewahren und erhebliche Sachbeschädigungen verhindern. Der Täter will eine bestimmte Person treffen. Deshalb schreibt er in aller Regel nicht die Behörde selbst an, sondern einen bestimmten Empfänger. Die Sendungen sind oft mit dem Hinweis „Vertraulich“, „Privat“, „Persönlich“, „Nur vom Empfänger zu öffnen“ o. ä. versehen. Einzelne Merkmale ergeben für sich allein gesehen noch keinen Verdacht zur Gefährlichkeit. Es müssen immer die Gesamtumstände berücksichtigt werden. Bedeutsame Merkmale sind:

- Art der Zustellung
  Post aus dem Ausland, Luftpost oder Auslieferung durch private Paketzustelldienste oder erkennbar nicht durch Post zugestellt (ohne Briefmarken, kein Poststempel usw.), Postsendung ist über das notwendige Maß frankiert
- Absender bzw. Empfänger
  unbekannter, unleserlicher oder fehlender Absender (es ist zu beachten, dass Behörden oder bekannte Firmen als Absender keine Gewähr dafür sind, dass es sich nicht um inkriminierte Sendungen handelt. Aufgedruckte Absenderangaben sind leicht zu fälschen. Vorsicht bei unbestellten Warensendungen!), handgeschriebene oder schlecht leserliche Adressen, Adresse steht nicht am üblichen Platz, unkorrekte Titel und Dienstgrade oder Titel, ohne Namensangabe, auffallende Rechtschreibfehler, Hinweis auf dem Umschlag wie „Vertraulich“, „Privat“, „Persönlich“ usw.
- äußere Erscheinungsform
  ölige Flecken oder Verfärbungen, herausragende Drähte oder Metallfolie, ungewöhnlich hohes Gewicht der Postsendung in Bezug auf ihr Format, fester Umschlag oder ungewöhnlich stabile Verpackung bzw. Biegefestigkeit, unebener Umschlag bzw. fühlbare Gegenstände im Inneren des Umschlags, übertriebene Versiegelung der Postsendung (z. B. Sicherung mit Klebeband und/oder Schnur)

Verdächtige Sendungen dürfen keinesfalls geöffnet, auf- oder angerissen werden (keine Bänder oder Schnüre zerschneiden), geschüttelt oder fest abgetastet, gebogen, geknickt oder aufgebrochen, gegen helles Licht gehalten werden. Ebenso wenig sollte daran gerochen werden. Die Verwendung jedes drahtlosen Kommunikationsmittels (Funkgerät, Handy etc.) sowie elektronischer Geräte (z. B. Fotoblitzgeräte) in unmittelbarer Nähe ist unbedingt zu vermeiden. Bei verdächtigen Sendungen ist im Einzelfall:

- Ruhe zu bewahren (Sprengstoffsendungen, die mit der Post versandt werden, sind relativ handhabungs- und transportsicher),
- die Sendung an einen Ort zu bringen, wo sie dem Zugriff Dritter entzogen ist und bei vorzeitiger Explosion keinen großen Schaden anrichten kann,
- beim Absender zurückzufragen, ob die Sendung von dort kommt und was sie enthält,
- beim Adressaten im Haus nachzufragen, ob er einen Brief dieses Absenders erwartet.

Wenn es über diese Aktivitäten nicht gelingt, den Verdacht vollständig auszuräumen, sind unverzüglich die Sicherheitsbeauftragten der Behörde und die Polizei zu verständigen.

9.10 Nicht zuordenbare Gegenstände

Die Herausforderung bei einem nicht zuordenbaren Gegenstand liegt darin, sicher zu erkennen, dass es sich nicht um eine reine Fundsache handelt. Sprengstoffe, Brandsätze, wie auch chemische, biologische oder radioaktive Stoffe können von Straftätern in nach dem äußeren Anschein unverdächtigen Gegenständen im Gebäude abgelegt werden. Rechtzeitiges Erkennen solcher Gegenstände kann Leben retten, die Beschäftigten vor schweren gesundheitlichen Beeinträchtigungen bewahren und erhebliche Sachbeschädigungen verhüten. Anhaltspunkte für einen Gefahrenverdacht können die Beschaffenheit des Gegenstandes, Geräusche aus dem Inneren oder der Fundort und hier insbesondere allgemein zugängliche Bereiche wie Gänge, Treppenhäuser, Aufzüge, Toiletten, Toreinfahrten, Mauersimse sein. Bei den Gegenständen handelt es sich regelmäßig um abgestellte Koffer, Taschen, Plastiktüten oder abgelegte Briefe, Päckchen und Pakete.

Einzelne Merkmale ergeben für sich allein gesehen auch hier noch keinen Verdacht. Es müssen immer die Gesamtumstände berücksichtigt werden. Es gelten die bedeutsamen Merkmale wie in dem Kapitel zuvor bezüglich der verdächtigen Postsendungen. Bei verdächtigen noch ungeöffneten Gegenständen oder Sendungen dürfen diese auf keinen Fall berührt, geschüttelt oder geöffnet werden; ebenso wenig ist daran zu riechen. Alle verdächtigen Gegenstände, bei denen nicht feststeht, wer sie transportiert oder abgegeben hat, müssen an Ort und Stelle verbleiben. Das Rauchen, Essen oder Trinken im verdächtigen Bereich oder nach Kontakt mit verdächtigen Gegenständen oder Substanzen ist zu unterlassen. Der betroffene Raum oder die Fläche sind zu verlassen und gegen jegliches Betreten zu sichern (zuvor Fenster und Türen schließen, Luftzug vermeiden, Klimaanlage ausschalten). Die sich im Umfeld aufhaltenden Beschäftigten und sonstigen Personen sind zu warnen und fernzuhalten. Es sind unverzüglich die Sicherheitsbeauftragten der Behörde und die Polizei oder die Feuerwehr zu verständigen. Personen, die direkten Kontakt mit dem verdächtigen Gegenstand hatten oder sich im Umkreis von fünf Metern oder im selben Raum befunden haben, sollen darüber die Fachdienste informieren, damit sie bekannt sind. Die weiteren Maßnahmen zum Selbstschutz (Sicherung von Oberbekleidung, Waschen, Duschen) kann in Absprache mit den Fachdiensten erfolgen.

9.11 Checkliste bei telefonischer Bombendrohung

Ihr Verhalten

- zuhören und nicht unterbrechen
- Notizen machen
- möglichst viele Informationen gewinnen, dazu stellen Sie Fragen, wiederholen Sie Inhalte falsch, um zum Weiterreden zu animieren

Notizen – Checkliste

- Datum/Uhrzeit: ______________________________
- Rufnummer des Anrufers: ______________________________
- Anruf ging ein bei: ______________________________
- Möglichst genauer Text der Drohung: ______________________________

____

____

____

____

____

____

____

____

____

- Ihre zu stellenden Rückfragen:
  - Wann wird die Bombe explodieren?

    ___

  - Wo befindet sich die Bombe?

    ___

  - Um welche Art Bombe handelt es sich?

    ___

  - Wie sieht die Bombe aus?

    ___

  - Wie ist die Bombe verzögert (Zündmechanismus)?

    ___

  - Von wo aus rufen Sie an?

    ___

  - Wie heißen Sie?

    ___

  - Wieso haben Sie die Bombe gelegt?

    ___

Informieren Sie nach Beendigung des Gesprächs sofort die Polizei unter 110

- Angaben zum Anrufer:
  - Geschlecht: ☐ m ☐ w
  - Geschätztes Alter: ___
  - Sprache: ___
  - Dialekt/Akzent: ___

- Sprache/Stimme:

☐ langsam	☐ schnell	☐ normal
☐ laut	☐ leise	☐ verstellt
☐ hoch	☐ tief	☐ verzerrt
☐ bestimmt	☐ gebrochen	☐ monoton
☐ klar	☐ näselnd	☐ lispelnd
☐ nuschelnd	☐ stotternd	
☐ hastig	☐ träge	

- Verhalten:

☐ ruhig	☐ aufgeregt	☐ ärgerlich
☐ angespannt	☐ ernst	☐ entschlossen
☐ dreist	☐ aggressiv	☐ korrekt
☐ angetrunken	☐ jammernd	☐ scherzend

- sonstige auffällige Sprachmerkmale: ______________________________

____

____

- Hintergrundgeräusche:

☐ Stille	☐ Bürolärm	☐ Fabriklärm
☐ Verkehr	☐ Tiere	☐ Baugeräusch
☐ Zug/Bahnhof	☐ Flugzeug	☐ Flughafen
☐ Stimmen	☐ Party	☐ Musik
☐ Auto	☐ Hafen	☐ Kirche
☐ Sonstiges: ______________________________		

- Ihre Personalien:

Name: ______________________________

Vorname: ______________________________

Dienststelle/Arbeitsstelle: ______________________________

mit Anschrift: ______________________________

Rückrufnummer: ______________________________

Literatur- und Quellenverzeichnis

Adloff, F. & Mau, St. (2005). Vom Geben und Nehmen. Zur Soziologie der Reziprozität. (S. 9). Frankfurt a. M.: Campus.

Anderson, J. G. & Taylor, A. G. (2011). Effects of Healing Touch in Clinical Practice: A Systematic Review of Randomized Clinical Trials. Journal of Holistic Nursing 29(3). 221–228.

Arbeitsschutzgesetz vom 7. August 1996 (BGBl. I S. 1246), zuletzt geändert durch Artikel 6 des Gesetzes vom 18. März 2022 (BGBl. I S. 473).

Badke-Schaub, P., Hofinger, G. & Lauche, K. (2012). Human Factors – Psychologie sicheren Handelns in Risikobranchen. Heidelberg: Springer.

Bailey, E. R. & Levy, A. (2022). Are You for Real? Perceptions of Authenticity Are Systematically Biased and Not Accurate. Psychological science, 33(5), 798–815.

Bandura, A. (1979). Aggression: eine sozial-lerntheoretische Analyse. Stuttgart: Klett-Cotta.

Bannenberg, B. (2021). Forschungsbericht Gewalt und Aggressionen gegen Gerichtsvollzieherinnen und Gerichtsvollzieher und Mitarbeiterinnen und Mitarbeiter der Agentur für Arbeit und der Jobcenter. Eine Studie im Auftrag des dbb beamtenbund und tarifunion Landesbund Hessen (DBB Hessen). Gießen: JLU.

Baumeister, R. F., Chesner, S. P., Senders, P. S. & Tice, D. M. (1988). Who's in charge here? Group leaders do lend help in emergencies. Personality and Social Psychology Bulletin, 14(1), 17–22.

Baurmann, M. C. & Schädler, W. (1996). Opferbedürfnisse und Opfererwartungen. (S. 213). In BKA (Hrsg.). Das Opfer und die Kriminalitätsbekämpfung. Wiesbaden: BKA.

Bentley, T., Catley, B., Forsyth, D., & Tappin, D. (2013). Understanding Workplace Violence and its Prevention in New Zealand: The 2011 New Zealand Workplace Violence Survey. Journal of Management & Organization, 19(3), 352–364.

Bergmann, J. (2003). Körpersprache. In Deutscher Manager Verband e. V. (Hrsg.). Handbuch Soft Skills Band I. Zürich: VDF.

Berkowitz, L. (1969). Roots of Aggression. A re-examination of the frustration-aggression hypothesis. New York: Atherton Press.

Berkowitz, L. (1993). Aggression: Its causes, consequences, and control. New York: McGraw-Hill.

BGH, V ZR 115/11, Urt. v. 09. März 2012, NJW 2012, 1725.

Bierhoff, H. W., Klein, R. & Kramp, P. (1991). Evidence for the altruistic personality from data on accident research. Journal of Personality 59(2), 263–280.

Blair, C. A., Thompson, L. F. & Wuensch, K. L. (2005). Electronic helping behavior: The virtual presence of others makes a difference. Basic and Applied Social Psychology, 27(2), 171–178.

Bogerts, B. (2021). Woher kommt Gewalt? Von Neurowissenschaft bis Soziologie – eine mehrdimensionale Betrachtung. Berlin: Springer.

Borum R., Fein R., Vossekuil B. & Berglund J. (1999). Threat assessment: Defining an approach to evaluating risk of targeted violence. Behavioral Sciences and the Law, 17(3), 323–337.

Brosius, H. B. & Esser, F. (1995). Eskalation durch Berichterstattung? Massenmedien und fremdenfeindliche Gewalt. Wiesbaden: Springer.

Burnstein, E., Crandall, C. & Kitayama, S. (1994). Some neo-Darwinian decision rules for altruism: Weighing cues for inclusive fitness as a function of the biological importance of the decision. Journal of Personality and Social Psychology, 67(5), 773–789.

Bushman, B. J., & Baumeister, R. F. (1998). Threatened egotism, narcissism, self-esteem, and direct and displaced aggression: Does self-love or selfhate lead to violence? Journal of Personality and Social Psychology, 75(1), 219–229.

BVerwG (2008). 2 B 131.07. Beschl. v. 12.03.2008. BeckRS 2008, 33735.

BVerwG (2016). 7 C 23.15. Urt. v. 20.10.2016. NJW 2017, 1258.

Calibre Press (1987). Street Survival II: The Tactical Edge Seminar, The Win Seminar Personal Workbook. Elmhurst: Calibre Press.

Cannon, W. (1975): Wut, Hunger, Angst und Schmerz: eine Physiologie der Emotionen. München: Urban und Schwarzenberg.

Carver, C. S., Ganellen, R. J., Froming, W. J. & Chambers, W. (1983). Modeling: An analysis in terms of category accessibility. Journal of Experimental Social Psychology, 19(5), 403–421.

Centorrino, S., Djemai, E., Hopfensitz, A., Milinski, M. & Seabright, P. (2014). Honest signaling in trust interactions: Smiles rated as genuine induce trust and signal higher earning opportunities. Evolution and Human Behavior, 36(1), 8–16.

Codol, J. P. (1979). L'anticipation du placement des personnes dans une salle publique. Cahiers de Psychologie, 22, 263–287.

Cornish, D. B. & Clarke, R. V. (1987). Understanding Crime Displacement: An Application of Rational Choice Theory. Criminology, 25(4), 933–947.

Crowe, T. D. & Fennelly, L. J. (2013). Crime Prevention Through Environmental Design. 3rd Edition. Waltham: Elsevier.

Dale, E. (1969). Audio-Visual Methods in Teaching, 3rd ed. (S. 108). New York: Dryden Press.

Dambacher, F., Sack, A. T., Lobbestael, J., Arntz, A., Brugman, S. & Schuhmann, T. (2015). Out of control: Evidence for anterior insula involvement in motor impulsivity and reactive aggression. Social Cognitive and Affective Neuroscience, 10(4), 508–516.

Denham, S. A. & Weissberg, R. P. (2004). Social-emotional learning in early childhood: What we know and where to go from here. In E. Chesebrough, P. King, T. P. Gullotta & M. Bloom (Hrsg.). A blueprint for the promotion of prosocial behavior in early childhood. New York: Kluwer/Plenum.

Destatis (2021). Finanzen und Steuern. Personal des öffentlichen Dienstes. Wiesbaden: Statistisches Bundesamt.

DGB (2021). Deutscher Gewerkschaftsbund. Personalreport Öffentlicher Dienst. Berlin: DGB.

DGB (2022). Deutscher Gewerkschaftsbund. Faktenbuch. Gewalt gegen Beschäftigte im öffentlichen Dienst und privatisierten Sektor. Berlin: DGB.

DGB (2022). Deutscher Gewerkschaftsbund. DGB-Index Gute Arbeit. Jahresbericht 2022. Berlin: DGB.

DGUV Vorschrift 1 (2014). Unfallverhütungsvorschrift Grundsätze der Prävention. Berlin: Deutsche Gesetzliche Unfallversicherung.

Dillon, K. P. & Bushman, B. J. (2015). Unresponsive or un-noticed? Cyberbystander intervention in an experimental cyberbullying context. Computers in Human Behavior, 45, 144–150.

Dörner, D. (2014). Die Logik des Misslingens. Reinbek: Rohwolt.

Donsbach, W. (1991). Medienwirkung trotzt Selektion. (S. 138). Köln: Böhlau.

Eckert, R. & Willems, H. (2002). Eskalation und Deeskalation sozialer Konflikte: Der Weg in die Gewalt. In W. Heitmeyer & J. Hagan (Hrsg.). Internationales Handbuch der Gewaltforschung. (S. 1462 f). Wiesbaden: VS Verlag für Sozialwissenschaften.

Endres, J. & Putz-Osterloh, W. (1994). Komplexes Problemlösen in Kleingruppen: Effekte des Vorwissens, der Gruppenstruktur und der Gruppeninteraktion. Zeitschrift für Sozialpsychologie, 25(1), 54–70.

Festinger, L. (1957). A theory of cognitive dissonance. Stanford: University Press.

Fischer, P. & Greitemeyer, T. (2013). The positive bystander effect: Passive bystanders increase helping in situations with high expected negative consequences for the helper. The Journal of Social Psychology, 153(1), 1–5.

Folger, R. & Baron, R. A. (1996). Violence and hostility at work: A model of reactions to perceived injustice. In G. R. van den Bos & E. Q. Bulatao (Hrsg.). Violence on the job: Identifying risks and developing solutions (S. 51–85). Washington: American Psychological Association.

Forsthoff, E. (1973). Lehrbuch des Verwaltungsrechtes. Band 1: Allgemeiner Teil. München: Beck.

FÖV (2022). Gewalt gegen Beschäftigte im öffentlichen Dienst. Speyer: Deutsches Forschungsinstitut für öffentliche Verwaltung.

Frevel, B., Görisch, C., Kaup, C., Kohl, A., Maldinger, L., Bühler, M. & Potthoff, J. (2019). Übergriffe gegen Beschäftigte in Kommunalverwaltungen. Analyse und Handlungsempfehlungen. Köln: komba gewerkschaft nrw.

Fröhlich, W., Kunczik, M., Vossel, G., Bleh, W. N. & Streit, R. (1993). Habituation an Mediengewalt – eine Meta-Analyse. Unveröffentlichter Forschungsbericht. Mainz.

Gahlen, M. (2021). Räume für Verwaltungsstäbe. In G. Hofinger & R. Heimann (Hrsg.). Handbuch Stabsarbeit. (2. Aufl.). Heidelberg: Springer.

Garrison, K. & Tang, D. & Schmeichel, B. J. (2016). Embodying Power: A Preregistered Replication and Extension of the Power Pose Effect. Social Psychological and Personality Science, 7(7), 623–630.

Gerbner, G. & Gross, L. (1976). Living with television: The violence profile. Journal of Communication, 26(2), 173–199.

Glasl, F. (2020). Konfliktmanagement. Ein Handbuch für Führungskräfte, Beraterinnen und Berater. (12. Aufl.). (S. 34, S. 236 f.). Stuttgart: Freies Geistesleben.

Gino, F. & Bazerman, M. H. (2009). When misconduct goes unnoticed: The acceptability of gradual erosion in others' unethical behavior. Journal of Experimental Social Psychology, 45(4), 708–719.

Gottfredson, M. R. & Hirschi, T. (1990). A General Theory of Crime. Stanford: Stanford University Press.

Gottlieb, J. & Carver, C. S. (1980). Anticipation of future interaction and the bystander effect. Journal of Experimental Social Psychology, 16(3), 253–260.

Greitemeyer, T. & Mügge, D. O. (2015). When Bystanders Increase Rather Than Decrease Intentions to Help. Social Psychology, 46(2), 116–119.

Grote G., Naef, W., Straeter, O. & Helmreich, R. L. (2004). The Better the Team, the Safer the World. Golden Rules of Group Interaction in High Risk Environments: Evidence based suggestions for improving performance. Ladenburg: Gottlieb Daimler and Karl Benz Foundation.

Hänsel, F. (2006). Feedback und Instruktion. In M. Tietjens & B. Strauß (Hrsg.). Handbuch Sportpsychologie. (S. 62–70). Schorndorf: Hofmann.

Häske, D., Dorau, W., Heinemann, N., Stock, J. P. & Schempf, B. (2019). Development of an Adapted Model for Decision-Making to Improve Reasoning and Risk Assessment in an Emergency Team: A Prospective Simulation Study. Medicina, 55(7), 339–347.

Hacker, W. & von der Weth, R. (2012). Denken – Entscheiden – Handeln. In P. Badke-Schaub, G. Hofinger & K. Lauche (Hrsg.). Human Factors. Psychologie sicheren Handelns in Risikobranchen. (2. Aufl.). Heidelberg: Springer.

Hamilton, W. D. (1964). The genetical evolution of social behaviour. I and II. Journal of Theoretical Biology, 7(1), 1–52.

Hausmann, C. (2010). Notfallpsychologie und Traumabewältigung – Ein Handbuch. Wien: facultus.wuv.

Hebeler, T. (2011). Die Gefährderansprache. NVwZ 2011, 1364–1366.

Heimann R. & Fritzsche, J. (2021). Gewalt- und Krisenprävention in Beruf und Alltag. Ursachen und Lösungen für Gewalt und Krisen. Wiesbaden: Springer.

Heimann, R. (2021). Beurteilung der Lage zur Entscheidungsunterstützung. In G. Hofinger & R. Heimann (Hrsg.). Handbuch Stabsarbeit. (2. Aufl.). Heidelberg: Springer.

Hellmann, D. F. (2014). Repräsentativbefragung zu Viktimisierungserfahrungen in Deutschland. Hannover: KFN.

Herzberg, R. D. (2010). Willensfreiheit und Schuldvorwurf. Tübingen: Mohr Siebeck.

Hirschi, T. (1969). Causes of delinquency. Berkley: University of California.

Hofinger, G., Künzer, L. & Zinke, R. (2014). „Nichts wie raus hier ?!" – Entscheiden in Räumungs- und Evakuierungssituationen. In R. Heimann, S. Strohschneider & H. Schaub (Hrsg.). Entscheiden in kritischen Situationen: Neue Perspektiven und Erkenntnisse. Frankfurt a.M.: Verlag für Polizeiwissenschaft.

Hollnagel, E., Woods, D. & Leveson, N. (2006). Resilience Engineering, Concepts and Precepts. Quality and Safety in Health Care, 15(6), 447–448.

Hüfner, A., Dudeck, M., Zellner, J. & Mahr, D. (2020). Gewalt und Aggression im Krankenhaus – Was, wenn das Personal Hilfe braucht? Der Unfallchirurg. 05.2020.

International Classification of Diseases 11th Revision. ICD-11. F43.0. F43.1. F44.0.

Jonas, K. J. & Brandstätter, V. (2004). Brennpunkt Zivilcourage. Definition, Befunde und Maßnahmen. Zeitschrift für Sozialpsychologie, 35(4), 185–200.

Jonas, K., Boos, M. & Brandstätter, V. (2007). Zivilcourage trainieren! Theorie und Praxis. Göttingen: Hogrefe.

Jordan, J. & Mossman E. (2017). „back off buddy, this is my body, not yours": empowering girls through self-defense. Violence Against Women, 24(13), 1591–1613.

Kelling, G. L. & Wilson, J. Q. (1982). Broken windows: the police and neighborhood safety. Atlantic Monthly 249(3), 29–38.

Kennedy, D., Gläscher, J., Tyszka, J. & Adolphs, R. (2009). Personal space regulation by the human amygdala. Nature Neuroscience 12(10), 1226–1227.

Kepplinger, H. M. & Giesselmann, T. (1993). Gewaltdarstellungen in der aktuellen TV-Berichterstattung. Eine konflikttheoretische Auseinandersetzung. Medienpsychologie, 5, 160–189.

Kernis, M. H. & Goldman, B. M. (2006). A Multicomponent Conceptualization of Authenticity: Theory and Research. Advances in Experimental Social Psychology, 38, 283–357.

Kienbaum, J. (2011). Soziale Motive: prosoziale Motivation. In D. Frey & H.-W. Bierhoff (Hrsg.), Sozialpsychologie – Interaktion und Gruppe (S. 61–79). Göttingen: Hogrefe.

Kopperschmidt, J. (2018). Wir sind nicht auf der Welt, um zu schweigen. (S. 11). Berlin: De Gruyter.

Kröger, C. (2013). Psychologische Erste Hilfe – Fortschritte der Psychotherapie. Göttingen: Hogrefe.

Kunczik, M. & Bleh, W. (1995). Verbrechensopfer in der Zeitungsberichterstattung. Folgen aus der Perspektive der Opfer. Mainzer Schriften zur Situation von Kriminalitätsopfern Band 11. Baden-Baden: Weisser Ring.

Langer, I., Schulz von Thun, F. & Tausch, R. (2002). Sich verständlich ausdrücken. München: E. Reinhardt.

Lapidot-Lefler, N. & Barak, A. (2012). Effects of anonymity, invisibility, and lack of eyecontact on toxic online disinhibition. Computers in Human Behavior, 28(2), 434–443.

Lee, D. H. & Anderson, A. (2017). Reading What the Mind Thinks From How the Eye Sees. Psychological Science, 28(4), 494–503.

Leongómez, J. D., Mileva, V. R., Little, A. C. & Roberts, S. C. (2017). Perceived differences in social status between speaker and listener affect the speaker's vocal characteristics. PloS one, 12(6).

Li, Q. (2010). Cyberbullying in high schools: A study of students' behaviors and beliefs about this new phenomenon. Journal of Aggression, Maltreatment & Trauma, 19(4), 372–392.

Luhmann, N. (2009). Zur Komplexität von Entscheidungssituationen. Soziale Systeme, 15(1), 3–35.

Maercker, A. (2003). Therapie der posttraumatischen Belastungsstörungen (2. Aufl.). Heidelberg: Springer.

Maercker, A. (2022). Posttraumatische Belastungsstörungen. In M. Linden & M. Hautzinger (Hrsg.). Verhaltenstherapiemanual – Erwachsene. Psychotherapie: Praxis. Berlin: Springer.

Malone, R. (2015). Protective intelligence: Applying the intelligence cycle model to threat assessment. Journal of Threat Assessment and Management, 2(1), 53–62.

Mead, G. H. (1934). Mind, Self and Society from the Standpoint of a Social Behaviorist. Chicago: University Press.

Mednick, S. A., Gabrielli, W. F. & Hutchings, B. (1984). Genetic influences in criminal convictions: Evidence from an adoption cohort. Science, 224(4651), 891–894.

Mehl, M. R., Raison, C. L., Pace, T. W. W., Arevalo, J. M. G. & Cole, S. W. (2017). Natural language indicators of differential gene regulation in the human immune system. Proceedings of the National Academy of Sciences, 114, 12554–12559.

Mehrabian, A. & Wiener, M. (1967). Decoding of inconsistent communications. Journal of Personality and Social Psychology, 6(1), 109–114.

Merton, R. K. (1995). Opportunity Structure: The emergence, diffusion, and differentiation of a sociological concept, 1930s–1950s. In F. Adler & W. S. Laufer (Hrsg.). The legacy of anomie theory (S. 3–78). New Brunswick: Transaction Publishers.

Mißling, S. (2008). Das Hausverbot in öffentlichen Gebäuden. Niedersächsische Verwaltungsblätter, 267–272.

Moffitt, T. E., Harrington, H., Caspi, A., Kim-Cohen, J., Goldberg, D., Gregory, A. M. & Poulton, R. (2007). Depression and generalized anxiety disorder: cumulative and sequential comorbidity in a birth cohort followed prospectively to age 32 years. Archives of general psychiatry, 64(6), 651–660.

Müller, J. L. (2006). Neurobiologie der Aggressionsgenese. Psychoneuro, 32(1), 16–21.

Müller, K. (2009). Handbuch Evakuierung. Maßnahmen im Brand- und Katastrophenfall. Berlin: Erich Schmidt.

Neu, Viola (2021). BUS-Einschaltung zu Respekt von Berufsgruppen. GESIS Datenarchiv, Köln. ZA7743 Datenfile Version 1.0.0, https://doi.org/10.4232/1.13668.

Newman, G. E. (2019). The Psychology of Authenticity. Review of General Psychology, 23(1), 8–18.

OECD (2022). Building Trust to Reinforce Democracy: Main Findings from the 2021 OECD Survey on Drivers of Trust in Public Institutions, Building Trust in Public Institutions. Paris: OECD.

Oei, N. Y., Everaerd, W. T., Elzinga, B. M., van Well, S., & Bermond, B. (2006). Psychosocial stress impairs working memory at high loads: an association with cortisol levels and memory retrieval. Stress, 9(3), 133–141.

Olff, M., Langeland, W., Draijer, N. & Gersons, B. (2007). Gender differences in posttraumatic stress disorders. Psychological Bulletin, 133(2), 183–204.

Olweus, D. (1978). Aggression in the schools: Bullying and the whipping boys. Washington: Hemisphere Publishing Corporation.

Paasch, E. (1992). Brotlose Kunst? Zur Frage der Praxisrelevanz von Kriminalitätstheorien – Faktorentafeln. Kriminalistik 5. (S. 317). Heidelberg: Kriminalistik.

Panksepp, J. (2005). Beyond a Joke: From Animal laughter to Human Joy? Science, 308(5718), 62–63.

Perkonigg, A., Kessler, R. C., Storz, S. & Wittchen, H. U. (2000). Traumatic events and posttraumatic stress disorder in the community: prevalence, risk factors and comorbidity. Acta Psychiatrica Scandinavica, 101(1), 46–59.

Petermann, F. & Petermann, U. (2023). Training mit aggressiven Kindern (14. Auflage). Weinheim: Beltz.

Pettigrew, T. F. & Tropp, L. R. (2011). When groups meet: The dynamics of intergroup contact. New York: Psychology Press.

Provine, R. R. & Emmorey, K. (2006). Laughter Among Deaf Signers. Journal of Deaf Studies and Deaf Education, 11(4), 403–409.

Reason, J. (1990). Human error. New York: Cambridge University Press.

Reason, J. (2001). Understanding adverse events: the human factor. In C. Vincent (Hrsg.). Clinical Risk Management. (S. 9–30). London: BMJ Publications.

Roland, E. & Idsøe, T. (2001). Aggression and bullying. Aggressive Behavior, 27(6), 446–462.

Roth, G. (2009): Aus Sicht des Gehirns. (S. 20). Frankfurt a.M.: Suhrkamp.

Rotton, J. & Frey, J. (1985). Air pollution, weather, and violent crimes: Concomitant time-series analysis of archival data. Journal of Personality and Society Psychology, 49(5), 1207–1220.

Rubin, J. Z., Pruitt, D. G. & Kim, S. H. (1994). Social conflict: Escalation, stalemate and settlement. New York: McGraw-Hill.

Sareen, J. (2014). Posttraumatic stress disorder in adults: Impact, comorbidity, risk factors and treatment. Canadian Journal of Psychiatry, 59(9), 460–467.

Schmid-Fetzer, U. & Lienhard, L. (2018). Neuroathletik. Grundlagen und Praxis eines neurozentrierten Trainings. Pflaum. München. S. 27–61.

Scholtes, K (2021). Krankenhauseinsatzleitungen und Stabsarbeit im Krankenhaus. In G. Hofinger & R. Heimann (Hrsg.). Handbuch Stabsarbeit. (2. Aufl.). Heidelberg: Springer.

Schulz von Thun, F. (2010). Miteinander reden 1. Störungen und Klärungen. Allgemeine Psychologie der Kommunikation. Reinbek: Rowohlt.

Schulz von Thun, F. (2010). Miteinander reden 2. Stile, Werte und Persönlichkeitsentwicklung. Differentielle Psychologie der Kommunikation. Reinbek: Rowohlt.

Schulz von Thun, F. (2010). Miteinander reden 3. Das »Innere Team« und situationsgerechte Kommunikation. Reinbek: Rowohlt.

Schwartz, S. H. & Bilsky, W. (1987). Toward a universal psychological structure of human values. Journal of Personality and Social Psychology, 53(3), 550–562.

Selg, H., Mees, U. & Berg, D. (1997). Psychologie der Aggressivität. (2. Auflage). (S. 24). Göttingen: Hogrefe.

Shamay-Tsoory, S. G., Tomer, R. & Aharon-Peretz, J. (2005). The Neuroanatomical Basis of Understanding Sarcasm and Its Relationship to Social Cognition. Neuropsychology, 19(3), 288–300.

Shannon, C. E. (1948). A Mathematical Theory of Communication. Bell System Technical Journal, 27(3), 379–423.

Shannon, C. E. & Weaver, W. (1949). The mathematical theory of communication. Urbana: University of Illinois Press.

Shergill, S. S., Bays, P. M., Frith, C. D. & Wolpert, D. M. (2003). Two eyes for an eye: The neuroscience of force escalation. Science, 301(5630), 187.

Siegel, L. & McCormick, C. (2019). Criminology in Canada (7. Auflage). Toronto: Nelson.

Spörlle, M. & Stich, J. (2010). Sleeping in Safe Places: An Experimental Investigation of Human Sleeping Place Preferences from an Evolutionary Perspective. Evolutionary Psychology, 8(3), 405–419.

Spotorno, N. & Noveck, I. A. (2014). When is irony effortful? Journal of Experimental Psychology: General, 143(4), 1649–1665.

Staatskanzlei Bern (2016). Leitfaden zur Ereignis- und Krisenkommunikation. Richtig kommunizieren bei Katastrophen, in Notlagen und bei Großereignissen. Bern: Staatskanzlei.

Staller, M., Koerner, S. & Zaiser, B. (2021). Professionelle polizeiliche Kommunikation: sich verstehen. Forensische Psychiatrie Psychologie Kriminologie, (15)2, 345–354.

Steiner, I. D. (1972). Group processes and productivity. New York: Academic Press.

Sundstrom, E. & Altman, I. (1976). Interpersonal relationships and personal space: Research review and theoretical model. Human Ecology, 4(1), 47–67.

Sykes, G. M. & Matza, D. (1957). Techniques of Neutralization: A Theory of Delinquency. American Sociological Review, 22(6), 664–670.

Tracy, J. L., Cheng, J. T., Robins, R. W. & Trzesniewski, K. H. (2009). Authentic and hubristic pride: The affective core of self-esteem and narcissism. Self and Identity, 8(2–3), 196–213.

TRBS 1111 (2019). Technische Regeln für Betriebssicherheit. Ausgabe März 2018. GMBl 2019. S. 292.

UK NRW (2010). Gewaltprävention – ein Thema für öffentliche Verwaltungen?! Düsseldorf: Unfallkasse Nordrhein-Westfalen.

VBG (2010). Sicherheitsmaßnahmen gegen Übergriffe Dritter in Verkehrsunternehmen. Version 1.0/2010–10. S. 17.

VBG (2022). https://www.vbg.de/wbt/gewaltpraevention/daten/html/100.htm. Zugegriffen 04. Jun. 2023.

Volavka, J. (2008). Neurobiology of violence (2. Aufl.). Washington: American Psychiatric Press.

Voss, M. (1989). Anzeigemotive, Verfahrenserwartungen und die Bereitschaft von Geschädigten zur informellen Konfliktregelung. MschrKrim 1989, 34–51.

Wasmuth, U. C. (1992). Friedensforschung als Konfliktforschung. Zur Notwendigkeit einer Rückbesinnung auf den Konflikt als zentrale Kategorie. AFB-Texte. 1/1992. (S. 4 ff.). Bonn: Arbeitsstelle Friedensforschung Bonn.

Weenink, D., Dhattiwala, R. & van der Duin, D. (2022). Circles of Peace. A Video Analysis of Situational Group Formation and Collective Third-Party Intervention in Violent Incidents. The British Journal of Criminology (62)1, 18–36.

WHO (2002). World report on violence and health. Genf: WHO.

Wogalter, M. S., Conzola, V. C. & Smith-Jackson T. L. (2002). Research-based guidelines for warning design and evaluation. Applied Ergonomics, 33(3), 219–230.

Yerkes, R. M. & Dodson, J. D. (1908). The relation of strength of stimulus to rapidity of habit-formation. Journal of Comparative Neurology and Psychology, 18, 459–482.

Stichwortverzeichnis